Ai miei stude

Stefano Ragni

CORSO DI STORIA DELLA MUSICA ITALIANA PER STRANIERI

Guerra Edizioni

ISBN 88-7715-111-0

LE RAGIONI DI UN MANUALE

Ci si avvicina all'italiano - spiegano le indagini più attendibili sulle motivazioni allo studio di questa lingua, - per esigenze di lavoro, per arricchimento culturale, per interesse turistico, per motivi affettivi, per seguire spettacoli in italiano, leggere testi letterari e scientifici, per rapporti professionali personali con l'Italia. Tra gli sbocchi professionali, che la padronanza dell'italiano consente, in primo luogo, emerge l'intento di insegnarlo, a propria volta, nonché di attrezzarsi ad essere traduttori, interpreti, di operare presso banche o imprese, di lavorare nel giornalismo e nell'editoria, nella critica letteraria e nell'ambito della commercializzazione di opere d'arte.

Accanto a queste ed altre spinte, restano punti fermi di richiamo i miti italiani all'estero della moda, del design, della gastronomia, del calcio, della Ferrari, del clima mediterraneo, della *musica* in genere e del *bel canto* in specie, che parlano comunque italiano. Così, come parlava italiano Mozart, Wagner, Berlioz, Haydn, Mendelsshon, come, da sempre, parlano italiano gli spartiti, come parlano italiano tutti i grandi direttori d'orchestra, gli esecutori, i cantanti.

Ecco, pertanto, spiegati i prerequisiti culturali, le ragioni di fondo, gli intenti, l'opportunità di questo manuale. Lo si attendeva da tempo. E' il primo e unico nello specifico.

E si raccomanda proprio perché è stato progettato, realizzato e sperimentato nel contatto diretto con i destinatari; cresciuto e dimensionato, giorno per giorno, nell'esperienza della prassi didattica. L'autore, infatti, è docente di Storia della Musica Italiana presso l'Università Italiana per Stranieri di Perugia.

Stefano Ragni, che come pianista si è formato professionalmente alla scuola di Macoggi, P. Badura-Skoda, O. Frugoni e Roman Vlad, e che ha affinato i suoi fondamentali di musicista da camera collaborando con L. Kozma, R. Fabbriciani, C. Scarponi, R. Michelucci è, altresì, accompagnatore ai corsi dell'Accademia Chigiana di Siena (con Petracchi) e concertista molto richiesto anche all'estero (Francia, Belgio, Lussemburgo, Spagna, Polonia, Germania, Danimarca, Svizzera, Brasile, Uruguay, Argentina).

L'autore, molto attivo nella diffusione della musica contemporanea italiana, ha realizzato prime esecuzioni ed incisioni discografiche di Baggiani, Bortolotti, Bucchi, Chiti, Coral, Pedini, Pennisi, Pernaiachi, Porena, Prodigo, Razzi, Sbordoni, Sulpizi e Vlad.

Del repertorio di tradizione ha curato la ripresa moderna delle Sonate del 1803 di Francesco Morlacchi. Svolge attività ventennale di critico musicale (La Nazione).

Laureato in filosofia, è autore di saggi tra i quali menzioniamo: *La filosofia della musica di Giuseppe Mazzini; Il Don Giovanni di Mozart nel pensiero di Kierkegaard; Il culto di Bach nell'età romantica; Liszt e Mazzini; La descrizione dell'Isola Ferdinandea di F. Pennisi, Bucchi, Fortini e i Cori della Pietà Morta; Rossini e Mazzini; Les Huguenots di Meyerbeer tra George Sand e Mazzini; S. Agostino e il De Musica.*

Il lavoro che si presenta, è un rapido excursus sulla musica italiana dalle origini ad oggi; dalle prime suggestioni del canto cristiano, al Medio Evo; dal Rinascimento, alla musica strumentale e operistica del Settecento; dalla diaspora dei compositori più geniali nel passaggio dal Settecento all'Ottocento (Cherubini, Spontini, Clementi, Viotti, Giuliani, ecc.), all'avvento di Rossini "crepitante come un fulmine", dice Ragni, fino alle sublimi tensioni dell'Opera (Verdi, Donizetti, Mercadante, Bellini, Ponchielli, Catalani, ecc.) e al melodramma post-verdiano (Puccini, Leoncavallo e Mascagni), al neoclassicismo, alla Nuova Musica, allo Sperimentalismo, all'Avanguardia "che cerca nel supporto del suono elettronico nuove, inedite forme di produzione sonora".

La lingua, nel rispetto della scientificità critico-storica, privilegia forme semplici e chiare, evita volutamente le ardite e quasi sempre impenetrabili sintesi tipiche di certa critica musicale.

E proprio pensando ai fruitori, - in prevalenza stranieri -, si è preferita l'opzione narrativa del 'presente storico' e di un periodare rapido e breve, che, esaltando vivacità e scorrevolezza, supera il rischio di banalizzazione e facilita la comprensione.

L'indice analitico dei soggetti, il repertorio completo dei nomi, la disposizione disciplinata della materia, il quadro sinottico riassuntivo al termine di ogni capitolo, la dosata crestomazia di brani esemplari raccolta in audiocassette, integrano e completano questo lavoro, che si colloca, per rigore scientifico, attendibilità linguistica, efficacia didattica, tra gli strumenti più moderni destinati alla promozione e alla diffusione della cultura e della civiltà italiane nel mondo.

(*Marcello Silvestrini*)

CAPITOLO PRIMO

IL CANTO CRISTIANO

1. *Le origini.*

Anche se non conosciamo esattamente la musica sacra dell'età Apostolica, è appurato che il Cristianesimo delle origini prende come modello i canti ebraici della Sinagoga. Dopo la diffusione delle comunità cristiane al difuori della Palestina (Antiochia, Efeso, Corinto, Filippi, Atene, Tessalonica) san Paolo cita nei suoi scritti (*Efesini*, V,19 e *Colonnesi*, III,16) i tipi di musica praticati all'interno delle congregazioni di fedeli: "Esortatevi l'un l'altro con Salmi, Inni e Cantici spirituali". Le indicazioni paoline offrono una descrizione delle forme musicali in uso presso i primitivi nuclei cristiani:

salmodia: è la declamazione melodica dei Salmi della Bibbia;

innodia: canti sillabici di lode, libera parafrasi di un testo biblico. Introdotti in Occidente da sant'Ilario. L'esempio più antico è attualmente il Papiro di Ossirinco, canto di lode alla Trinità, scritto in Egitto, nel terzo secolo, da un cristiano di lingua greca;

cantici spirituali: comprendono l'Alleluja e altre intonazioni gioiose.

Proveniente dal mondo musicale ebraico attraverso la mediazione della Chiesa siriana è anche il canto antifonale. L'*antifona* è un versetto di lode tratto dai Salmi biblici o da altra fonte: viene intonata da due cori che cantano alternativamente ed è destinata alle solenni celebrazioni. Assimilata ben presto al canto delle basiliche cristiane l'antifona viene valorizzata da san Basilio (329-379), il fondatore del monachesimo orientale.

2. *Il Canto Ambrosiano.*

In Italia, una delle prime forme di repertorio musicale organizzato è costituita dal **Canto Ambrosiano.** Il suo sviluppo avviene a Milano, a partire dalla prima metà del IV secolo. La nascita del Canto Ambrosiano, legato alla floridezza culturale del capoluogo lombardo, è favorito dallo scambio economico intercorso tra l'Oriente cristiano e l'antica Mediolanum, primo centro industriale e polo mercantile del'Impero romano. Da Milano l'Imperatore Costantino aveva emesso, nel 313, l'editto che riconosceva il Cristianesimo "religione tollerata". Dopo la morte di Teodosio (395) Milano rimane residenza e capitale dell' Impero Romano d'Occidente, sino al 404.

A Milano vive ed opera **s. Ambrogio** (Aurelius Ambrosius).

Nato a Treviri, in Germania nel 333, educato a Roma e avviato alle cariche dell'amministrazione imperiale, Ambrogio, dopo la conversione al Cristianesimo, è consacrato Vescovo di Milano, succedendo, nella carica, all'ariano Assenzio.

"Roma secunda" ("seconda Roma", come la definivano i contemporanei), città ricchissima, Milano era la cerniera tra l'ambito mediorientale-mediterraneo e il mondo germanico. La cultura orientale caratterizza la nascita del rito e del canto ambrosiano. Lo ricorda sant'Agostino, testimone diretto degli eventi. La netta opposizione di Ambrogio all'affermazione dell'arianesimo, propiziato da Giustina, madre dell'Imperatore Graziano, costringe il santo Vescovo a rifugiarsi coi suoi fedeli in una basilica. Qui viene stabilito l'uso di "cantare inni e salmi secondo l'uso orientale, perché il popolo non si avvilisse nella tristezza e nel tedio". (Agostino, *Confessiones*, IX,7).

In occasione del cruento assedio sostenuto dai suoi seguaci nella basilica Porziana, Ambrogio fa del canto degli *inni* uno strumento di unione e di lotta. Ampliando ed esaltando la presenza degli *inni* di origine orientale nella sua Chiesa, il vescovo dà origine a quello che, ancor oggi, si definisce **canto ambrosiano**.

Convinto della potente forza emotiva del canto degli inni lo stesso Ambrogio ne scrisse almeno quattro, tra cui il celebre *Deus Creator Omnium*, -"Dio, Creatore di tutte le cose"- (Agostino, *Confessiones*, IX,12). Nel "Sermo contra Auxentium" , Ambrogio definisce gli inni "grande canto, del quale nulla è più potente". Soggiornando a Milano dal 384 al 387, Agostino è in grado di conoscere il canto ambrosiano originario, di cui descrive la ineffabile dolcezza:

> "Quante volte una pungente commozione mi strappò il pianto fra il canto degli Inni, mentre la tua chiesa risuonava delle voci dei tuoi fedeli [...]"

(Agostino, *Confessiones*, IX,6).

Il canto ambrosiano, tuttora praticato nella diocesi milanese, è l'espressione dell'apertura dell'Occidente alle seduzioni della maestosa bellezza della musica rituale orientale. Momenti caratterizzanti di questo repertorio sono:

a) abbondanza di melismi e di note ornamentali;

b) ripetizione di piccole cellule melodiche che si muovono per gradi congiunti (*spissim*, contrapposto a *saltatim*, modo di procedere per salti).

Anche se la stesura musicale degli attuali canti ambrosiani risale soltanto al IX secolo (fonti di san Gallo, di Monaco, Milano, Monza) il messaggio che proviene dalle antiche basiliche milanesi è ancora carico di suggestione: basti pensare al trattamento che subisce l'*alleluja.*

L'*Alleluja* ("Lode a Yahwè") esprime lo stato di annichilimento del fedele che, di fronte alla grandezza di Dio, non riesce ad esprimere parole. Si entra allora nello stato di *jubilus*.

"*Jubilus* è un canto di allegrezza senza parole", scrive Agostino (*Enarrationes in Psalmos*, 99,4). La ricchezza dell' ornato melismatico dell'*alleluja* e la creazione dello *jubilus* sono caratteristiche del canto ambrosiano: basti pensare al celebre *Alleluja in Epiphania Domini*, ove, per cantare la vocale *a* si utilizzano oltre duecento note.

3. *I Padri della Chiesa e gli ultimi intelletuali romani: Aurelio Agostino e Severino Boezio.*

La figura di sant'Agostino riveste una posizione centrale nel canto cristiano dei primi secoli. Al pensatore africano dobbiamo infatti le informazioni relative alla musica ambrosiana, al canto dei Manichei e a quello delle comunità religiose nordafricane: molte le citazioni nelle opere autobiografiche e religiose, come *Confessiones, Enarrationes in Psalmos, De ordine.*

Nell'inverno del 386, nel ritiro lombardo di Cassiaciaco, Agostino inizia la compilazione del dialogo *De musica libri sex*. Facendo proprie le precauzioni dei Padri della Chiesa, che condannano la musica, in quanto legata al mondo pagano, Agostino considera l'arte dei suoni un ambito di proporzioni armonico-matematiche provenienti direttamente da Dio. Affermando che la musica è fatta di "numeri" e che "numeri sunt in Deo" ("i numeri sono in Dio") Agostino collega l'umanesimo cristiano alle riflessioni speculative sulla musica dell'antico mondo greco (Pitagora e Platone). Collocando la musica in una sfera etica e sottraendola a quella del puro piacere dell'ascolto, Agostino salva l'arte dei suoni dalla censura dei più intransigenti pensatori cristiani e la inserisce entro un ambito intellettuale. Grazie ad Agostino la musica può iniziare, con la piena dignità di un'arte liberale, il suo cammino nella storia e nel progresso del pensiero umano.

La grandezza del pensiero romano antico segna la sua ultima tappa con la figura di **Severino Boezio**, filosofo ed uomo politico. Nato a Roma nel 480, ucciso a Pavia nel 526, Boezio fu "Magister officiorum" alla corte di Teodorico, a Ravenna. La sua opera più famosa, il *De consolatione philosophiae*, scritto in carcere nel 525, contiene alcuni poemi in prosa accompagnati da notazione musicale. Risale tuttavia al 500-507 il trattato *De institutione musica*. In esso la musica viene definita attività etica, da sottomettere al giudizio della Ragione. L'arte dei suoni viene suddivisa in tre fasce:

a) *Musica mundana*. È propria del Cielo, della volta stellata e delle sfere celesti. Non è udibile dall'uomo. L' antecedente greco di questa concezione ("musica delle sfere", Mito di Er, Platone, *Repubblica*, libro X) ha autorevole conferma nel mondo romano. Cicerone, infatti, nel cosidetto *Somnium Scipionis* ("Sogno di Scipione", *De republica*, libro VI) raccoglie l'eredità del pensiero platonico e, in una suggestiva cornice descrittiva e narrativa, la trasmette al mondo medievale. Troveremo tracce di questi concetti nel pensiero dantesco, e, più tardi, nell'Umanesimo fiorentino.

b) *Musica humana*. E' la musica interiore, quella che possiamo udire soltanto scendendo dentro noi stessi, nella profondità del nostro spirito. Acuto concetto di carattere psicologico.

c) *Musica instrumentalis*. E' quella che si può ascoltare nel mondo quotidiano, viene prodotta dalle voci umane e dagli strumenti musicali. È la forma più elementare di musica.

4. *Canto Romano e canto Gregoriano: la prima musica dei Papi*.

Anche per la musica cantata nelle chiese della città di Roma vale l'origine orientale-ebraica. Ma, a differenza del rito Ambrosiano che conserva le caratteristiche orientali, il repertorio romano si regolarizza e si cristallizza entro formule e schemi che tendono ad espellere gli elementi eterogenei. Si assiste ben presto a un processo, a un disegno unitario, che raccoglie il canto della Diocesi romana entro una ortodossia guidata e regolata da precise disposizioni papali. Dopo l'organizzazione dell'ordine ecclesiastico, operata da papa Damaso I (366-384), fu Celestino I (422-432) a stabilire l'uso del canto dei Salmi prima dell'inizio della Messa. A questo papa si deve anche la fondazione di una "Schola cantorum", cioè di un centro destinato ad ospitare ed educare cantori. Leone Magno (440-461) fonda a sua volta un monastero per accogliere i cantori professionisti e scrive un *Sacramentarium*, libro di preghiere e di canti. Papa Gelasio I (492-496) redige una raccolta di Inni nello stile ambrosiano. L'utilizzazione della musica nella liturgia è oggetto di attenzione anche da parte di **san Benedetto** (480-547), il padre del Monachesimo occidentale. Nella *Regola* da lui dettata sono stabilite norme per lo studio del canto e per il suo inserimento nelle ore di preghiera. In seguito è proprio ai Benedettini di san Gallo, di Einsiedeln, Reichenau, Cluny, Argenteuil, Corbie, Montserrat e Solesmes che si deve la conservazione di tutto il patrimonio musicale dell'antichità cristiana, il cosidetto canto gregoriano. Secondo quanto narra la tradizione il **canto gregoriano** deve il suo nome a papa **Gregorio Magno**, il più autorevole codificatore della musica romana cristiana.

Nato a Roma nel 540 dalla autorevole famiglia Anicia, Gregorio è nel 573 Prefetto della città. In seguito, abbracciata la vita religiosa, è Diacono pontificale, incarico che lo obbliga anche a dirigere il canto nella propria chiesa. Papa Pelagio II lo invia a Costantinopoli nel 578 come Nunzio Apostolico. L'incarico dura sette anni ed è possibile che Gregorio abbia assimilato in tale periodo i modi musicali della liturgia bizantina. Eletto papa nel 590, muore nel 604.

Dalla più importante biografia gregoriana, redatta da Giovanni Diacono intorno all'872, apprendiamo che papa Gregorio compilò una raccolta di antifone, il cosidetto *Antiphonarium cento*. Si tratta di un lavoro di selezione e di redazione di tutto il repertorio romano esistente. Il volume raccoglieva le opere di molte generazioni di anonimi musicisti dell'Oriente e dell'Occidente cristiano. Il Codice 339 del monastero di san Gallo è ritenuto copia fedele del libro gregoriano che, sempre secondo il racconto, era stato legato con una catena d'oro all'altare della vecchia basilica di san Pietro.

Il risultato delle scelte di papa Gregorio vede la eliminazione di molti canti ritenuti estranei alla natura confessionale e all'esigenza dell'unità di culto. Si perde in tal modo una gran parte della musica cristiana delle origini: sacrificio necessario per dotare la chiesa di Roma di un grande strumento di coesione.

Spogliando Gregorio Magno dell'aura di leggenda, alcune recenti conclusioni storiografiche indicano nei pontefici Martino I (649-655) e Vitaliano (657-672) i regolatori del canto liturgico dell'Urbe e in Gregorio II (715-731) il vero artefice della trasformazione del canto romano in espressione universale della Chiesa Europea. Una attuale interpretazione musicologica e storica pone invece l'accento sulla persistenza di componenti orientali nel canto ecclesiastico capitolino. In tal modo si afferma la sopravvivenza sino all'VIII secolo di un canto **Vecchio romano**.

In esso prevale, sopratutto intorno ai secoli VII e VIII il carattere di "cantilena ornata", proprio della melopea bizantina.

In tal modo la prospettiva storica viene completamente rovesciata.

Dall'esame di fonti manoscritte si rileva come fino al secolo XI esistano solo reperti di canto Vecchio romano. Trasferito in Francia e trasformato in strumento di guida religiosa e politica dell'unità Carolingia, il canto Vecchio romano si trasforma e ritorna a Roma con caratteri completamente nuovi, soppiantando quanto era rimasto dell'antico repertorio.

A partire dal secolo XIII è inserito nei manoscritti con i caratteri che riconosciamo propri al Canto Gregoriano.

5. *Diffusione del Canto Gregoriano in Europa. I monaci cantori.*

Nella unificazione della liturgia occidentale sotto il primato di Roma il Canto Gregoriano, insieme al diritto Canonico, diviene strumento di fusione ideologica e politica. Eguagliando la musica delle liturgie nazionali e azzerando le consuetudini musicali locali, si compie un passo in avanti verso l'affermazione della superiorità del potere centrale, rappresentato dalla Chiesa di Roma e dalla Curia papale.

Il processo, facilmente compiuto nella comunità germanica e nel mondo insulare britannico ed irlandese, trova serie difficoltà nel contatto con le chiese nazionali franca (rito gallicano) e iberica (rito mozarabico), ambedue dotate di forti tradizioni.

Le tappe di consolidamento della liturgia romana e del suo canto sono segnate da vere operazioni di evangelizzazione condotte da monaci missionari.

Papa Stefano II (742-757) avvia cantori alla corte franca di Pipino, e successivamente il pontefice Adriano I, nel 790, invia in Francia due monaci cantori, Petrus e Romanus: re Carlo Magno richiede una riproduzione dell'*Antifonario* e vuol far conoscere al suo clero la musica di Roma.

Per l'Inghilterra già Gregorio Magno aveva consentito che, nel 595, ben trentanove monaci, guidati da Agostino, futuro vescovo di Canterbury, diffondessero nelle isole l'*Antifonario* e il *Messale* romano.

Le prescrizioni si fanno presto pressanti: nel 794 il concilio di Francoforte proibisce qualunque forma di musica vocale non conforme a quella romana: nel 1073 papa Alessandro II cancella, nella comunità iberica, l'uso del canto mozarabico. Realizzata, nel corso di un processo secolare, l'unità europea del linguaggio musicale, la chiesa adotta il canto gregoriano come sfondo musicale della vita ecclesiastica e liturgica.

In particolare, il monastero dei Benedettini è il luogo privilegiato della preghiera collettiva a cui dà voce, all'unisono, il microcosmo dei monaci. Il coro monastico, nella cripta come nel chiostro, - ambedue foreste di pietra e giardino di Dio, - diviene supporto sonoro per accordare il creato alle armonie cosmiche. Attraverso la musica la "Ragione di Dio" e il giubilo degli Angeli e dei Beati scendono tra gli uomini. Il suono divino è amplificato dalle absidi delle grandi cattedrali. Qui si ricrea il legame tra la terra e il cielo e, nella mentalità degli uomini dell'epoca, vengono poste le condizioni di orientamento della "città terrena" verso la Salvezza.

Quadro riassuntivo

La musica italiana inizia con il canto cristiano del IV secolo. Si afferma a Milano (**canto ambrosiano**) e a Roma (**canto romano**).

Nella codificazione degli aspetti teorici ed etici della musica intervengono **S. Agostino** e il filosofo **Boezio**.

Attraverso una sintesi romano-franca il canto cristiano diventa **canto gregoriano** e inizia il suo cammino nell'Europa centro-occidentale.

Mentre i Pontefici controllano e regolano la natura della musica da chiesa i padri Benedettini iniziano l'opera di salvaguardia e di scrittura dei codici.

BIBLIOGRAFIA *

A. AGOSTINO, *De musica, libri sex,* (a c. di G. Marzi), Firenze, 1969.

H. CHADWICK, *Boezio, la consolazione della musica, della logica, della teologia e della filosofia,* Bologna, 1986.

S. CORBIN, *La musica cristiana, dalle origini al gregoriano,* Milano, 1987.

A.P. ERNETTI, *Storia del canto gregoriano,* Venezia, 1990.

L. GAMBERINI, *La parola e la musica nell'antichità,* Firenze, 1962.

H.Y. MARROU, *S. Agostino e la fine della cultura antica,* Milano, 1987.

G. MONTICO, *Il valore psicagogico ed anagogico della musica nel pensiero di s. Agostino e di altri filosofi cristiani (Boezio, Cassiodoro, e s. Bonaventura),* in "Miscellanea Francescana", XXXVIII, 1938.

Musica ed arte figurativa nei secoli X-XII, Todi, 1973.

C. PASSALACQUA, *Biografia del Gregoriano,* Milano, 1963.

S. RAGNI, *La musica, l'armonia e la Grazia nell'opera di s. Agostino*, Perugia, 1988.

G. STEFANI, *Etica musicale in s. Agostino*, Venezia, 1968.

* *Avvertenza:* date le caratteristiche del libro la bibliografia è esclusivamente in lingua italiana. L'anno di pubblicazione dei testi stranieri è pertanto relativo alla traduzione italiana.

CAPITOLO SECONDO

EVOLUZIONE DEL CANTO CRISTIANO: IL MEDIO EVO SECOLI X-XIII

1. *La teoria dell'esacordo: Guido monaco.*

Dallo sviluppo del canto gregoriano nascono nuove forme musicali:

dramma liturgico
lauda monodica
monodia profana

Queste forme vengono realizzate grazie alla trasformazione di certi elementi costitutivi del canto gregoriano che assumono ampia autonomia formale:

sequenze
tropi
conductus

Fondamentale l'apporto di un grande teorico, **Guido d'Arezzo**, l'inventore delle note musicali.

Nato intorno al 990 presso la cittadina toscana, Guido, monaco camaldolese, residente dapprima a Pomposa, è poi a Roma, presso la corte di papa Giovanni XIX. In seguito si ritira a Camaldoli, dove muore nel 1050.

E' autore del trattato *Micrologus de disciplina artis musicae* - "Piccolo dialogo sulla disciplina della musica".

Nella celebre *Epistola Michaeli monaco de ignoto cantu,* Guido pone le basi per la individuazione dei gradi di una scala musicale, definendo con esattezza la posizione relativa delle note.

Attraverso un espediente mnemonico dell'orecchio le note diventano:

ut re mi fa sol la

Utilizzando un inno di Paolo Diacono (VII secolo) molto famoso e ben conosciuto nelle comunità monastiche (era noto come *Inno di san Giovanni*) Guido si serve delle sillabe iniziali di ogni emistichio per definire le note dell'esacordo:

ut quaeant laxis
resonare fibris
mira gestorum
famuli tuorum
solve polluti
labili reatum.

La successione dei suoni iniziali della melodia di ogni emistichio costituisce l'**esacordo** (successione di sei note).

Al suo interno, la posizione dell'unico semitono è sempre definita dalle sillabe **mi-fa**.

Questo rende possibile la individuazione del semitono di base di ogni esacordo e la sua memorizzazione da parte di cantori ed ascoltatori. Si fissa nell'orecchio dei contemporanei un vero e proprio modello che rende ragione della disposizione dei toni interi e del relativo semitono.

Il procedimento inventato da Guido, chiamato **solmisazione** ha diffusione europea e rimane in vigore almeno sino al XVI secolo.

La relativa facilitazione di trasmissione ottenuta con la tecnica guidoniana piega il repertorio gregoriano verso forme più libere, plasmate dalla fantasia.

2. *Le nuove forme della musica vocale.*

2.1. La sequenza.

La *Sequenza* nasce dall'*Alleluja*, la "longissima melodia" gregoriana, la cui elaborata esecuzione era diventata sempre più difficile e pertanto meno memorizzabile da parte dei cantori.

L'origine della *sequenza* è dovuta a un semplice artificio mnemonico: per ricordare le infinite evoluzioni delle melodie dell'*alleluja* si prende l'abitudine di sottoporre alla vocale *a*, sillaba contro sillaba, la parole di un altro testo.

I nuovi canti, che ben presto acquistano una fisionomia autonoma, sono chiamati *sequenze* dal latino *sequor* = seguo, in quanto si tratta di testi che seguono una melodia preesistente.

A partire dal X secolo la pratica della *sequenza*, nata nel monastero svizzero di san Gallo (ne è probabile inventore Notker Balbulus, 840-912), si diffonde in Italia. Verona e Nonantola conservano i più antichi sequenziari.

L'autonomia delle sequenze segna il passo in avanti più decisivo quando anche la melodia non viene più tratta da un *alleluja,* ma viene inventata del tutto. Il testo poetico, sempre per facilitare il suo apprendimento, è trattato in rima.

L'enorme fioritura delle sequenze e la inevitabile contaminazione fra testi sacri e commenti paraliturgici crea una gran confusione dottrinaria ed ideologica: il Concilio di Trento (1548-1563) abolisce l'uso delle sequenze, ad eccezione delle seguenti:

> *Lauda Sion Salvatorem.* Ne è probabile autore san Tommaso d'Aquino (1225-1274) che forse la scrive ad Orvieto.
>
> *Victimae Paschali laudes.* Si ascrive a Vipone (morto nel 1050). Questa sequenza ha notevole diffusione in Italia e viene intonata nel corso della Processione del giorno di Pasqua: in tal veste può essere considerata il nucleo originario del *dramma liturgico.*
>
> *Veni Sancte Spiritus.*
>
> *Dies irae.* E' la più famosa sequenza: ne è autore Tommaso da Celano (1190-1256), il biografo di san Francesco. Il terrore per il Giudizio Universale, la peste, le carestie, le guerre, il senso della penitenza e del ravvedimento, - così ben esemplificati nei tanti affreschi medievali aventi per tema "Il trionfo della morte" - trovano eco sostanziosa anche nella musica.
> Il *Dies irae*, con la potenza terribile del suo testo, diviene la parte più importante della Messa da requiem.

Nel 1727 papa Benedetto XIII reintegra nella liturgia anche la sequenza *Stabat Mater*, nata in ambiente umbro, a Todi, per influenza di san Filippo Benizi o di Jacopone da Todi. Esprimendo il dolore della Vergine sotto Gesù crocefisso, il *Compassio Mariae* è il germe del dramma liturgico intitolato *Planctus Mariae.*

Lo *Stabat Mater* diviene uno dei testi paraliturgici maggiormente utilizzati, nel XVIII e nel XIX secolo, per composizioni corali di grande respiro e di umanissima ispirazione.

2.2. Il Tropo.

Nella sua accezione musicale *tropo* significa aggiunta, interpolazione. Si tratta dell'applicazione di un testo letterario autonomo a una melodia preesistente, diversa naturalmente dall' *alleluja.*

Preziosi, per la conoscenza dei *tropi* sono i brani raccolti nel codice 546 di Montecassino.

Il Concilio di Trento abolisce dalla liturgia tutti i tropi.

2.3. Il Conductus.

Dal latino *conducere* = condurre. Si tratta di un canto che accompagna, nel corso della celebrazione della Messa, gli spostamenti del celebrante intorno all'altare.

L'affermazione di un nuovo stile all'interno del quale *sequenze, tropi* e *conductus* avevano introdotto nuovi testi e nuove melodie, apre la strada a un linguaggio musicale ricco di situazioni, di elementi compositivi e di contenuti emozionali. Sono poste la basi per il *dramma liturgico.*

3. *Il Dramma liturgico.*

Il codice 484 della biblioteca del convento di san Gallo contiene un *tropo* che viene considerato l'embrione del *dramma liturgico:*

> *interrogatio: Quem quaeritis,* ("Chi cercate?") chiede l'Angelo alle tre Marie che si accostano al sepolcro di Cristo;
> *responsorium: Jesum Nazarenum crucifixum* ("Gesù Nazareno crocefisso"), rispondono le Marie.

Si tratta di un rimaneggiamento del *tropo* dell'Ufficio Mattutino della Pasqua. L'Angelo annuncia alle tre Marie che Cristo è ormai risorto. Sull'altare delle chiese medievali un diacono vestiva i panni dell'Angelo, altri impersonavano le pie donne e con questi personaggi veniva realizzata la prima forma di "teatro musicale".

Il *tropo* sangallese ha diffusione europea (ne rimangono oltre quattrocento versioni manoscritte) e dà origine a una forma di allestimento musicale denominata *Visitatio Saepulcri*, da rappresentarsi nel corso del Mattutino di Pasqua, nelle chiese, di fronte al popolo.

L'inserzione di altri avvenimenti evangelici, l'adozione di episodi addizionali, fornisce l'incremento per la creazione di ulteriori forme di teatro musicale:

> drammi *peregrinus.* L'apostolo Tommaso incontra Cristo risorto, ad Emmaus. Ascensione.
>
> dramma della Passione: lavanda dei piedi, salita al Golgota, sollevamento della croce, Pilato, Monte Oliveto...
>
> drammi del ciclo natalizio: *officium pastorum, officium stellae, officium regum trium.* L'*officium* è un complesso di canti e di preghiere relative a una giornata liturgica.
>
> Argomenti vari, come "la Strage degli innocenti" (*Ordo rapraesentandum Herodem*) Daniele nella fossa dei leoni (*Ludus Danielis*), vita dei santi, dei martiri...

In Italia rimangono circa sessanta *drammi liturgici* sparsi da Cividale a Barletta: questo testimonia del favore di cui gode questo genere, molto gradito ai religiosi, come ai laici.

4. *La Lauda monodica in lingua volgare.*

4.1. La predicazione francescana.

Con la parola *lauda* si indica la seconda delle ore canoniche, quella corrispondente all'alba.

Musicalmente la *lauda* deriva dalla *sequenza.*

La *lauda* è una composizione poetico-musicale adottata dalle comunità religiose dette "Confraternite", gruppi misti di religiosi e di laici che si riuniscono per pregare.

Pur ispirate dal pensiero religioso, le *laudi* non sono elementi della liturgia, ma costituiscono un motivo di riflessione su argomenti di carattere sacro, legati, in particolare, alla devozione popolare.

Nel contesto dell'affermazione della lauda in lingua volgare si inserisce la figura di san **Francesco d'Assisi** (1182-1226).

Uno dei fondamenti della predicazione francescana è l'uso della lingua volgare, ovvero dell'italiano primitivo, per "cantare" le verità della fede.

Le fonti biografiche del santo parlano già di suoi interessi musicali giovanili (Celano I, *Leggenda dei tre compagni*). La cultura musicale di Francesco, il cui vero nome era Giovanni, doveva essere quella di un giovane colto, nato in ambiente ricco. Il padre commerciava in stoffe con la Francia, francese era la madre del santo: facile quindi che il giovane assisano abbia conosciuto le testimonianze musicali e poetiche dell'arte trovadorica.

Anche dopo la conversione rimangono tracce dell'amore di Francesco per la musica: il Celano racconta di averlo visto strofinare due bastoni, uno contro l'altro, come l'arco sulla cordiera di una viella. E qui torna, coerente, l'immagine di *joculator Dei* = giullare di Dio, che Francesco amava dare di se stesso.

Altri luoghi del Celano (I,109 - II, 127) parlano esplicitamente di episodi legati alla presenza di musica nella predicazione francescana, sino al momento culminante della morte, affrontata, secondo l'autorevole biografo, con "il canto sulle labbra".

Costituisce un particolare motivo di interesse la presenza di un testo critico ottocentesco di Joseph Görres, *Der heilig Franziskus von Assisi. Ein Troubadour* (1826). Nel libro la dedizione del santo a Madonna Povertà viene esaminata in chiave di "amor cortese", quasi che il santo avesse fatto atto di vassallaggio, come i trovatori verso la propria dama.

A parte questa interpretazione di acceso romanticismo, destinata comunque a lasciare tracce durevoli nella storiografia (Sabatier, Hesse) il *Cantico delle creature* (o *Cantico di frate sole*), desunto da Francesco dal Salmo 148 ha un titolo e una sostanza musicale. Non a caso, infatti, la stupenda pagina di poesia giunge a noi attraverso un codice manoscritto del XIV secolo (codice 338 della Biblioteca Comunale di Assisi) nel quale l'anonimo amanuense ha lasciato uno spazio libero per annotare la musica. Segno palese che il *Cantico* veniva intonato.

4.2. I laudari.

Nel processo di diffusione della lingua italiana attraverso le laudi ha valore la raccolta poetico-musicale nota come *Laudario di Cortona.*

Si tratta del Codice 91 della Biblioteca Etrusca di Cortona (risalente al XIII secolo e rinvenuto nel 1876) paragonabile, per forza di documentazione e per intensità di contenuti, alla raccolta delle *Cantigas de santa Maria* attribuite ad Alfonso il saggio, re di Castiglia (1221-1284).

I soggetti trattati dal *Laudario* sono molti: ciclo dei Santi, (Maria Maddalena, san Francesco, sant'Antonio, Caterina d'Alessandria), della Vergine, della Natività, Passione, Resurrezione, Ascensione, Pentecoste, Trinità.

Nel 1260, da Perugia, prende l'avvio il movimento devozionale dei "Flagellanti", una setta di penitenti indottrinati e guidati da Ranieri Fasani. Uomini e donne si avviano a lunghe ed estenuanti marce per tutta Italia e per l'Europa, flagellandosi ed esortandosi, l'un con l'altro, con il canto delle *laudi.*

5. *Monodia profana.*

Accanto alla musica di ispirazione religiosa prospera un tipo di attività sonora legato alla vita quotidiana, ai suoi ritmi, ai suoi valori.

Al di fuori della chiesa, nelle città e nei castelli operano quindi cantori e strumentisti laici che allietano e intrattengono aristocratici e borghesi.

Appaiono le figure dei *menestrelli* e dei *giullari.*

I *menestrelli* hanno dignità aristocratica, frequentano le corti e vivono in stretto contatto con i ministri del principe (*ministeriales*). I *giullari* sono uomini del popolo e si esibiscono in rappresentazioni comiche, non di rado scurrili (*joculator, jocolaris* = colui che gioca e fa ridere il pubblico); prediligono le piazze.

Tra i musicisti di affinità *ministerialis* sono da annoverare in

Francia i *Trovatori* e i *Trovieri*, in Germania i *Minnesänger* e i *Meistersinger*. In ambedue i casi si tratta di poeti, non di rado di origine aristocratica, che si trasferiscono da una corte all'altra cantando e suonando musiche di propria composizione. Il tema trattato è quello dell'amore cortese e della dedizione feudale al proprio signore.

Nelle amministrazioni comunali centroitaliane figurano musicisti assoldati e stipendiati dalle autorità civiche.

Nel comune di Perugia è attestata, sin dal 1385, la presenza di *canterini* (il primo di loro è, forse, Ercolano Gili) destinati a suonare per i Priori e per gli ambasciatori di altre città. Dal 1481 i *canterini* sono autorizzati a cantare nella "platea Communis Perusii, coram populo", -"nella piazza del comune di Perugia, di fronte al popolo".

Il lavoro di cantore comunale è considerato di particolare prestigio se troviamo presenti, nell'elenco dei musicisti, molti forestieri: Jacopo da Siena, Niccolò d'Arezzo, Francesco da Firenze. La duttilità delle pregogative professionali vuole i *canterini* esperti non solo in canto, ma anche nella tecnica degli strumenti, sia a fiato (*fidula* e *ciaramella*) che a corda (*viella*).

Il repertorio dei *menestrelli* e dei *giullari* è costituito dalla narrazione dei "Fatti di Troia" dal ciclo di Alessandro Magno, dalle *chansons de geste* di Bretagna, (Re Artù, il Graal) e dalle storie di Carlo Magno e dei suoi Paladini.

Quadro riassuntivo

Attraverso l'utilizzazione di elementi strutturali quali la **sequenza** il canto gregoriano si avvia verso forme rappresentative.

Importanza decisiva per lo sviluppo della scrittura musicale è offerto da **Guido d'Arezzo**.

Il **dramma liturgico** è la prima forma di rappresentazione teatrale-musicale: nasce intorno all'altare della chiesa, ma presto si trasferisce sul sagrato.

Il popolo, dietro influenza della predicazione francescana, adotta una sua forma di preghiera musicale, la **laude**.

Nelle corti aristocratiche e sulle piazze delle città si affermano musicisti laici, **menestrelli** e **giullari**.

Bibliografia

La sequenza medievale, Atti del Convegno internazionale (a cura di A. Ziino), Lucca 1992.
Gerberto, Scienza, storia e mito, Bobbio 1985.
M. Bonfantini, *Le Sacre Rappresentazioni italiane, dal XIII al XVI secolo,* Milano, 1942.
U. Eco, *Il problema estetico in Tommaso d'Aquino,* Milano, 1970.
A. D'Ancona, *I Canterini dell'antico Comune di Perugia,* Milano, 1883.
C. Di Girolamo, *I Trovatori*, Torino, 1989.
A. Gallo, *Musica nel castello*, Bologna, 1992.
F. Eximenis, *Estetica medievale*, (a c. di G. Zanoletti), Milano, 1986.
Fonti francescane, (a c. del Movimento Francescano), Assisi, 1977.
M. Mancini, *La gaia scienza dei Trovatori,* Parma, 1984.
H.-I. Marrou, *I Trovatori*, Milano, 1983.
M.L. Meneghetti, *Il pubblico dei Trovatori,* Torino, 1992.
U. Moelk, *La lirica dei trovatori*, Bologna, 1986.
G. Reese, *La musica nel medioevo,* Firenze, 1980.
T. Saffiotti, *I giullari in Italia,* Milano, 1990.
F. Testi, *La musica italiana nel medioevo e nel rinascimento*, Busto Arsizio, 1977.
F. Torrefranca, *Umbria, nido del canto italiano,* Bologna, 1954.
Trovatori d'Italia e di Provenza, (a c. di G. Toja), Parma, 1985.

Capitolo Terzo

L'ARS NOVA FIORENTINA: XIV SECOLO

1. *Il quadro storico: la fioritura artistica.*

All'aprirsi del secolo XIV il panorama culturale italiano è caratterizzato dalla presenza di due centri egemonici, Firenze e Bologna.

Firenze è città ricchissima, di parte guelfa, dominata da esponenti delle famiglie del "popolo grasso" raccolte nell'organismo amministrativo delle Arti Maggiori (attività di cambiavalute, commercio e lavorazione della lana). Preponderante è il potere dei banchieri che investono il denaro di Pontefici e monarchi.

Benefici sono gli influssi prodotti dalla classe dirigente fiorentina in campo artistico. Per quanto concerne la pittura il Battistero riceve la sua decorazione tra il 1125 e il 1300, mentre Cimabue opera dal 1265 e dopo di lui Giotto. Seguono Taddeo Gaddi, Maso di Banco, Giottino, Andrea Orcagna. Nella scultura, Arnolfo di Cambio disegna e scolpisce la facciata di santa Maria del Fiore. Andrea Pisano lavora alle porte di bronzo del Battistero e al campanile della nuova Cattedrale. In architettura, nel piano di impostazione della espansione monumentale urbana, sono da ricordare la citata Cattedrale, Santa Croce e Palazzo Vecchio.

Bologna è, a sua volta, un libero comune che, nel 1337 entra nell'orbita papale. L'istituzione cittadina più importante è l'Università, scuola di diritto già dall'anno 1000.

Erede del nucleo di studi giuridici ravennati, il cenacolo bolognese, promosso da Matilde di Canossa (1046-1115) riceve nel 1154 l'ambito riconoscimento imperiale (Federico Barbarossa). Nel contesto europeo esercitano operosa vita intellettuale altri due centri universitari: Parigi (1174) e Oxford (1214). Perugia, nel 1308, ha l'autorizzazione papale ad aprire il suo *Studium*.

2. *Il Dolce Stil Novo.*

Nelle università italiane, ognuna con il suo specifico indirizzo, gli studi sono organizzati secondo due direzioni, rappresentate rispettivamente dalle cosidette Sette Arti Liberali. Esse risultano suddivise in:

Trivium: grammatica, retorica, dialettica
Quadrivium: aritmetica, geometria, musica, astronomia.

Le sette materie costituiscono la preparazione all'esercizio della filosofia e della teologia, considerata, quest'ultima, come il massimo del sapere umano.

A partire dalla metà del Duecento, in letteratura, si apre la parabola del movimento poetico denominato **Dolce Stil Novo**. Affermatasi in Toscana, la nuova scuola ha come capostipite Guido Guinizelli, bolognese (1240-1276), autore della celebre canzone "Al cor gentil rempaira sempre amore".

Derivata, in parte, dalla lirica provenzale, la poesia Stilnovistica opera una mediazione tra il misticismo religioso e il mondo profano, facendo della donna uno strumento di elevazione a Dio; nella bellezza del mondo viene riconosciuta l'impronta dal Creatore. Esponenti di rilievo dello Stilnovismo toscano sono Guido Cavalcanti, Dante Alighieri, Lapo Gianni, Gianni Alfani, Dino Frescobaldi.

La definizione **Dolce Stil Novo** è di Dante (*Purgatorio*, XXIV, 57, incontro col poeta lucchese Bonagiunta Orbicciani) che ne fornisce una sistemazione concettuale in *De Vulgari Eloquentia* (I, X, 3-4 e XIII, 3).

Amore è poesia del sentimento. Il corrispondente musicale del Dolce Stil Novo fiorentino è l'**Ars Nova**.

3. *Le forme musicali dell'Ars Nova.*

La nuova corrente musicale deriva dall'omonima scuola francese, già teorizzata da Philippe De Vitry (1319, trattato *Ars Nova*).

L'**Ars Nova** fiorentina, strettamente legata al coevo movimento poetico, si vale di tre forme che vengono elencate nel madrigale *Musica son* di Francesco Landini: *madrigale, caccia, ballata.*

a) *Madrigale.* Citato per la prima volta da Francesco da Barberino fra le forme poetiche "qui de novo emergunt", viene definito "rudium et inordinatum concinium" (ovvero "canto rude e disordinato"). In questa accezione *madrigale* deriva da *mandria, mandrialis,* cioè canto di pastori che custodiscono le greggi.

In altro significato si fa derivare il sostantivo da *cantus matricalis*, cioè canto nell'idioma materno, la lingua volgare (contrapposta al latino).
Terza accezione quella di *materialis*, canto intriso di materia bruta, opposto al *cantus formalis* ecclesiastico.
Il *madrigale* in musica è organizzato secondo lo schema letterario corrispondente:
prima stanza: tre versi
seconda stanza: tre versi
terza stanza: due versi.

Distribuito su due o tre voci il *madrigale* è di argomento amoroso e idilliaco, ma può anche assumere vesti di insegnamento morale ed allegorico.

b) *Caccia*. E' una composizione polifonica basata sull'artificio del canone. La struttura "a inseguimento", propria del canone (due voci superiori che si imitano, la terza che funge da sostegno), consente alla *caccia* di rappresentare situazioni musicali estremamente animate, legate alle vicende della vita quotidiana: battute di caccia, appunto (abbaiare di cani, richiami di cacciatori), scene di guerra, di mercato, di pesca, di barcaioli, litigi tra donne...
La *caccia* è articolata in due sezioni:

1. Lungo melisma iniziale, seguito da un canone e dalla cadenza.

2. Ritornello.

Il movimento ritmico della *Caccia* è quasi sempre veloce, per raffigurare situazioni di confusione e di tumulto.

c) *Ballata*. Nella monodia profana la *ballata* accompagna una danza, il "ballo tondo". Questo lo schema:

testo poetico	*musica*
ripresa (quattro versi)	primo motivo
stanza: primo piede (tre versi)	secondo motivo
stanza: secondo piede (tre versi)	secondo motivo
volta (quattro versi)	ripetizione del primo motivo

La *ballata* è a tre voci, ma una sola è cantata, mentre le altre due sono generalmente suonate da strumenti.

Una sistemazione teorica dei motivi stilistici dell'**Ars Nova** fiorentina è fornita da **Marchetto da Padova** nel suo trattato *Pomerium in arte musicae mensuratae* (1321-1326).

Sostanzialmente l'Ars Nova italiana, che si distingue da quella francese sopratutto per la utilizzazione di ritmi binari (mentre la francese predilige i ternari), è pervasa dalla *dulcedo* e dalla *suavitas*, cioè dalla cantabilità delle parti e dal gusto del vocalizzo.

4. *I compositori dell'Ars Nova.*
4.1. La prima generazione.

Tra i primi nomi emerge quello di **Giovanni da Cascia** (Johannes de Florentia). Cantore in santa Reparata (la chiesa che sorgeva sull'area ora occupata da santa Maria del Fiore), passa a Verona, alla corte di Mastino Della Scala, tiranno dal 1329 al 1351. Qui è protagonista della competizione indetta dallo stesso Mastino per celebrare la bellezza della nobildonna Anna.

L'episodio è documentato nel *Liber de origine civitatis Florentiae eiusdem famosis civibus* di Filippo Villani. La gara ha luogo sulle rive dell'Adige, nel giardinetto di un palazzo nobiliare, sede di svaghi e di delizie. Il musico toscano presenta il madrigale *Appress'a un fiume chiaro.*

Antagonista di Giovanni nella competizione scaligera è **Jacopo da Bologna** (Jacobus de Bononia). Attivo alla corte veronese, ma anche a Milano, presso i Visconti, muore nel 1360.

Autore di un trattato teorico, *L'arte del biscanto misurato,* Jacopo musica un testo del Petrarca, *Non al suo amante più Diana piacque,* vivente ancora il poeta. In un altro madrigale, *Uselletto selvaggio,* Jacopo descrive i precetti del "buon cantare" in voga nella sua epoca:

"Per gridare forte non si canta bene
ma con soave e dolce melodia
si fa bel canto e ciò vuol dir maestria.
Pochi l'hanno e tutti si fan maestri
fan ballate, mandriali e mottetti...
Sì è piena la terra di maestrali
che loco più non trovan discepoli".

Interessante la classificazione dei generi musicali: ballata e madrigale per la musica profana, mottetto per il repertorio di ispirazione religiosa.

Gherardello da Firenze (morto circa nel 1362-64) lascia dieci composizioni profane, alcune su testo di Soldanieri e di Sacchetti. Tra la musica sacra si segnala un *Credo.* Composizione ai suoi tempi famosa, tanto da essere citata in un sonetto inviato da Simone Peruzzi al Sacchetti, in occasione della morte del musicista:

Per la morte di ser Gherardello, di musica maestro
"Rallegratevi Muse, or giubilate,
con l'altre creature insieme elette...
... cominciò allor l'alma beata
drizzando gli occhi suoi a chi venia
con note tal che tutto il ciel si volse...
Credo ne la fronte scolpito avia...".

Il compositore, dunque, si presenta al cospetto delle Muse e della Vergine Maria con, impresso sulla fronte, il suo *Credo*, come credenziale di salvezza.

Tuttavia Gherardello dovette essere un personaggio molto concreto e pratico, a giudicare dal testo adottato per una sua ballata, *I' vo' bene a chi vuol bene a me.*

4.2. La seconda fase dell'Ars Nova: Landini.

La seconda generazione di autori elenca ancora fiorentini: **Lorenzo**, noto come Ser Lorenzo Masini o Laurentius de Florentia.

E' citato dal Villani, forse perchè la sua musica adorna testi poetici di Sacchetti, Soldanieri e Boccaccio (di lui la ballata *Come sul fonte fu preso Narciso*).

Appartengono alla seconda generazione arsnovistica **Donato da Cascia** (che predilige, come poeta, Soldanieri) e **Niccolò del Preposto**, canonico della Cattedrale di Perugia, che musica opere di Sacchetti.

L'autore più importante di tutta l'Ars Nova italiana è **Francesco Landini**, (Franciscus caecus de Florentia). Probabilmente allievo di Giovanni da Cascia e di Jacopo da Bologna, Landini è il personaggio unificatore, in grado di raccogliere i contributi musicali toscani, bolognesi e milanesi.

Cieco sin dalla nascita, Landini fu buon esecutore di strumenti a corda, facendosi apprezzare anche come suonatore e costruttore di organi.

Autore di testi poetici, Landini concepisce la sue funzioni di musicista come una professione estremamente seria, vivendo con intensità l'aggancio alle correnti artistiche e culturali dei suoi giorni. In tale prospettiva si trova a non apprezzare le musiche contemporanee, in particolare quelle legate alla danza di ispirazione popolare:

> "Misera son che me ne dolgo piangendo
> veder gli effetti mie dolci e profecti
> lasciar per frottol' i vaghi intelletti
> perché ignoranza e vizi ognun continua.
> Lasciansi il buon e pigliasi la schiuma
> ciascun vuol narrar musical note
> compor mandrial, cacce, ballate,
> tenendo ognun le sue autenticate;
> chi vuol d'una vertù venir in lodo
> conviengli prima giunger alla proda.
> Già furon le dolcezze mie pregiate
> da cavalieri, baroni e gran signori.

Or sono imbastarditi i gentil' cori.
Ma io musica sol non mi lamento
ch' ancor l'alte vertù lasciate sento".

Nel testo di questo madrigale, che ha per titolo *Musica son*, la musica parla in prima persona e si lamenta che le sue virtù siano trascurate per l'ignoranza degli ascoltatori. Tutti vogliono scrivere senza averne la scienza e le capacità. Il gusto oggi è corrotto, ma la musica ha ancora tante cose belle da esprimere.

A parte questo singolare testo autobiografico, esistono altre testimonianze di scrittori dell'epoca che rivolgono la loro attenzione a Landini. Coluccio Salutati (1375) in una supplica al Vescovo di Firenze sottolinea i meriti "[...] per cui da questo uomo cieco vien nome glorioso alla città nostra e luce alla Chiesa fiorentina".

Giovanni da Prato, nel *Paradiso degli Alberti*, racconta dell'intervento del musico a una festa: egli, sull'organo, cominciò a suonare i suoi noti "amorosi canti" e non vi fu nessuno che, "[...] per la dolcezza della dolcissima armonia non li paresse che 'l cuore per soprabondante letizia del petto uscir volesse".

Cino Rinuccini dichiarava: "Aveno in musica Francesco, cieco del corpo, ma dell'anima illuminato, il qual così la teoria, come la pratica sapea e nel suo tempo fu miglior modulatore di dolcissimi canti".

Landini muore nel 1397 e viene sepolto in san Lorenzo, chiesa della quale era stato organista. Esiste tuttora la sua pietra tombale.

Tra ballate, cacce e madrigali rimangono oltre centocinquanta componimenti: spicca la celeberrima ballata *Ecco la Primavera*. Autore anche di un poemetto in latino in lode del filosofo Guglielmo D'Occam, Landini lascia un'impronta duratura nella cultura fiorentina, e anticipa la figura dell'Umanista che si afferma nel secolo successivo.

4.3. Verso il '400. La fine dell'Ars Nova.

Tra gli autori della terza ed ultima fase del movimento fiorentino sono da citare musicisti di altra provenienza geografica: **Corrado da Pistoia, Bartolomeo da Bologna, Antonio da Cividale, Zachara da Teramo.**

L'elemento di rilievo maggiore è **Matteo da Perugia**. Cantore nel 1402 nel Duomo di Milano, dal 1407 al '15 è attivo a Bologna. Rientrato nella sede milanese, fa perdere le tracce dal 1418. Il trapianto di Matteo dalla città natale al capoluogo lombardo è favorito dall'annessione del territorio umbro (1399) operata da Giangaleazzo Visconti. La predilezione mostrata da Matteo nel musicare testi francesi è forse motivata dal fatto che l'Arcivescovo di Milano, Pietro De Candia, aveva insegnato a Parigi, alla Sorbona.

Delle composizioni del perugino rimangono oltre venti brani: *virelais, ballades, rondeaux*. Il musicista è esponente di uno stile estremamente complesso (*ars subtilior*, arte sottile), fatto di poliritmia e di complicati giochi contrappuntistici.

Quadro riassuntivo

La splendida apertura di Firenze alle arti fa sbocciare anche l'espressione musicale dell'**Ars Nova**. All'interno di una fitta schiera di autori prevalentemente toscani e bolognesi, spicca **Francesco Landini**.

La fioritura del nuovo genere compositivo si estende per tutta la penisola e termina solo alle fine del secolo. Significativo l'aggancio con le coeva espressione poetica del **Dolce Stil Novo**: la musica canta le dolcezze dell'amore.

BIBLIOGRAFIA

L'ars nova italiana del Trecento, Certaldo, 1970.

R. ARNESE, *Storia della musica nel Medioeovo europeo,* Firenze, 1983.

G. CATTIN, *Il Medioevo*, I, in "Storia della musica",1/**, (a c. della Società Italiana di musicologia), Torino, 1979.

U. ECO, *Arte e bellezza nell'estetica medievale,* Milano, 1987.

A. GALLO, *Il Medioevo*, II, in "Storia della musica", 2, (a c. della Società Italiana di musicologia), Torino, 1979.

A. GALLO, *Musica e storia tra Medioevo e età moderna,* Milano, 1986.

J. HUIZINGA, *L'autunno del Medioevo,* Firenze, 1966.

J. LE GOFF, *Gli intellettuali nel Medioevo*, Milano, 1959.

Musica Medievale fino al Trecento, (a c. di A. Hughes), in "Storia della musica", II, The New Oxford History of Music, Milano, 1963.

N. PIRROTTA, *Musica tra Medioevo e Rinascimento*, Torino, 1984.

F. TESTI, *La musica italiana nel Medio Evo e nel Rinascimento,* Busto Arsizio, 1977.

CAPITOLO QUARTO

DANTE E LA MUSICA (1265-1321)

1. *Dante e i Trovatori.*

Nel pensiero poetico dantesco la figura del **Trovatore**, scrittore e musicista attivo nelle corti di Provenza e di Aquitania tra XI e il XII secolo, trova motivi di sopravvivenza e di legittimazione artistica anche dopo il superamento della sua fase storica.

L'esistenza di questi protagonisti della cultura altomedievale francese era stata molto importante per gli intellettuali dell'Italia settentrionale, sempre pronti ad assimilare la lezione proveniente d' Oltralpe.

In particolare Dante trova analogie con i trovatori che compongono *sirventesi*, forme poetiche pervase di contenuti sociali e civili. Il *sirventese* trae il suo nome da *serven* = servitore del signore feudale. Nasce in Provenza e, nelle mani dei trovatori, diviene strumento di contesa politica: nei suoi versi si esprimono polemiche, censure e offese verso l'avversario del nobile presso cui il poeta presta il suo servizio. Il fine didascalico del *sirventese* ha successo nell'Italia centrosettentrionale, dilaniata da guerre civili e faide tra fazioni.

Autore di *sirventesi* è il trovatore **Bertrand de Born**, raffigurato da Dante nell'*Inferno* (XXVIII, 130): collocato tra i seminatori di discordie, si presenta al poeta reggendo tra le mani il capo mozzo. I versi di Bertrand sono pervasi di passioni e sono pieni di riferimenti a personaggi reali: si esaltano la guerra, la violenza, la battaglia come momento di gioia. Profondo è il legame tra Born e Dante: anche il fiorentino vive in esilio, pieno di rancore verso i suoi nemici, quasi tutti collocati nei luoghi più infami della *Commedia*. Filippo il Bello, ad esempio, è definito da Dante "Il male di Francia" (*Purgato-*

rio, VII, 109): analogamente Bertrand lancia contro il monarca un suo sirventese: *No puosc mudar.*

In senso generale i Trovatori sono, per Dante, il riferimento artistico per eccellenza: un trovatore italiano, **Sordello da Goito** (1200-1269) fa da guida, in Purgatorio (canti VI e VII).

Sordello, attraverso la protezione dei suoi signori, Berengario di Provenza e Carlo d'Angiò, da semplice giullare viene elevato al rango di cavaliere. E' la dimostrazione dello stretto contatto (anche socialmente promozionale) che l'esercizio della musica e della poesia sottendono tra vassallo e nobile di rango superiore.

Nel *Purgatorio* sono presenti altri due trovatori: **Giraut de Bornelh** e **Arnaut Daniel**: li troviamo nel canto XXVI (117), ambedue presentati da Guido Guinizelli.

Bornelh, nativo di Limoges (il "Lemosì", lo chiama Dante) attivo come poeta e musico tra il 1160 e il 1200, è accanto a Riccardo Cuor di Leone nella terza Crociata (1188-89). Successivamente raggiunge la corte di Castiglia. La sua poesia è improntata a un concetto di alta concentrazione morale, severa ed elevata, espressa con un linguaggio difficile, spesso complicato. Dante lo cita più volte nel *De vulgari eloquentia* (I,IX,4 - II, V,4 - VI, 6) e nel *Convivio* (VI,XI,10), come eccellente cantore della "rettitudine morale".

A sua volta Arnaut Daniel saluta il poeta in lingua *d'Oc*:

"ieu sui Arnaut, que plor e vau cantar"
("io sono Arnaut che piango e vado cantando",
Purgatorio, XXVI, 140).

Operante tra il 1180 e il 1210, Arnaut compone *chansons* ricche di sottili artifici di lingua: è maestro del *trobar clus* (poetare ermetico, in contrapposizione al *trobar leu*, scrivere chiaro e ben comprensibile). Dante lo loda nel *De vulgari eloquentia* (II,II,9 - VI,6 e X, 2) e lo imita nelle *Rime petrose.*

Nel Paradiso (XX, 73-78), giunti al sesto Cielo, quello di Giove, Dante, accingendosi a descrivere gli spiriti degli Imperatori nell'occhio dell'Aquila, traccia una similitudine:

"Quale allodoletta che 'n aere si spazia
prima cantando, e poi tace contenta
dell'ultima dolcezza che la sazia"

Il modello di questi versi proviene da una *chanson* del trovatore **Bernart de Ventardon**:

"Can vei la lauzeta mover de joi salas contra i rai"	(traduzione)	"Quando vedo l'allodola muovere con gioia le sue ali contro il sole"

Bernart vive alla corte di Eleonora d'Aquitania, tra il 1125 e l'ultimo decennio del secolo: Dante si appropria della similitudine poetica di Bernart, ma non cita il suo nome. Infatti l'ammirazione del poeta fiorentino per i trovatori è unicamente di carattere estetico. Dante è molto critico nei confronti della loro vita, apparentemente dissoluta e libera da vincoli morali. Pertanto nel divino poema i trovatori occupano posti proporzionati alla qualità della loro vita terrena: solo **Folquet de Marselh**, abate cistercense, vescovo di Tolosa, promotore della Crociata contro gli Albigesi, ha l'onore di un seggio in Paradiso (canto X).

Nel *De vulgari eloquentia*, invece, le differenziazioni tra i vari trovatori avvengono solo sotto il punto di vista stilistico e formale. Metro di giudizio è il culto dantesco per la *chanson*, considerata come forma integrale di musica e di poesia, "actio completa dicentis verba modulationi armonizata" - "azione completa di parole ben armonizzate con una linea musicale".

Le *chansons* trobadoriche più belle sono, secondo Dante, quelle in cui melodia musicale e metrica poetica sono ben armonizzate, secondo i principi della *oda continua* (canto continuo).

In questo campo è eccellente Arnaut Daniel.

2. *Conoscenze musicali di Dante.*

Nel compendio *Vita di Dante,* attribuito a Boccaccio si legge che il poeta, in giovinezza, era solito frequentare cantori e suonatori, con i quali trascorreva alcune ore della sua giornata: spesso, poi, affidava a costoro i suoi versi per farli ornare di note musicali, ("[...] ed assai cose da questo diletto tirato, di piacevole e maestrevole nota a questi cotali faceva rivestire").

Due i musicisti fiorentini esplicitamente citati da Dante.

Il primo è Casella, identificato nel Pietro Casella del Codice Vaticano Lat. 3214 ("Casella sonum dedit" a un madrigale di Lemmo da Pistoia). La *Cronaca dell'anonimo fiorentino* parla della grande intimità occorsa tra Casella e Dante che scrisse sonetti, canzoni e ballate da lui musicate.

Collocato in Purgatorio (II, 91) Casella è richiesto da Dante di intonare quel "canto amoroso", unica musica capace di acquietare le sue ansie; e Casella modula la canzone *Amor che ne la mente mi ragiona* (*Convivio*, tratt. III).

Nel Purgatorio (IV, 123) è un altro musicista, il liutista Belacqua. La citata cronaca fiorentina lo descrive fabbricatore di liuti, molto pigro, ma intimo di Dante. I documenti parlano di un Duccio di Bonavia, soprannominato Belacqua, morto nel 1302.

Va citato anche il musico Scochetto che, sebbene non figuri nella *Divina Commedia,* viene indicato da varie fonti come autore della musica apposta a una canzone dantesca, *Deh violetta, che in ombra d'amore.*

3. *La musica delle sfere.*

L'aspetto forse più affascinante del percorso dantesco all'interno della musica è la rievocazione dell'antica teoria pitagorica della **musica delle sfere**, tramandata da Platone (*Repubblica*, libro X, "mito di Er"). Dante ne fornisce una citazione testuale:

> "Senza lagrime e sospiri
> anzi il cantar di quei che notan sempre
> retro alle note degli eterni giri"
> (Purgatorio, XXX, 91)

Gli "eterni giri", cioè le orbite dei pianeti, producono una musica eterna, cosmica, la **musica delle sfere**.

Le fonti del pensiero antico a cui attinge Dante sono il *Somnium Scipionis* di Cicerone e gli scritti di Boezio. Nel *Convivio*, infatti (II e XII) ambedue i filosofi sono citati come ispiratori delle teorie sulla sostanza musicale dell'Universo.

Cicerone nel *De Republica libri sex* (55 a C.) descrivendo la natura del potere politico, narra un episodio musicale che, in epoche successive, è ampiamente commentato da Macrobio e Agostino.

Nel VI libro appare il racconto di un sogno fatto da P. Cornelio Scipione, il nepote del celebre Africano: l'illustre avo, apparso come ombra nottura, spiega al discendente la formazione dell'Universo:

> Volta celeste
> prima sfera: Saturno
> seconda sfera. Giove
> terza sfera. Marte
> quarta sfera: Sole
> quinta sfera: Venere
> sesta sfera: Mercurio
> settima sfera: Luna
> Terra

Nella sua rotazione intorno alla terra ognuno di questi corpi celesti produce un suono, emana un'aura acustico-musicale. La consonanza dei suoni rende l'Universo proporzionato e razionalmente ordinato secondo rapporti di natura musicale. Nel capitolo XVIII Scipione chiede:

> "Quid hic, quis est qui complet auras meas tantus et tam dulcis sonus?"
> ("Cos'è questo suono ineffabile che colpisce le mie orecchie?").

La risposta dell'Africano è suggestiva: si tratta di un "suono" diviso in intervalli ineguali, ma congiunti in una perfetta proporzione creata dall'impulso e dal moto degli astri. E' tuttavia così grande il suono della rotazione celeste che l'orecchio umano non è in grado di riceverlo, come l'occhio dell'uomo non può sopportare la luce diretta del sole. Dante, nel *Convivio* (II, 12, e 14) schematizza l'Universo secondo questa disposizione:

Terra
primo cielo: Luna
secondo cielo: Mercurio
terzo cielo: Venere
quarto cielo: Sole
quinto cielo: Marte
sesto cielo. Giove
settimo cielo: Saturno
ottavo cielo: Stelle fisse
nono cielo: Primo Mobile
Empireo

Il pianeta Marte, secondo Dante, è il corpo celeste più musicale.

Il primo motivo è la sua equidistanza all'interno dei cieli: sia che si cominci dalla luna che dal Primo Mobile, Marte è in quinta posizione: e di conseguenza la sua "è la più bella relazione".

Ricordando le speculazioni acustiche effettuate dai Pitagorici sul monocordo, Marte è in relazione di quinta, cioè in consonanza perfetta con il suono fondamentale.

La seconda proprietà musicale di Marte è legata alla sua natura termica:

> "[...] Marte, siccome dice Tolomeo [...] dissecca e arde le cose, perché lo suo calor è simile a quello del fuoco; e questo è quello per che esso pare affocato di colore".

Dagli aspetti esaminati discendono due caratteristiche di Marte che risultano complementari e definiscono la doppia natura della musica: da una parte ci sono l'equilibrio e la proporzione (aspetto teorico), dall'altra la capacità di entusiasmare, di incantare di attrarre i "vapori" del cuore (aspetto psicologico). Tra relazioni proporzionali e seduzione estetica, Dante, traendo il concetto dall' Armonia delle Sfere, sembra preferire il secondo:

> "[...] la musica trae a sé li spiriti umani, sì che quasi sono principalmente vapore di cuore, sì che quasi cessan da ogni operazione: sì che è l'anima intera quando l'ode e la virtù di tutti quasi corre a lo spirito sensibile che riceve lo suono".

La musica, dunque, al pari del pianeta Marte è "relazione bella", capace di attrarre a sé gli spiriti umani.

La forza "estatica" della musica affascina Dante che, nel Purgatorio, grazie all'episodio di Casella, ci offre una visione emblematica del rapimento sonoro:

> "Amor che ne la mente mi ragiona
> cominciò elli allor sì dolcemente,
> che la dolcezza ancor dentro mi sona.
> Lo mio maestro e io e quella gente
> ch'eran con lui parevan sì contenti
> come a nessuno toccasse altro la mente".
> (*Purgatorio*, II, 115).

Nel *Paradiso* le allusioni alla **musica delle sfere** si moltiplicano (I, 76 - VI, 124 - XXIII, 97).

Tutta la concezione sonora della *Divina Commedia* va vista sotto la suddivisione qualitativa dei suoni.

Nell'*Inferno* si odono rumori e lamenti, risuonano tamburi, trombe, campane, la cennamella (una sorta di zampogna, XXII,4) nonché il corno di Nembrotte (XXXI, 12); la danza è una tresca selvaggia (XIV,12).

Nel *Purgatorio* Casella intona la canzone dantesca: si danza il *ballo tondo* (XXIX, 121) e si cantano antifone, inni e salmi.

In *Paradiso* si odono la *giga* (violino) e l'arpa (XIV, 118), oltre che la biblica cetra (XX. 142). I canti dei beati sono organizzati in strutture polifoniche più evolute, come canti antifonali e responsoriali.

4. *La musica nell'opera di Boccaccio.*

La vita di Giovanni Boccaccio coincide con la seconda e la terza fase dell'**Ars Nova** fiorentina (1313-1375). Il *Decamerone* (1348-53) descrive situazioni musicali dell' epoca.

Tutte le giornate della raccolta, infatti, iniziano con canti e danze e si chiudono con una canzone.

Introduzione alla prima giornata.

> "E levate le tavole, con ciò fosse come cosa fatta che tutte le donne *carolar* sapessero e similamente i giovani e parte di loro ottimamente e *sonare* e *cantare*, comandò la reina che gli *strumenti* venissero: e per comandamento di lei Dioneo preso un *leuto* e Fiammetta una *viola*, cominciarono soavemente a *danzare* e a *sonare*. Per che la reina coll'altre donne insieme co' due giovani, presa una *carola* con passo lento, mandati i famigliari a mangiare, a carolare cominciarono: e quella finita, *canzoni* vaghette e liete cominciarono a cantare".

Carola, in questo contesto, è sinonimo di danza (*koros + auleo,* ovvero accompagnare il coro con il suono dell'*aulos*). Il termine è usato anche da Dante in *Paradiso* (XXV,9).

La *carola* si ballava a tondo, collettivamente, con i danzatori che si tenevano per mano.

Una probabile rappresentazione pittorica di *carola* è quella raffigurata da Ambrogio Lorenzetti negli affreschi del "Buon governo", nel Palazzo Pubblico di Siena. Al termine della prima giornata, l'allegra brigata intona una canzone:

> "Dopo la qual cena, fatti venire gli *strumenti*, comandò la reina che una *danza* fosse presa, e quella menando la Lauretta, Emilia cantasse una *canzone* dal *leuto* di Dioneo aiutata. Per lo qual comandamento Lauretta prestamente prese una danza e quella menò, cantando Emilia la seguente canzone amorosamente: *Io son sì vaga della mia bellezza".*

Si tratta, probabilmente, di una *ballata*, cioè di una canzone atta ad accompagnare il *ballo tondo*, o *carola* che dir si voglia.

Quadro riassuntivo.

Enorme l'importanza della figura di **Dante** nel contesto musicale della sua epoca. Le sue conoscenze e le sue riflessioni sono il bagaglio dell'intellettuale medievale. La presenza della musica nella produzione letteraria di Dante è perciò un utilissimo criterio per studiare l'importanza dell'arte dei suoni nella formazione di un esponente dell'alta borghesia colta.

Per Dante, che riecheggia antiche teorie pitagoriche e platoniche, la musica è **armonia delle sfere** ossia rappresentazione sensibile dei rapporti astronomici che regolano l'universo. Opzione astratta ed intellettualistica, questa della "musica delle sfere", che sopravvive sino all'interno del Rinascimento.

Ma la musica è anche aspetto sensibile, seduzione attraverso i suoni, e come tale trascina l'uomo verso il mondo delle cose. Dopo secoli di precauzioni contro la musica, riemerge il carattere edonistico dell'ascolto sonoro.

Trattando di problemi musicali nel *Convivio* e nel *De vulgari eloquentia*, Dante si mostra molto esperto. La *Divina Commedia*, a sua volta, raccoglie la somma delle conoscenze musicali dantesche.

BIBLIOGRAFIA

A. BONAVENTURA, *Dante e la musica, Livorno,* 1904.
La musica nel tempo di Dante, Milano, 1988.

CAPITOLO QUINTO

IL PRIMO RINASCIMENTO: SECOLO XV

1.1. La pacifica invasione dei Fiamminghi.

Il nuovo secolo si apre su un'Italia devastata dalle guerre regionali, attraversata da bande mercenarie straniere, disposta ad accettare il passaggio dalle autonomie locali alla tirannide del Principe (Signoria). Si afferma progressivamente la figura del despota illuminato, un aristocratico che alterna l'esercizio delle armi al culto delle arti. Quando depone la spada il signore rinascimentale diventa protettore della cultura e degli artisti (mecenatismo). Proverbiale risulta il patronato esercitato nelle corti di Urbino, Milano, Ferrara, Mantova, Firenze, Milano, e nella Roma dei Papi.

In termini musicali gli italiani, per il momento, tacciono. Estintasi la prolifica schiera dei maestri dell'Ars Nova inizia il fenomeno di immigrazione di compositori e musicisti provenienti dalla Borgogna e dalle Fiandre. Molti di questi ottimi professionisti vivono solo saltuariamente nella penisola, altri vi si stabiliscono stanzialmente, accedendo a posizioni di prestigio.

Tra i generi musicali maggiormente coltivati dai compositori d'Oltralpe figurano il *mottetto* polifonico in lingua latina e la *Messa*.

Il *mottetto* dei Fiamminghi è una composizione di genere sacro o celebrativo e di stile imitativo. E' costruito su un tema (*cantus firmus*) tratto dal repertorio gregoriano. Si canta in chiesa, sia per sottolineare certi momenti della liturgia che per tessere le lodi di qualche illustre personaggio.

Agli inizi del secolo XV, grazie al determinante contributo dei maestri del Nord, la Messa viene musicata polifonicamente nelle cinque componenti dell'*Ordinarium: Kyrie, Gloria, Credo, Sanctus, Agnus Dei.*

1.2. Dufay.

Tipico esempio della storia di un musicista ultramontano trapiantato in Italia è quello di Guillame Dufay. Nato probabilmente nel 1400, educato come fanciullo cantore a Cambrai, Dufay opera dal 1420 in Italia. Lo si trova a Rimini dal 1420 al '26, al servizio dei Malatesta. Scrive pagine celebrative quali il mottetto *Vassilissa ergo gaude* (per le nozze di Cleofa Malatesta con Teodoro Paleologo, *basileus* di Bisanzio) e *Apostolo glorioso*, scritto per Pandolfo Malatesta, Vescovo di Patrasso. Carlo Malatesta riceve la canzone *Resveillez vous* (luglio 1423).

In occasione del conferimento (1428) del titolo di "Baccelarius in decretis" attribuitogli dall'Università di Bologna, Dufay redige il mottetto *Juvenis qui puellam*, una esposizione, in chiave comica, di una disputa di diritto canonico.

Dal 1428 al '33 Dufay è a Roma come cantore della cappella papale. In queste funzioni scrive mottetti quali *Sancte Sebastiane* (per scongiurare la pestilenza), *Ecclesia militantis* (elezione al soglio pontificale di Eugenio IV, 1431) e *Supremum est*, in coincidenza del trattato stipulato tra il Papa e l'imperatore Sigismondo (1433).

Seguendo il pontefice profugo a Firenze, Dufay lega il suo nome alla consacrazione della cupola del Brunelleschi in santa Maria del Fiore: è del 1436 il mottetto *Nuper rosarum flores.*

Tornato a Cambrai ricco e famoso viene nominato canonico della cattedrale. Muore in tarda età, nel 1474, dopo aver esercitato ancora il mestiere di musicista presso la corte di Savoia (dal 1452 al '58) e aver indirizzato i suoi inquieti passi anche in Svizzera.

1.3. Josquin Desprez.

Analogamente a Dufay, anche la vita di un altro illustre immigrato, Josquin Desprez (1440-1521) si svolge principalmente in Italia. Dal 1459 al '79, infatti, Desprez, che era nato in Piccardia, è cantore nel duomo di Milano. Al servizio del cardinale Ascanio Sforza, Josquin lo segue a Roma, ove entra nella Cappella papale. Il successo conseguito sia a Milano che a Roma non addolcisce il carattere del musicista, che viene ricordato sempre ombroso e insoddisfatto; un suo illustre amico così lo dipinge:

> "Josquin, non dir ch 'ciel sia crudo et empio, che t'adornò di sì sublime ingegno".

Nel 1501 gli emissari del duca di Ferrara contattano il musicista per una proposta di lavoro: le loro impressioni sono piuttosto guardinghe:

"[...] Isaac è più apto molto più che Josquin perché è di miglior natura fra li compagni... Josquin compone meglio, ma fa quando li piace, non quando l'homo vole, e demanda 200 ducati e Isaac istà per 120".

Chiarissimo il senso della missiva: Josquin è uno spirito indipendente, che scrive musica solo quando è ispirato e non quando glielo chiede il suo padrone; inoltre costa caro ed è piuttosto superbo nei confronti dei cantori e dei musicisti che lavorano con lui.

Ad onta delle cautele diplomatiche, Josquin viene assunto al servizio dei signori di Ferrara. Inizia il suo lavoro nel 1505 e, prima di risolvere bruscamente il suo ingaggio, scrive capolavori come il *Miserere* e, probabilmente, la messa *Hercules Dux Ferrariae*.

Lasciata l'Italia si trasferisce, in Francia, alla corte di Luigi XII. Muore al culmine della sua fama, salutato come "Princeps musicae".

Nella cultura alto-Rinascimentale Josquin rappresenta colui che, per primo, sa elevare la composizione al rango delle altre arti coltivate dall'Umanesimo. Grazie a lui la musica entra nelle corti non solo come momento edonistico, ma anche come struttura intellettuale in grado di valutare e commentare gli eventi pubblici.

E' da ricordare, a tale proposito, il rapporto tra Josquin e Leonardo da Vinci, intessuto all'ombra della signoria milanese: nel 1489 il musico scrisse un mottetto sul testo virgiliano *Fama malum*, eseguito in occasione degli spettacoli leonardeschi allestiti per le nozze di Gian Galeazzo Sforza con Isabella d'Aragona.

Facendo breccia nell'atteggiamento dei fiamminghi a lui precedenti e coevi, spesso ermetici ed eccessivamente tecnici, Josquin fa della musica un fatto sensibile, in grado di obbedire e reagire a sue regole specifiche. In tal modo viene a realizzarsi il dettato leonardesco:

> "[...] la musica è sorella della pittura conciosia che essa è subietta dell'udito, secondo il senso dell'orecchio".

Attratto dalla musica italiana di ispirazione popolare, Josquin non disdegna di bagnare la sua penna in questo fecondo repertorio: tra i migliori risultati si ricordano le canzoni *Scaramella va alla guerra* e *El grillo è bon cantore*.

Il consolidamento della fama di Josquin è attestato dalla citazione del suo nome nel *Libro del cortegiano* di Baldassarre Castiglione (1518-21, Libro II, XXXV). Cosimo Bartoli paragona il musicista a Michelangelo:

> "Josquin [...] si può dire che nella musica fosse un mostro di natura, sì come è stato nella scultura, pittura e architettura il nostro Michelangelo; per ché, sì come Josquin non ha ancora avuto nessuno che lo arrivi nella composizione, così Michelangelo è solo senza compagno".
> (*Ragionamenti accademici*, Venezia, 1567).

1.4. I teorici della musica.

Inizialmente povero di musicisti-compositori nazionali, il secolo XV vede gli italiani presenti sulla scena come teorici.

Personalità guida del Quattrocento è infatti **Franchino Gaffurio** (1451-1522). Cantore alla corte dei Gonzaga a Mantova dal 1474, dieci anni dopo è maestro di cappella del duomo di Milano. Qui rimane per quaranta anni. Ludovico il Moro, lo nomina "Musicae professor" nel Ginnasio da lui fondato.

Sono accertati rapporti tra Gaffurio e gli uomini di scienza del suo tempo: Luca Pacioli, Cardano, Da Vinci: quest'ultimo era solito servirsi della ricca biblioteca dell'amico.

Il pensiero speculativo di Gaffurio è raccolto in due opere, il *Theoricum opus* (1480) e *Practica musicae* (1496). Viene ripresa la tradizione classica, conosciuta attraverso gli scritti di Boezio e rivitalizzata dalla conoscenza dei codici greci diffusi in Occidente dopo la caduta di Bisanzio.

2. *A Firenze.*

Nella città del fiore risulta determinante la presenza della dinastia politica dei Medici, banchieri speculatori, ma anche uomini attenti alla realtà del loro tempo. Straordinaria è la capacità dei Medici di utilizzare la cultura e le arti come strumento di buon governo. Esponenti della borghesia imprenditoriale, i nuovi padroni di Firenze assimilano un concetto fondamentale del Rinascimento: l'uomo compie il suo destino attraverso il suo "sapere", elevando il suo livello di cultura.

2.1. La musica rappresentativa.

Lo sviluppo della *lauda* monodica di ispirazione religiosa conduce i fiorentini verso uno spettacolo di argomento devoto: processioni di monaci e chierici raffigurano scene di argomento biblico e neotestamentario. Il meccanismo delle feste religiose prevede la introduzione di *edifizi*, carri allegorici sui quali vengono allestite scene di momenti evangelici o della vita dei santi. Il popolo, sostanzialmente estraneo all'attività musicale ecclesiastica, tenuta in pugno dai fiamminghi, si raccoglie intorno a queste forme rappresentative cariche di suggestione immediata.

Analogamente avviene nella musica profana che, sempre a Firenze, vede la *canzone a ballo* trasformarsi in *canto carnascialesco* (= canto di Carnevale). Si tratta di brevi brani poetico-musicali, di autori anonimi, che descrivono momenti di vita pratica, desumendo gli argomenti dalla realtà quotidiana.

Ancora, per quanto riguarda il mondo fiorentino, è caratteristica l'immagine delle "corti d'amore" tramandataci dal Villani (*Cronica*, VII, 89): brigate canore e musicali, costituite da decine di individui, percorrevano le vie di Firenze con "trombe e diversi strumenti, in gioia ed allegrezza".

2.2. Alla corte dei Medici.

Un'impronta di segno marcatamente laico viene impressa nel patrimonio musicale fiorentino da **Lorenzo de' Medici**. Nato nel 1449, signore della città dal 1469, il Magnifico ha educazione musicale molto intensa: Antonio Squarcialupi, organista in santa Maria del Fiore e suo maestro di musica asserisce:

> "Come di tutte le arti, così si dilettava con gran passione della musica".

Il suo precettore, **Marsilio Ficino**, il restauratore della filosofia platonica, era, a sua volta, grande conoscitore di musica. Il Ficino (1433-1499) gode del favore di Cosimo il Vecchio che gli dona una villa a Careggi. Questo luogo diventa sede dell'Accademia Platonica (1462), epicentro culturale dell'epoca, luogo di unione tra la cultura greca della diaspora e il filone del classicismo latino. Dalla meditazione sul patrimonio artistico dell'antichità Ficino, che è anche autore di un piccolo trattato, *De rationibus musicae*, ricava la convinzione che "il cantare alla maniera dei Greci" consiste nel canto accompagnato da uno strumento a corde.

Tra le attitudini musicali di Lorenzo, oltre al suo amore per la danza, è accertata la capacità di cantare accompagnandosi con la lira, "canto ad lyram, ad lembum, ad citharam". Il canto con la lira, costituisce una prerogativa tutta fiorentina: è una tecnica di improvvisazione vocale, basata su testi noti, sostenuta dal suono della lira, una *viella* di bordone.

Suona la lira da braccio l'Apollo effigiato da Raffaello nel suo *Parnaso* (1512, Stanze Vaticane).

Gran parte della produzione poetica dello statista fiorentino (*Rime, Selva d'amore,Canti carnascialeschi*) è oggetto di trasposizioni sonore, prima fra tutte *Quant'è bella giovinezza* (Codice Magliabechiano, VII, 1225).

2.3. *L'Orfeo* di Poliziano.

Presente nella cerchia del Magnifico, come precettore del figlio Piero, Angelo Ambrogini detto il **Poliziano** (1454-1494), oltre ad intrattenere stretti rapporti con i musicisti Isaac e Squarcialupi, lascia tracce di documentazione musicale: in *Penepistemon* riprende elementi della teoria tolemaica sulla distinzione tra "musica naturalis" e "musica artificialis", quest'ultima prodotta dalla speculazione intellettuale dell'uomo.

Il contributo più interessante, tuttavia, Poliziano lo fornisce nel 1480, nel breve periodo in cui, caduto in disgrazia presso il Magnifico, scrive a Mantova, per il cardinale Francesco Gonzaga, la *Favola di Orfeo*. E' uno dei primi esempi teatrali di dramma profano, prototipo della "favola pastorale" cinquecentesca. Molte parti della favola sono destinate esplicitamente al rivestimento musicale: canto di Orfeo, canto di Aristeo, cori delle Driadi, esclamazioni delle Baccanti. La *favola*, sin dal suo apparire, accoglie un repertorio musicale variabile, prevalentemente desunto dall'ambiente frottolistico mantovano.

Pubblicata a stampa nel 1494, la *Favola di Orfeo* ha molte repliche, tra cui, nel 1490, un allestimento milanese per il quale Leonardo da Vinci progetta le decorazioni sceniche.

2.4. Il tramonto della cultura musicale medicea.

Si inserisce, accanto alla figura del Magnifico, il compositore fiammingo **Heinrich Isaac** (1450-1517). Noto come "Arrigo il tedesco", il musicista si firma "Ugonis de Flandria". Chiamato a Firenze nel 1480, diviene "chantore e chompositore" di Lorenzo e partecipa alla educazione dei suoi figli. La riforma religiosa e gli sconvolgimenti politici che seguono la morte del Magnifico allontanano Isaac da Firenze. Dopo un servizio presso l'imperatore Massimiliano, nel 1512 il musicista torna a Firenze, protetto dal suo ex-discepolo, Giovanni de Medici, divenuto papa col nome di Leone X. Il soggiorno fiorentino di Isaac è molto importante per l'inserimento della tecnica contrappuntistica franco-fiamminga nel nascente filone della musica frottolistica.

La turbinosa riforma religiosa del domenicano Gerolamo Savonarola (1494-1498) impone un forzato ritorno alle forme della pietà devozionale medievale. Riappare la *lauda*. Molti canti profani vengono adottati come "travestimenti" di nuove poesie religiose: alla musica originale viene sottoposto un nuovo testo, di argomento sacro. Accade così che *Quant' è bella giovinezza* del Magnifico diviene, su "travestimento" di Bernardo Giambullari, *Quant' è grande la dolcezza*.

3. *Nuova sensibilità musicale: la frottola.*

Gli italiani reagiscono alla massiccia dominazione culturale dei fiamminghi con la **frottola**.

Composizione poetico-musicale in lingua italiana, prevalentemente di soggetto amoroso, raccoglie nel suo ambito varie formule letterarie: l'*ode*, lo *strambotto*, il *sonetto*, il *capitolo*, la *canzone*, la *barzelletta*.

Musicalmente la frottola è a quattro voci, di andamento omoritmico. E' modellata sul testo ispiratore, al fine di tradurne, in simboli sonori, la naturalezza e la scorrevolezza declamatoria.

La voce superiore ha solitamente un notevole rilievo, ottenuto con l'intonazione sillabica del testo. Spesso le frottole sono cantate da una voce solista, accompagnata da uno strumento a corda che raccoglie le voci inferiori. Questo procedimento prepara l'avvento della monodia accompagnata e l'affermazione della tonalità.

Liberandosi dagli schemi franco-borgognoni i musicisti italiani inventano una formula compositiva agile, scorrevole, semplicissima nella scrittura e nell'esecuzione. La frottola attinge la sua linfa vitale dal patrimonio letterario italiano, si tinge di sonorità di sapore popolaresco, ed è il ponte di raccordo tra le forme dell'**Ars Nova** e il madrigale cinquecentesco.

Accolta di buon grado nell'ambiente rinascimentale, destinata a un felice sviluppo nelle corti di Ferrara, Urbino, Mantova e Venezia, la frottola, oltre a costituire l'elemento di coesione della nuova generazione di maestri italiani, attira anche l'attenzione dei franco-fiamminghi che si accostano ad essa con interesse, a volte con risultati sorprendenti (Josquin des Prez).

3.1. A Mantova, per volere di Isabella.

L'innesto della **frottola** nella cultura italiana avviene a Mantova, per opera di Isabella Este, sposa, dal 1490, del marchese Francesco Gonzaga.

La frottola viene coltivata dai musicisti mantovani come canzone italiana da contrapporre alla *chanson* francese.

Esponente della pattuglia di musicisti patrocinati da Isabella è **Bartolomeo Tromboncino**. Nato a Verona, al servizio dei Gonzaga dal 1478 al 1495, è attivo anche a Ferrara (1502-1508). Qui partecipa alle nozze di Lucrezia Borgia con Alfonso Este (1502). In questa circostanza vengono allestite anche rappresentazioni di commedie latine, *Asinaria* e *Casina* di Plauto. Tromboncino scrive una *barzelletta* da intonarsi, in onore degli sposi, avanti l'inizio di *Casina*.

La posizione di preminenza raggiunta dal musicista è testimoniata dal fatto che, avendo egli ucciso la moglie, non è arrestato. Fuggito a Venezia non perde l'appoggio finanziario dei Gonzaga, sinché, nel 1512, non viene graziato.

Lo stile frottolistico di Tromboncino è caratterizzato dall'adozione di testi di alta cultura quali *Adspicias utinam* da *Heroides* di Ovidio e *Integer vitae* da Orazio. Intona anche testi di Petrarca e del Pontano.

Pietro Aretino cita il musicista nel Prologo della sua commedia *Il marescalco* (1533) dandolo ancora per vivente.

3.2. Il pupillo dei Gonzaga: Marchetto Cara.

Nativo di Verona, al servizio dei Gonzaga sin dal 1495, Cara raggiunge una eccezionale posizione di intimità con il marchese Francesco, tanto da seguirlo sul campo di battaglia, nel corso della guerra della Lega Veneta contro Carlo VIII di Francia.

Isabella invia il suo musico a Venezia, onde allietare, col suo canto, la cognata, duchessa di Urbino. Ricercato da molti signori dell'epoca per la sua sapienza vocale e strumentale, Cara è spesso sul punto di essere sottratto ai Gonzaga Il marchese di Bitonto, ricevendo certi suoi canti, asserisce che essi sono "[...] di tale perfezione che ognuno desidera di vederli come cose sacre".

La testimonianza più autorevole su Cara appare nelle pagine del *Cortigiano* di Castiglione:

> "Né meno commuove nel suo cantare il nostro Marchetto Cara, ma con più molle armonia; ché per una via placida e piena di flebile dolcezza intenerisce e penetra le anime, imprimendo in esse, soavemente, una dilettevole passione".
> (Libro I, capitolo XXXVII).

4. *La villotta.*

Genere affine alla frottola è la **villotta** (da *villa* = residenza di campagna). Di origine popolare la villotta, nel suo accostamento alle classi colte e curiali, si trasforma in un piccolo affresco elegante, carico di significati, spesso giocosi, molto ben comprensibili ai destinatari.

Distribuita su un organico di quattro voci, equamente divisa tra sezioni imitative ed omoritmiche, la villotta utilizza anche accenti dialettali, in particolare quello veneto.

5. *I Pontefici e la musica.*

Nello scorcio della seconda metà del secolo anche la corte papale gode di un felice stato di simbiosi con la musica.

Il cardinale Francesco della Rovere, salito al soglio col nome di Sisto IV (1471-1484) è il primo Pontefice rinascimentale. Si deve a lui la costruzione della cappella Sistina (1471-1479), affrescata tra il 1481 e il 1483 da Perugino, Pinturicchio, Botticelli, Signorelli e Ghirlandaio.

Nel 1473 Sisto riordina la cappella musicale papale: denominato da questo momento **Cappella Sistina**, l'insieme dei cantori è adibito esclusivamente alle cerimonie musicali riservate al Sommo Pontefice. Sisto forma, nel 1480, un'altra *schola cantorum* che, riordinata nel 1512 da papa Giulio II, prende il nome di **Cappella Giulia,** ovvero cappella musicale della Basilica di san Pietro. Il coro della Cappella Sistina partecipa, ancor oggi, alle cerimonie liturgiche accanto al Papa.

6. *Tutti suonavano il liuto.*

Lo strumento principale del Rinascimento è il liuto. Per la preziosità della voce e per la dolcezza dell'emissione sonora è particolarmente indicato ai piccoli spazi delle camere dei palazzi patrizi.

Derivato dallo strumento arabo denominato *ud* = legno, il liuto è maneggevole e molto versatile, adatto ad ogni circostanza pubblica e privata: la sua accordatura lo rende idoneo ad accompagnare la voce.

Innumerevoli sono le testimonianze iconografiche del liuto rinascimentale, a partire dalle miniature castigliane, sino alle scene del Battistero di Firenze o alle sculture dell'oratorio di san Bernardino, in Perugia.

La prima raccolta di musica si deve alle edizioni veneziane del Petrucci (1507).

Tra i motivi che rendono popolare il liuto è anche la sua capacità di raccogliere, sulle sue corde, le voci delle composizioni polifoniche. Pertanto sul liuto era facile eseguire frottole e villotte vocali.

Ma la forma per eccellenza è il **ricercare**. Si tratta di una composizione atta a saggiare (= tentare, cercare) le possibilità tecniche e sonore del liuto. E' anche sinonimo di studio, di preludio.

Si avverte, nel ricercare, la presenza di un atteggiamento improvvisativo. Una espressione sovente usata è: "Tastar de corde coi soi ricercari dietro".

Tra i molti compositori per liuto si ricorda **Francesco Spinacino** (1470-1507), autore di ricercari (pubblicati da Petrucci) in cui il carattere toccatistico si alterna a sequenze di passaggi di agilità.

Notevole anche la figura di **Francesco da Milano** (1497-1543), musico dei Gonzaga dal 1510.

Nel 1538 papa Paolo III lo nomina maestro del nepote Ottavio e lo conduce al Concilio di Nizza. Qui il musico è ammirato da Francesco I di Francia e Carlo V imperatore. Venne soprannominato dai contemporanei "il divino" per la sua abilità di suonatore.

Quadro riassuntivo

Estintasi l'**Ars Nova** fiorentina, l'Italia conosce l'invasione dei maestri franco-fiamminghi. Tra costoro si segnalano **Dufay** e **Desprez.**

A Firenze brilla la stella dei Medici, mecenati di musicisti, poeti e teorici. La decadenza della cultura fiorentina coincide con la morte di **Lorenzo il Magnifico.**

Nasce un'altra culla della cultura musicale rinascimentale, la corte di Mantova.

Sotto il patronato di **Isabella Gonzaga Este** si afferma un nuovo genere poetico-musicale, la **frottola**. In essa si manifestano i contenuti della musica popolare.

Strumento essenziale per l'esecuzione del repertorio frottolistico è il **liuto**, il protagonista sonoro del Rinascimento.

BIBLIOGRAFIA

W. APEL, *La notazione della musica polifonica,* Firenze, 1984.
A. BERTOLOTTI, *Musicisti alla corte dei Gonzaga, in Mantova,* 1890.
A. BORNSTEIN, *Gli strumenti musicali del rinascimento,* Padova, 1987.
A GAREFFI, *La scrittura e la festa. Teatro, festa e letteratura nella Firenze del rinascimento,* Bologna, 1991.
P.O. KRISTELLER, *Il pensiero filosofico di Marsilio Ficino*, Firenze, 1953.
P.O. KRISTELLER, *Musica e letteratura nel primo Rinascimento*, Firenze, 1978.
La musica e il mondo. Mecenatismo e committenza musicale in Italia tra '400 e '600 (a.c. di C. Annibaldi), Bologna, 1993.
La musica al tempo di Lorenzo il Magnifico (a c. di P. Gargiulo), Firenze, 1993.
S. LEONI, *Le armonie del mondo. La trattatistica musicale nel Rinascimento: 1470-1650,* Genova, 1988.
F. LUISI, *La musica vocale nel rinascimento*, Torino, 1977.
Musica e immagine. Tra iconografie e mondo dell'opera (a c. di B.M. Brumana e G. Ciliberti), Firenze, 1993.
L. PARIGI, *Laurentiana. Lorenzo de Medici cultore della musica,* Firenze, 1954.
N. PIRROTTA, *Li due Orfei. Da Poliziano a Monteverdi,* Torino, 1975.
N. PIRROTTA, *Poesia e musica e altri saggi,* Firenze, 1994.
D. RESTANI, *L'itinerario di Girolamo Mei, dalla "Poetica" alla musica,* Firenze, 1990.
Sacre rappresentazioni del Quattrocento, Torino, 1974.
L. SAMPAOLI, *Guillaume Dufay, un musicista alla corte dei Malatesti*, Rimini, 1985.
M. TITLI, *Marsilio Ficino e la musica,* in "Musica-Realtà", n. 30, dicembre 1989.
F. TORREFRANCA, *Il segreto del Quattrocento*, Milano, 1939.
G. ZENOBI, *Corti principesche e oligarchie formalizzate come luoghi del politico nell'Italia dell'età moderna,* Urbino, 1993.

CAPITOLO SESTO

IL SECONDO RINASCIMENTO: SECOLO XVI

1.1. Il madrigale del '500.

Il madrigale cinquecentesco è una composizione polifonica estremamente libera. Il testo poetico scelto non è necessariamente strofico e la musica vi si adatta con estrema duttilità.

La parola **madrigale,** nella sua nuova accezione, appare in una raccolta di musiche pubblicate a Roma, nel 1533 da Valerio Dorico, stampatore bresciano: *Madrigali novi de diversi excellentissimi Musici.*

Per i suoi motivi di accentuata rappresentazione dei valori poetici il madrigale diviene subito un fenomeno di *élite*, legato alle corti principesche. Il linguaggio adottato è quello aulico e mimetico dei grandi dignitari e dei cortigiani. Figure fondamentali per l'affermazione della nuova sensibilità artistica sono Luca Dertonese, Baldassarre Olimpo (1486-1540), il catalano Benedetto Gareth, detto il Cariteo (uomo politico, oltre che musico e cantore) e Giovanni Pontano (1426-1530), segretario di stato del regno di Napoli. A sua volta Jacopo Sannazaro (1455-1530) è autore di un testo fondamentale come la celebre *Arcadia*, prose ed egloghe scritte tra il 1481 e il 1486, pubblicate nel 1501, dopo che erano ampiamente circolate in copie manoscritte.

Si sviluppa così un genere di composizione nel quale la musica e la poesia, in assoluta compenetrazione, danno origine a un messaggio di carattere riservato, destinato a pochi e da pochi decifrato.

L'evoluzione della frottola verso la prevedibile sensibilità armonica viene momentaneamente arrestata: prevale la polifonia come simbolo di cultura collettiva. I cultori del madrigale devono vantare un'assoluta conoscenza della poesia di Petrarca, lettura prediletta dei cortigiani intellettuali. Il canto, la musica debbono rivestire i versi petrarcheschi al punto da trasfigurare la parola poetica sino a renderla palpabile e sensibile.

1.2. A Urbino, culla del Rinascimento.

Momento supremo della meditazione rinascimentale, il madrigale si inserisce nella dibattuta questione della lingua italiana grazie alla decisa personalità di uno dei suoi estimatori, **Pietro Bembo**.

Veneziano (1470-1547), segretario dal 1513 di papa Leone X, cardinale dal 1539, Bembo scrive, nel 1525, le *Prose della volgar lingua*. In questo volume si schiera a favore della lingua "toscana" e indica in Petrarca lo scrittore italiano per eccellenza.

Il soggiorno del poeta, letterato e uomo politico alla corte di Urbino (1506-1511) lascia una decisa impronta sul *Libro del cortegiano* di **Baldassarre Castiglione.**

Il testo del Castiglione (1478-1529) è lo sfondo su cui si muovono le figure dei protagonisti della grande stagione rinascimentale centroitaliana. La prima stesura del *Libro del cortegiano*, compilata nel 1518, circola manoscritta tra amici: tra il '18 e il '21 Baldassarre la rielabora in quattro libri, in vista della sua pubblicazione.

Ambientata nella corte di Urbino, nel palazzo ducale, uno dei capolavori dell'architettura rinascimentale, la narrazione ha per protagonisti Elisabetta Gonzaga, Bembo, il cardinale Bibbiena, Antonio M. Terpandro, poeta e musicista, e Barletta "musico eccellentissimo che tutta la corte teneva in festa". Tale era l'amore per le arti nella corte di Urbino "che sempre poeti, musici e d' ogni sorta omini piacevoli e li più eccellenti in ogni facultà che in Italia si trovavano vi concorrevano" (libro I).

Onnipresenti i musicisti: Josquin Desprez, ma anche Marchetto Cara e Bidon d'Asti, cantore di Leone X.

Burckhardt definisce quella di Federico da Montefeltro la corte ideale del Rinascimento, dove la cultura era "questione di onore". Nello studiolo di Federico, il luogo privato ove il Principe Rinascimentale si raccoglieva in meditazione, Baccio Ponticelli (1476) aveva eseguito tarsie su disegno del Botticelli: molti gli strumenti musicali raffigurati, compresa una pagina di musica che riporta il canto *J'ai prins amours.*

Tra i molti punti del *Libro del cortegiano* espressamente dedicati alla musica va ricordato almeno il capitolo XLVII del libro I, ove il cortigiano viene considerato perfetto solo se è capace di essere "musico".

Tra le notizie tecniche di maggior rilievo appaiono le descrizioni del "cantare a libro", ossia la pratica polifonica, e il "cantare alla viola", indicazione del canto monodico accompagnato con la viola (libro II, cap. XIII).

2. *Petrarca e la musica.*

L'influenza esercitata dalla produzione poetica di Petrarca contribuisce in maniera determinante all'affermazione del madrigale.

L'uso della libera rima, una sostanza espressiva che si manifesta in un misto di sensualità e di misticismo, ben si presta al rivestimento sonoro. La versificazione petrarchesa è sciolta: analogamente la musica è libera di adottare stanze, frasi, singole parole, cariche di significati affettivi. Le immagini poetiche sono colte dalla musica nella loro irripetibile, fugace bellezza.

I trecentosessantasei componimenti del *Canzoniere*, redatti dall'autore tra il 1335 e il 1374, entro il 1540 risultano ampiamente musicati, alcuni più di una volta.

. Il **petrarchismo** letterario e musicale è un fenomeno dalle caratteristiche così organiche da essere classificato come una vera corrente. Tebaldeo, Serafino Aquilano, Cariteo, il Bembo interpretano l'*itinerarium vitae* petrarchesco come un passaggio dall'amore alla penitenza, dalla vita alla morte. Si apre il capitolo delle imitazioni: Annibal Caro (1507-1566), Bernardo Tasso, Vittoria Colonna, Tullia d'Aragona, Gaspara Stampa, Giovanni dalla Casa (1503-1556) adottano uno stile venato di amoroso rimpianto, di amarezza, di intenso dolore.

Le premesse di questa situazione hanno radici già nella personale inclinazione del poeta aretino verso la musica. Fondamentale, infatti, risulta essere la permanenza di Petrarca in quella Provenza che aveva visto fiorire l'arte dei Trovatori.

Provetto suonatore di liuto Petrarca lasciò il suo strumento in eredità a un musico veneto, Tommaso Bombasio, affinché lo suonasse "non pro vanitate saeculi fugacis, sed ad laudem Dei Aeterni" - ("non per la vanità del mondo, ma per la gloria di Dio"). Lo stesso Bombasio sembra essere il musicista a cui Petrarca affida tre poesie del *Canzoniere* con l'esplicita raccomandazione di sottoporle a rivestimento sonoro. Tra gli amici più cari del poeta figura Ludwig van Kempen (Socrates), cantore al seguito del cardinale Colonna.

Intenso anche il rapporto di amicizia con Philippe de Vitry (1291-1361), l'ecclesiastico consigliere di re Filippo VI di Francia, nonché legato papale ad Avignone. Vitry è autore del trattato *Ars Nova*, fondamentale per lo sviluppo della musica del primo Rinascimento. Come musicista scrive mottetti, ballate e *rondeaux*, confluiti nel *Roman de Fauvel* (1310-1316).

Espliciti riferimenti agli interessi musicali di Petrarca compaiono nel *Bucolicon Carmen*, nel trattato *De remediis utriusque fortunae* e nel *De ocio religiosorum.*

L'arco della vita di Petrarca attraversa la parabola dell' Ars Nova fiorentina, ma scarsa è la risposta dei musicisti, ad eccezione di Jacopo da Bologna che musica *Non al suo amante più Diana piacque.*

Nel corso del soggiorno a Firenze, al seguito di papa Eugenio IV, Dufay pone in musica la canzone *Vergene bella* (1436-40). Risale al 1516 la frottola di Tromboncino *Or che 'l ciel e la terra e 'l vento tace.*

Già con la *Musica de messer Bernardo Pisano sopra le canzone del Petrarcha* (edite nel 1520 da Petrucci) si preannuncia imminente l'inserimento della poesia petrarchesca nel contesto dell'affermazione del madrigale.

A Sebastiano Festa (*O passi sparsi*) e a Marchetto Cara (*Non al suo amante più Diana piacque*) si affiancano i franco-fiamminghi: Willaert, in *Musica Nova* (Venezia, 1559) propone venticinque madrigali petrarcheschi e Verdelot (Libro II a cinque voci, 1538) si accosta ai temi civili di *Italia mia.*

Decisivi gli apporti di Arcadelt (*Chiare fresche dolci acque,* 1555) e di Cipriano de Rore che nel 1548 vede pubblicare dal Gardano la sua *Musica di Cipriano Rore sopra le stanze del Petrarcha in laude della Madonna.*

Luca Marenzio paga il suo tributo alla musa petrarchesca con madrigali a quattro e cinque voci: *Solo e pensoso* e *Crudel acerba inesorabil morte* (1599).

Tra i polifonisti cinquecenteschi spiccano ancora Wert, Striggio, Pallavicino, Ingegneri, Animuccia, Antico, Andrea Gabrieli, Merulo.

Palestrina musica *Vergene bella*, facendola oggetto di un libro di madrigali a cinque voci (Libro I, 1581). Monteverdi adotta la poesia del grande aretino nei libri VI, VII e VIII.

Pochi i reperti del primo seicento: tra questi le musiche di Caccini, Marco da Gagliano e Jacopo Peri.

Dopo l'eclissi sei-settecentesca, causata dall'avvento di Tasso, Guarini e Marino, alla fine del "secolo dei lumi" Haydn intona *Solo e pensoso.*

Nell'ottocento è la figura di Petrarca, uomo dolente e amante infelice, a richiamare l'attenzione dei romantici: Schubert musica nel 1818 tre sonetti (34, 35 e 164) valendosi delle traduzioni in tedesco di Schleghel e Gries. Liszt scrive in contemporanea le due versioni dei *Tre sonetti del Petrarca* sia per canto e pianoforte che per pianoforte solo (*Années de pelerinage, Deuxième année, Italia,* 1838-39).

Nei *Sechs Orchesterlieder* op. 8 (1904-1905) Arnold Schoenberg adotta, in versione tedesca, tre sonetti (82, 116 e 279) mentre nel quarto movimento della *Serenade* op. 24 utilizza il sonetto 256.

Nel novecento italiano, nel clima del recupero dell'antica tradizione poetica inaugurata dagli esponenti della *Ronda* (Bacchelli, Cardarelli, Cecchi, Barilli) riemerge la traccia petrarchesca con liriche di Pizzetti e Castelnuovo Tedesco.

3. *Il pontefice Leone X.*

"Il Vaticano echeggiava di canti e di accordi", ricorda Burckhardt a proposito della corte romana di papa Leone X, nato Giovanni de' Medici.

Il figlio di Lorenzo il Magnifico, che aveva avuto per maestri Pico della Mirandola, Marsilio Ficino, il Poliziano, ed era stato istruito nella musica da Isaac, inaugura nella Roma papale quella che von Pastor ricorda come "l'età dell'oro dei poeti, eruditi ed artisti".

Lo splendore della corte fiorentina si trasferisce sulle rive del Tevere: qui papa Medici trova già attivi Bramante, Michelangelo e Raffaello. Quest'ultimo effigia il Pontefice nel celebre ritratto conservato nella Galleria Palatina di Firenze.

Il papato di Leone, l'alto livello culturale del suo palazzo, sono esaltati da eminenti personaggi che fanno da contorno alla sua cancelleria: Bembo, nominato segretario, l'austero Sadoleto, Marco Girolamo Vida, Giangiorgio Trissino, il Sannazaro, Girolamo Fracastoro, Antonio Tebaldeo, Bernardo Accolti, Giovanni Rucellai.

Sullo sfondo della corte si staglia la figura di Bernardo Dovizi (1470-1520).

Letterato, uomo politico accorto al punto di essere considerato l'artefice delle fortune di papa Leone, dedicatario di un ritratto di Raffaello (Firenze, Galleria Pitti), Dovizi viene nominato cardinale, benché sia autore di una commedia licenziosa, *La Calandria.* Il cardinal Bibbiena, questo il nome che tutti gli attribuivano, muore un anno prima del suo illustre protettore, forse vittima del veleno.

Il carattere internazionale della corte leonina viene conseguito con la folta presenza di musicisti.

Nella prima fase di insediamento (1513-1515) papa Medici raccoglie nel suo seguito venti cantori destinati alla Cappella Sistina. Ma un secondo nucleo, di nove cantanti, va a costituire la pattuglia dei "musici segreti", i migliori, destinati al servizio personale del Pontefice.

Il re di Francia, Luigi XII invia al successore di Pietro tre cantori della Sainte-Chapelle: un segno di pace, subito smentito dagli eventi politici. I tre sono l'avanguardia di una invasione di musicisti d'Oltralpe che presto occupano i palazzi Apostolici: Carpentras, Penet, Bruhier, Joinalt, Michot, Levasseur, Gomot, Bonnevin e ancora altri.

Dopo che i Francesi, in guerra con il duca Sforza, occupano Milano (battaglia di Marignano), il nuovo sovrano, Francesco I, si incontra con Leone. Nei tre giorni di colloqui diplomatici tra il santo Padre e il Re Cristianissimo, la città di Bologna pullula di musicisti. Solenni cerimonie in san Petronio consentono ai cantori delle due cappelle di conoscersi e di elaborare progetti musicali comuni: tre manoscritti del Conservatorio di Bologna e il *Codex Mediceo* della Biblioteca Laurenziana di Firenze contengono quaranta composizioni i cui testi, tutti redatti poco dopo l'incontro bolognese, alludono ai Medici e al re di Francia.

Attorniato sovente da buffoni che ingombrano la sua tavola (celebri il famigerato frà Mariano e il poetastro Querno) Leone ama anche intrattenersi nell'ascolto della musica strumentale. Quindi, accanto a Costanzo Festa, *cantor et capellanus* della Sistina, vanno ricordati il liutista Francesco da Milano e Gian Maria, "giudeo alemanno". Nel biennio 1520-21 viene stipendiato come suonatore di clavicembalo Marco Antonio Cavazzoni.

4. *I compositori del madrigale.*
4.1. La prima generazione.

Agli esordi del madrigale cinquecentesco, con composizioni che figurano nel libro *Madrigali novi* del 1533 appare **Costanzo Festa** (1490-1545).

Dal 1517 è al servizio della Cappella Sistina, militando sotto Leone X, Adriano VI, Clemente VII e Paolo III. Grazie a Clemente VII, esponente della famiglia Medici, Festa entra in contatto con la corte fiorentina: un suo madrigale, *Sacra pianta da qual arbore discesa*, è intonato in onore di Alessandro de' Medici nel 1530, in occasione della riconquista di Firenze.

Festa gode di molta stima presso i contemporanei: Pietro Aaron, nel suo *Lucidario* (1545) lo colloca tra gli illustri italiani che "cantano a libro". Francois Rabelais, nel *Gargantua et Pantagruel* (1548-52) lo cita nel Prologo al Libro VI, unico italiano tra sessanta compositori europei.

Alla schiera dei franco-fiamminghi operanti nella penisola appartiene **Philippe Verdelot**, nato ad Orange e morto a Firenze prima del 1552. Dal 1521 Verdelot è nella città dei Medici, e dal 1523 al '25 è maestro di cappella del Battistero di san Giovanni. Essendo papa Clemente VII, è a Roma dal 1529 al '33, indi a Venezia, città ove si colloca il periodo di maggiore attività.

La particolare sintesi di elementi tecnici ed espressivi adottata da Verdelot lascia presagire le ulteriori conquiste del madrigalismo: ricorda Cosimo Bartoli nei suoi *Ragionamenti Accademici* (1567) come le composizioni del suo "amicissimo" avessero "[...] del facile, del grave, del gentile, del compassionevole, del presto, del tardo, del benigno, dello adirato, del fugato, secondo la *proprietà delle parole* sopra le quali egli si mette a comporre".

E questa perfetta adesione alla proprietà delle parole è l'essenza del madrigale nel momento del suo massimo sviluppo stilistico. Molto interessante la testimonianza del Vasari, secondo cui Sebastiano del Piombo avrebbe ritratto in un suo quadro " Verdelotto franzese, musico eccellentissimo".

Negli anni 1525-26 è ipotizzabile una collaborazione diretta tra il musicista e Niccolò Machiavelli. Verdelot scrive canzoni e madrigali per Barbara Salutati, celebre cantatrice fiorentina. Alcuni di questi madrigali vengono inseriti sia in *Clizia* che nella ripresa faentina (1526) di *Mandragola.*

Ariosità e libertà della frase, declamato incisivo sono le caratteristiche del madrigalismo di Verdelot. Il compositore si accosta a testi letterari di rilievo, quali *Queste non son più lacrime* dall'*Orlando furioso* di Ariosto e *Italia mia*, la canzone di Petrarca.

La enorme popolarità di Verdelot ("Fu ai suoi giorni raro", ricorda Orazio Landro nei *Sette libri de cathaloghi*, 1552) è dimostrata dalle edizioni a stampa curate da Dorico e Scotto a Venezia tra il 1533 e il '41.

Nato forse a Liegi, (1504) ma di probabile formazione francese è **Jacques Arcadelt**. Allievo di Desprez, studia poi a Firenze con Verdelot (1520-30). Con il suo maestro ripara a Lione durante la rivolta antimedicea (1527-30). Ritornato a Firenze nel 1537 lascia la città per l'assassinio di Alessandro de' Medici e si trasferisce a Venezia. Qui tra il 1539 e il '44 vede stampare dall'editore Gardano cinque libri di madrigali. Dal 1540 Arcadelt è a Roma, cantore della Cappella Sistina sotto Paolo III. A partire dal 1557 è "regius musicius" alla corte di Carlo IX re di Francia. Muore a Parigi nel 1568.

Un madrigale di Arcadelt, *Il bianco e dolce cigno* (Libro I, a quattro voci, 1539) diviene il simbolo di tutta la produzione madrigalistica cinquecentesca. Il testo di Alfonso d'Avalos e Giovanni Guidiccione è rivestito di una musica che canta una dolcissima disposizione alla morte in una sintesi perfetta di magistero compositivo. Innumerevoli, quindi, le trasposizioni vocali e strumentali del madrigale: si ricordano, tra queste, la parodia di Orazio Vecchi, a cinque voci (1589) e la Messa di Stefano Bernardi (1629).

Arcadelt rende omaggio anche ai grandi poeti: Petrarca, in primo luogo, con cinque stanze di *Chiare fresche dolci acque*. E Boccaccio, con *Gli prieghi miei*, strofe tratta dalla ballata conclusiva della sesta giornata del *Decamerone*. Sono oggetto delle attenzioni del musicista anche Sannazaro e Michelangelo (*Deh, dimmi amore,* dalle *Rime,* CIX, 64).

In una lettera inviata al suo corrispondente romano Luigi del Riccio, Michelangelo manifesta l'intenzione di sdebitarsi con il musicista, fecendogli regalare un panno rosso per giubba.

Si deve ad Arcadelt anche la stesura del canto di "Didone abbandonata", primo reperto di un filone destinato a lunga vita: il madrigale *At trepida et coeptis immanibus (Eneide,* libro IV, versi 642 e seguenti) è pagina di grande intensità drammatica che evidenzia un altissimo mestiere compositivo. Ben si comprende come da Arcadelt sia scaturito un "allievo" quale Palestrina.

4.2. Novità a Venezia : un musicista manager, Willaert.

Elemento di spicco della fase conclusiva della prima generazione di madrigalisti è **Adrian Willaert.** Nato a Roselare, o forse a Bruges nel 1490, studia a Parigi sotto la guida di Jean Mouton. Dopo un soggiorno a Roma alla corte pontificale di Leone X (1513-1521) Willaert entra al servizio del duca Alfonso Este, a Ferrara. Nel 1527 è chiamato a Venezia, come maestro di cappella in san Marco.

Nella città lagunare si accosta ai circoli petrarcheschi dominati dal Bembo (dal 1530 storiografo della Serenissima).

Illuminanti per l'approccio di Willaert alla cultura italiana sono le intonazioni petrarchesche contenute nella raccolta *Musica Nova* del 1559: ben venticinque madrigali sono su poesie dell'aretino.

L'ingresso di Willaert nella cappella marciana è determinante per le sorti della musica veneziana. Il nuovo maestro riorganizza la situazione disciplinare e amministrativa, assume nuovi cantori e strumentisti e pone le basi per quello che diventa di lì a poco uno dei più luminosi centri di irradiazione della musica italiana in Europa.

La fusione del magistero fiammingo con le nuove esigenze sonore create dal madrigale petrarchesco ha in Willaert un legame storicamente accertato ed esteticamente ben determinato. Alla scuola del maestro fiammingo crescono allievi come Cipriano de Rore, Costanzo Porta, Gioseffo Zarlino, Andrea Gabrieli e suo nepote Giovanni. I due Gabrieli saranno, a loro volta, maestri di Hassler e di Schütz. E con questi due autori tedeschi si salda l'asse della musica veneziana in Germania: anche Bach godrà dei frutti di questa splendida eredità.

Willaert muore nel 1562 a Venezia, dopo aver visto la sua fama consolidata da decine di edizioni a stampa, dalla prima, del 1520 all'ultima, postuma, del 1563.

Nella nuova concezione sonora esperimentata dal maestro del Nord in san Marco va sottolineata la consuetudine di spezzare l'organico vocale in due cori e l'introduzione di strumenti a sostegno delle voci.

L'uso dei "cori battenti", già contemplato nell'antico canto dei Salmi, utilizza la particolare conformazione architettonica della basilica di san Marco in senso di innovazione espressiva. Questa caratteristica è presente nella musica corale veneziana sino a Monteverdi.

5. *La seconda generazione di madrigalisti.*
5.1. A Firenze, verso la monodia.

Mentre a Venezia si fissa uno stile polifonico che, pur indirizzato verso alte mete artistiche, presenta caratteri regressivi, a Firenze la carica narrativa dei testi adottati porta i compositori alle soglie del teatro musicale.

Tra i musicisti toscani che maggiormente spiccano nel progressivo processo si annovera **Francesco Corteccia**. Nato ad Arezzo nel 1504, musicista di corte di Cosimo I de' Medici dal 1539, Corteccia, pur essendo un autore polifonico, adotta uno stile vocale in cui si fa più acuta la caratterizzazione monodica, ottenuta grazie ad un privilegiato trattamento della voce superiore dell'insieme vocale.

Data molto importante del cammino verso la musica da teatro è il 1539, anno delle nozze di Cosimo il grande, duca e (dal 1569) Granduca di Toscana. Le musiche per i festeggiamenti sono raccolte in una edizione di Gardano che vede la luce nello stesso anno: *Musiche fatte nelle nozze dello Illustrissimo Duca di Firenze il Signor Cosimo de' Medici et della Illustrissima consorte sua Mad. Leonora da Tolleto.* Il nove di luglio fu recitata la commedia *Il Commodo* di Antonio Landi. Al suo interno, tra un atto e l'altro, erano collocati gli **intermezzi**, brevi scene musicali dotate di carattere autonomo rispetto alla commedia. Era autore dei testi il poeta Giovanni Battista Strozzi, mentre la musica era scritta da Corteccia.

Gli **intermezzi** del 1539 sono uno dei primi passi verso la nascente sensibilità teatrale. Le nozze di esponenti della famiglia Medici sono l'occasione per ulteriori inserimenti di intermezzi nel corpo di commedie. Gli appuntamenti si ripeteranno nel 1565 (intermezzi per *La cofanaria*), nel 1566 (intermezzi per *Il Granchio* di Salviati), nel 1569 (intermezzi per *La vedova* di G.B. Cini), nel 1583, nel 1586 e, infine, nel 1589 per *La pellegrina*, estrema data del progresso verso il melodramma.

5.2. A Venezia, la più bella stagione polifonica.

Sul versante veneziano lo sviluppo della polifonia fa passi in avanti grazie agli allievi di Willaert. Sboccia il momento centrale e di massima perfezione del madrigale. Tra i protagonisti di questa fioritura è **Cipriano de Rore**. Nativo delle Fiandre (1516) è dal

1547 al servizio del duca Ercole II Este e, nel 1563, subentra al suo maestro nella direzione della cappella di san Marco in Venezia. Muore a Parma nel 1565, sotto la protezione di Ottavio Farnese. Suo successore nella corte estense è Luzzasco Luzzaschi. Nel 1542, a cura di Scotto, viene pubblicato a Venezia il suo Primo libro di madrigali, riedito in ben nove ristampe. Qui viene fissato definitivamente l'impianto madrigalistico a cinque voci. Rore si caratterizza anche per la consapevolezza nella scelta dei testi di cui vuol cogliere il significato più riposto.

Petrarca è l'autore più musicato, con trantasei titoli: seguono Ariosto con sette, Della Casa e Tansillo.

L'adesione di Rore ai testi poetici è improntata alla massima libertà. L'aspetto sovvertitore dell'intervento del polifonista sul materiale letterario vuole la poesia piegata alle urgenze musicali, con lo stravolgimento di stanze, versi e rime, tutte poste al servizio della musica. La raffinata sensibilità di Rore non conosce ossequio alle regole astratte e alle teorie, ma si accende di intuizioni personali, moderne. Si deve a lui anche l'introduzione di ritmi metrici che portano alla definizione del **madrigale cromatico**. Nel corso del trattamento delle singole voci vengono introdotte e scritte note di andamento veloce (semiminime, note nere, cioè colorate = cromate). A partire dal *Primo libro de madrigali cromatici* (1544) Rore ha a sua disposizione una tavolozza dinamica animata, flessibile, pronta a piegarsi ai più fantasiosi dettami espressivi.

Nel 1548 l'editore Gardano pubblica a Venezia il terzo libro dei madrigali a cinque voci sotto il titolo *Musica di Cipriano de Rore sopra le stanze del Petrarca in Laude della Madonna et altri madrigali a cinque voci*. Si tratta della canzone 366, *Vergene bella*, posta in musica nelle sue undici stanze. L'angosciosa tristezza umana espressa dal poeta viene raccolta in una concezione musicale unitaria che, precorrendo quella analogamente realizzata da Palestrina, mostra la moderna maturità del maestro fiammingo.

Allievo a sua volta di Willaert è **Andrea Gabrieli** (1510-1585). Organista in san Marco dal 1564 alla morte, lascia poche tracce documentate della sua vita, a parte un viaggio intrapreso, in compagnia di Orlando di Lasso, in Baviera, Austria e Boemia. Le relazioni allacciate in questo autentico percorso di aggiornamento culturale portano alla diffusione europea del nome di Gabrieli: molti gli allievi che convergono a Venezia: tra questi Hassler e, con ogni probabilità, Sweelinck.

A Gabrieli si deve la trasformazione dello stile compatto di Willaert in strutture sonore più mosse, più concertate, con la conseguente ricerca di contrasti timbrici e di effetti coloristici. Continuando nel processo di fusione tra voci e strumenti, (che dal 1565 appaiono stabilmente nella Cappella Marciana) Gabrieli scrive molti brani "cum omnis generis instrumentis".

Nel campo della produzione profana Andrea lascia sette libri di madrigali editi tra il 1566 e il 1589: tra essi fugurano testi di Petrarca, Guarini e Tasso. Il musicista è inoltre partecipe dello sforzo rinascimentale di far rivivere la musica greca, e scrive i cori per l'*Edipo Tiranno* di Sofocle, tragedia allestita a Vicenza, nel 1585, in occasione dell'inaugurazione del teatro Olimpico edificato dal Palladio.

Versatile in ogni genere compositivo e fecondo sino alla prodigalità, **Orlando di Lasso** rappresenta il massimo livello di coesione tra la scuola fiamminga e la polifonia italiana. Nativo di Mons (1532), fanciullo cantore dotato di una voce straordinaria, viene assunto da Ferrante Gonzaga, generale di Carlo V, che assediava St. Didier per conto degli Imperiali.

Condotto a Milano vi rimane sino al 1548. Dopo una breve parentesi napoletana, Lasso è, nel 1552, a Roma ove, l'anno dopo, assume l' incarico di maestro di cappella in san Giovanni in Laterano. Passato a Monaco di Baviera nel 1557, Lasso, da semplice cantore, fa rapidi avanzamenti di carriera, sino a quando, nel 1562, viene nominato maestro di cappella. Considerato il "Divino Orlando", musicista di fama europea, muore nel 1594 consumato da quella malinconia che è uno dei tratti caratterizzanti con cui lo ricordano i posteri.

Accentuando la tendenza già rilevata in Rore, Lasso continua ad adottare un rapporto molto personalizzato con i testi poetici. I versi vengono mutilati e riassemblati secondo le esigenze della musica: la forza espressiva nasce da un'estrema concisione che porta diritto all'esito drammatico.

L'immensa mole delle edizioni a stampa, realizzate sia in Italia che in Germania, copre oltre duecento *chansons*, centocinquanta *lieder*, trentuno *villanesche*, circa trecento *madrigali*, settantaquattro messe e oltre settecento mottetti.

L'ultimo esponente della grande famiglia dei madrigalisti, cesellatore di una ideale eufonia tra musica e poesia, è **Luca Marenzio**. Nato presso Brescia nel 1553 segue il cardinale Madruzzo a Roma (1567). Qui passa al servizio del cardinale Luigi Este (1578-1588). Nel 1588 è nella cappella medicea di Firenze, in contatto con gli esponenti della Camerata del conte Bardi, senza tuttavia subirne gli influssi. Tornato a Roma (1589) al seguito del cardinale Cinzio Aldobrandini, Marenzio conosce e frequenta Tasso.

Piuttosto oscuri gli ultimi anni di vita: si segnalano sue presenze in Polonia (1595), a Venezia (1598), a Roma (1599) come cantore papale. Muore nell'agosto del 1599.

Trecentocinquanta i madrigali da lui musicati: dal 1580 alla morte ben diciotto sono le edizioni a stampa. *Il Primo libro dei madrigali a cinque* è oggetto di sei edizioni entro l'anno 1588 e di ben dieci entro il 1608.

La finezza del gusto letterario di Marenzio punta all'integrazione assoluta fra testo poetico e musica: nell'elenco degli autori figurano Dante, e, sopratutto, Petrarca, con cinquanta componimenti, tra cui *Zefiro torna* (Secondo libro a cinque voci, 1585) e *Solo e pensoso* (Nono libro a cinque voci, 1599).

Presenti all'ispirazione marenziana anche i petrarchisti Annibal Caro e Giovanni della Casa, oltre che Ariosto. Tasso compare con una ricca scelta di testi, tra cui *Giunto a la tomba*, lamento di Tancredi sulle spoglie di Clorinda (*Gerusalemme liberata*, XII, 96). La lista di poeti è completata dai nomi di Guarini e Tansillo.

Nel madrigalismo di Marenzio la descrizione musicale delle parole e delle emozioni suscitate dalle immagini poetiche è portata alle estreme conseguenze. L'intero madrigale è visto come un insieme unitario in cui frasi melodiche e impasti armonici concorrono al medesimo effetto. E' caratteristica, in Marenzio, la suddivisione della composizione in vari pannelli di episodi contrastanti, concatenati l'uno all'altro in modo da catturare l'attenzione dell'ascoltatore senza soste.

Il musicista bresciano incarna il più elevato rapporto tra arte dei suoni e società di corte, tra madrigale e accademia poetica aristocratica. Con Marenzio la musica profana del '500 raggiunge il suo zenith: la parabola discendente, poi, curva con le oscure, carnali sonorità di Gesualdo, incontro al Barocco.

5.3. Verso l'oscurità: Gesualdo.

Carlo Gesualdo, principe di Venosa, accompagna il madrigale alle soglie del genere "rappresentativo" monteverdiano. La concezione aristocratica ed esclusivistica del madrigale cinquecentesco ha in Gesualdo il più autorevole liquidatore. La stessa vita del gentiluomo meridionale coincide con l'estinsione di un genere élitario.

Nato a Napoli nel 1560, figlio del principe Fabrizio e di Gerolama Borromeo, sorella di san Carlo, Gesualdo studia la musica come nobile dilettante, facendone un salvacondotto per il suo ingresso nell'ultima delle corti rinascimentali, Ferrara.

Gesualdo si rifugia nella città padana dopo aver ucciso la moglie, Maria d'Avalos. Nel 1595 il principe di Venosa sposa Eleonora, figlia del duca Alfonso II Este. Con questo matrimonio Gesualdo viene designato erede spirituale delle più alte finalità artistiche espresse dal Rinascimeno agonizzante.

Nel 1596 il nobile musicista torna a Napoli con il sogno di rivitalizzare i fasti estensi. Fonda una Accademia alla quale un altro musicista gentiluomo, Pomponio Nenna, conferisce l'occasione di un'ultima fioritura polifonica. Gesualdo impianta nel palazzo di famiglia anche una tipografia per stampare segretamente le sue opere. Infatti in quell'epoca un principe non poteva figurare come autore di musica.

I primi quattro libri di madrigali (1594-1596) appartengono al periodo ferrarese, il quinto e il sesto sono del 1611 e risultano "offerti" al principe dai gentiluomini napoletani. Il principe muore nel 1613. Superando le soglie del secolo Barocco, Gesualdo piega il cromatismo madrigalistico, già adottato da Rore e Marenzio, verso inediti vertici espressivi. La tavolozza dei colori di Gesualdo è sanguigna, spezzata da caravaggesche sciabolate di luce. L'armonia adottata, spesso vicina all'effetto di lacerante tensione, è quanto di più moderno sia uscito dal repertorio madrigalistico. Non a caso Stravinskij, nel 1960, dedica al grande venosino una sua trascrizione strumentale di tre madrigali, *Monumentum pro Gesualdo da Venosa.*

6. *La terza generazione di madrigalisti.*

6.1. Il tramonto di una cultura.

Gli ultimi musicisti che si accostano al madrigale si muovono in un contesto devitalizzato, ove sopravvive solo la prassi accademica.

Eppure c'è ancora qualcuno che scende dal Nord dell'Europa per appropriarsi di valori artistici ritenuti intramontabili. Come **Heinrich Schütz**, (1585-1672) l'ideale anello di congiunzione tra la musica italiana e Bach.

Educato nel Collegium Mauritianum di Kassel, il giovane Heinrich ne esce pervaso di cultura musicale ed umanistica. Una borsa di studio concessa dal Langravio d'Assia gli consente di trasferirsi a Venezia, per perfezionarsi sotto la guida dell'ormai vecchio Giovanni Gabrieli (1609).

Schütz conclude il suo periodo di apprendistato presso il grande riepilogatore della cultura italo-fiamminga con la pubblicazione di un libro di madrigali italiani (1611, editore Gardano). I testi sono quelli, ampiamente affermati, di Guarini e del Marino.

Successivamente, già Capellmeister della corte Elettorale di Sassonia, Schütz lascia Dresda per un secondo periodo di perfezionamento a Venezia.

Qui impera ormai Monteverdi (1628-29) e il musicista tedesco conosce le nuove acquisizioni del canto monodico, del basso continuo e dello stile rappresentativo. Frutto del secondo soggiorno lagunare sono le *Sacrae Symphoniae* (Venezia, 1629).

6.2. Il madrigale rappresentativo.

Gli autori che operano nel passaggio tra Cinquecento e Seicento, ad eccezione di Monteverdi, utilizzano il madrigale in senso fuorviante, privandolo del suo legame con la cultura aulica.

Nasce il **madrigale rappresentativo**, una collana di madrigali legati a un testo narrativo che si snoda davanti all'ascoltatore come un vero "teatro della mente".

Legato alle vicende della commedia dell'arte, attingendo anche alle formule più leggere come la villanella e la villotta, il madrigale rappresentativo e il suo coevo, **madrigale dialogico**, diventano, nelle mani dei sapienti cultori, **commedie armoniche**. Da gustare, naturalmente, non con gli occhi, ma con "le orecchio e la mente".

La commedia madrigalesca rappresenta l'ultimo tentativo della polifonia classica di misurarsi con la monodia, affermatasi con l'avvento del teatro in musica.

Tra i primi cultori del madrigale rappresentativo si colloca **Alessandro Striggio** (1535-1587) con il suo *Cicalamento delle donne al bucato* (1567, Scotto, Venezia) Il bozzetto narrativo riproduce, in cinque sezioni, chiacchiere, pettegolezzi e baruffe che si accendono tra le donne che vanno a lavare i panni alla fonte.

Di maggiore spessore la produzione madrigalistica di **Orazio Vecchi** (1550-1605) che fornisce un capolavoro con la commedia armonica *L'Amfiparnaso* (edita dal Gardano nel 1597 a Venezia). In questo "doppio Parnaso", della poesia e della musica, si intrecciano due storie parallele. Quella borghese, rappresentata da Pantalone, dai suoi servi e dal dottor Graziano, che parlano in veneziano e quella aristocratica, impersonata da Lucio e da Isabella, giovani innamorati. Accanto a loro la cortigiana Ortensia, che si esprime in toscano, il capitano Cardon, che recita in un curioso spagnolo italianizzato, il servo Zanni, inevitabile macchietta bergamasca. La commedia è preceduta da un prologo in cui l'autore spiega come essa non sia "ricca di scena, ma si mira con la mente dove entra per le orecchie e non per gli occhi".

Ampia statura artistica è quella di **Adriano Banchieri**, bolognese, monaco olivetano, polifonista, organista, teorico e scrittore di commedie. Nella sua operosa vita (1568-1634) Banchieri si considera l'ultimo esponente dei madrigalisti. Per questo fonda la Accademia dei Filomusi (1614). I suoi pronunciamenti teorici sono contenuti nella Introduzione alla *Saviezza giovanile* (1628), mentre le commedie madrigalesche vengono edite e catalogate come "libri di madrigali".

Appartiene al mondo pseudopopolare delle villanelle *La pazzia senile*, "ragionamenti vaghi e dilettevoli a tre voci" (Venezia, 1598).

La vicenda si svolge a Rovigo, ove Pantalone spasima per la cortigiana Lauretta, mentre la figlia di lui, Doralice, intreccia un fidanzamento con Fulvio.

Trent'anni dopo Banchieri torna sul tema con la *Saviezza giovanile* (Venezia, 1628). Qui il dibattito amoroso è tra una giovane figliola e il vecchio, fremente Pantalone, sposo designato, ma indesiderato.

Indicata come Secondo libro di madrigali è *La barca di Venetia per Padova dentrovi la nuova mescolanza* (Venezia, 1605). Nei deliziosi madrigali che descrivono le avventure di una felice navigazione fluviale dalla città Serenissima a Padova vengono rappresentati, sempre polifonicamente, i più disparati personaggi: il barcaiuolo, i pescatori, un libraio fiorentino, un maestro di musica lucchese, un viandante tedesco, un soldato.

Alla prolifica produzione del monaco musicista appartiene anche *Il festino del Giovedì Grasso avanti cena* (Venezia, 1608) pubblicato come Terzo libro di madrigali. In questo capolavoro della commedia madrigalesca il raffinato intellettuale Banchieri svela l'infinito rimpianto per un mondo sonoro ormai estinto.

7. *Ferrara, la città della musica.*

7.1. La cappella musicale estense.

Nel contesto delle città-stato del secondo Rinascimento, Ferrara occupa un posto politicamente minore, ma culturalmente rilevante, per il patrocinio esercitato dalla casa Este nei confronti della musica e della poesia "per musica".

La protezione e la tutela delle attività musicali vengono a costituire per la famiglia padana un mezzo attraverso cui caratterizzarsi nell'atmosfera fortemente concorrenziale esistente tra le varie dinastie norditaliane. Ossequiente al principio che lo splendore della Cappella musicale riflette il prestigio di chi lo alimenta, la musica estense si pone in competizione con i nuclei artistici del milanese Giangaleazzo Visconti e con il cenacolo musicale di papa Sisto IV. Emulando, quando non addirittura superando, il livello qualitativo e quantitativo delle corti di Francia e di Borgogna.

Anche a Ferrara il rapporto tra nobili protettori e musicisti si articola in una vasta gamma di relazioni nelle quali gli interessi dei primi si riflettono nei benefici concessi ai secondi. La situazione creatasi nel Rinascimento tra committenti e artisti è ben esemplificata da Johannes Tinctoris che afferma:

> "[...] la maggior parte dei principi cristiani desiderando accrescere il servizio divino, ha creato delle cappelle alla maniera

di David, per la quali con spese straordinarie ha assunto cantori che cantino le lodi del nostro Dio con voci varie[...]" (*Proportionale musices*, 1476).

A Ferrara, già nella corte di **Azzo IV** (governante dal 1208) risultano graditi i Trovatori di Provenza. Nel modello feudale tenuto in vita dai signori estensi, guerrieri e mercenari, sono ben presenti gli ideali cavallereschi destinati ad essere amplificati, in seguito, dalla poesia di Boiardo e di Ariosto.

La mediazione degli Umanisti-educatori smussa le asprezze guerriere: sotto la reggenza di **Niccolò III** (1393-1441), Donato degli Albenzani, suo precettore, apre la strada al processo di trasformazione della corte estense in cenacolo rinascimentale. L' ideale musicale rappresentato dalla corte francese di Carlo VI convince Niccolò ad assumere a palazzo musicisti da cerimonia, come "piffari e trombetti" nonché strumentisti da camera, quali "chitarrini e liutisti".

Nel 1438 papa Eugenio IV convoca a Ferrara un Concilio. Il suo musicista, Guillaume Dufay dedica a Niccolò una ballata, *C'est bien raison*. Anche il figlio di Niccolò, Leonello, riceve da Dufay un omaggio musicale, la ballata *Seigneur Lion*.

Sotto la signoria di **Leonello** (1441-1450) Dufay riceve ancora pagamenti per le composizioni inviate a Ferrara: nella cappella risultano impiegati musicisti francesi, borgognoni, inglesi, fiamminghi e tedeschi.

L'inizio dell'apogeo della musica ferrarese è rappresentato dalla lunga affermazione politica di **Ercole I** (1471-1505) il primo vero Duca. Allevato alla corte di Napoli di Alfonso d'Aragona, il giovane estense assimila i frutti artistici della ricca vita musicale partenopea.

Uno dei primi atti del suo governo è la costituzione di una cappella in santa Maria della Corte: alla sua guida è posto il tedesco Johannes Martini. Il novello duca si serve del patronato esercitato nei confronti della musica per lanciare la sua presenza nel contesto politico-culturale italiano.

Dagli iniziali dodici cantori presenti nel 1473, il nucleo raggiunge, nel 1504, il rilevante numero di trentuno elementi. La cappella Papale avrà trenta musicisti solo nel 1521, mentre quella francese non supera, nel 1515, ventitre unità.

I cantori ferraresi diventano parte integrante dell'attività pubblica del duca, lo circondano in ogni sua apparizione, cantano nel corso delle funzioni liturgiche a cui egli presenzia. I musicisti vengono reclutati da speciali agenti, inviati presso le corti limitrofe, ma anche nelle basiliche dell'Europa nordoccidentale. Spesso gli allettamenti economici sono tanto convincenti da indurre più di un cantore a defezionare dal suo posto di lavoro per raggiungere Ferrara.

La figura più eminente della cappella erculea è **Josquin Desprez**. Ingaggiato per la cospicua somma di duecento ducati (paga analoga a quella di un uomo d'arme) Josquin, tra il 1503 e il 1504, lascia a Ferrara una mole impressionante di lavori polifonici: tra queste il mottetto *Virgo salutifera* e il potente *Miserere*. E' assegnabile ai rapporti con il duca anche la *Missa Hercules Dux Ferrariae,* sebbene la sua data di compilazione sia posteriore al soggiorno padano.

Rientrato Desprez in Francia, gli succede sul soglio della cappella ducale il fiammingo Jacob Obrecht (1450-1505). Letteralmente strappato dalla cattedrale di Anversa, il musicista vive solo due anni prima di esser falciato dalla peste.

Accanto ad Ercole è da ricordare la figlia **Isabella**, andata in sposa, nel 1490, a Francesco Gonzaga. Unitamente al fratello, il cardinale Ippolito, la nobildonna estense si segnala per essere la più autorevole patrocinatrice della nuova forma vocale e strumentale della frottola.

Ad Ercole succede **Alfonso I** (1505-1534). Accanto a lui il poeta Ariosto (dal 1518) e il musicista Antoine Brumel (1505-1520). Nel 1525 si pone agli ordini di Alfonso anche Willaert.

Ad Alfonso si deve la pubblicazione della *Musica nova* di Willaert (Venezia, 1559).

Ercole II, governante dal 1534 al '59 ha tra i suoi musicisti Cipriano de Rore (maestro di cappella dal 1547 al '58) e Alfonso della Viola, esponente di una famiglia di musicisti ininterrottamente al servizio degli estensi.

7.2. Le Dame ferraresi.

Atmosfera di alto profilo culturale regna nella corte dell'ultimo duca, **Alfonso II** (1559-1597). Intorno a lui vivono le leggendarie "Dame ferraresi", cantatrici e strumentiste giovani e di bell'aspetto che costituiscono la sua personale e riservatissima dimensione musicale.

Cantate dal Tasso come "sirene celesti" (*Aminta*, atto II, scena II), le Dame sono una compagine variabile. Appartegono all'eletta schiera le sorelle Bendidio, Isabella, Lucrezia (amata da Tasso) e Taddea (sposa del Guarini). Altre canterine sono le sorelle Avogadri, Vittoria Bentivoglio, Leonora Thiene di Scandiano. Eccellente, tra loro, Tarquinia Molza, a cui Tasso offre una collana di madrigali (*Ghirlanda dell'aurora,* 1609).

Altre "sirene" sono Laura Peverara, dedicataria di un madrigale di Guarini, *Mentre vaga angioletta* (musicato nel 1638 da Monteverdi), Livia d'Arco, che cantava e suonava la viola, e Anna Guarini, la figlia del poeta.

Tutte erano istruite da Luzzasco Luzzaschi, organista e clavicembalista di corte.

Il "Concerto delle dame" è un'istituzione del tutto privata che Alfonso fa esibire nei suoi appartamenti, in quelli della moglie o delle sorelle. Ai concerti sono ammessi pochi privilegiati: ambasciatori, uomini di corte, poeti e artisti di passaggio per Ferrara. Il repertorio della Dame è esclusivamente riservato al despota e pertanto non può essere trascritto né tantomeno divulgato.

Quasi tutti i musicisti che nell'epoca operano nella area geografica emiliana scrivono per le Dame: Marenzio, de Wert, il giovane Monteverdi, Luzzaschi.

Alla morte di Alfonso lo stato di Ferrara, per mancanza di eredi maschi, passa alla Chiesa: la corte estense collaterale si stabilisce a Modena. Caduto il divieto di far conoscere la musica del "Concerto delle dame", Luzzaschi pubblica a Roma (1601) *Dodici madrigali da cantare e da suonare a uno, due, e tre soprani, fatti per la musica di S.A.S. il duca Alfonso d'Este*. La raccolta, subito andata a ruba sul mercato editoriale, contiene la musiche riservatissime scritte per l'ultimo regnante ferrarese.

L'estinsione della corte estense è un vero trauma per la cultura musicale dell'epoca. La diaspora dei valori artistici espressi nel cenacolo ferrarese è rappresentata emblematicamente dalla figura del giovane Gerolamo Frescobaldi che emigra a Roma in cerca di miglior fortuna.

I madrigali di Luzzaschi sono il concentrato di quel fervente ambiente di poeti e di musicisti che ha in Tasso e in Guarini i suoi preziosi cantori. Oltre alla felicità dell'invenzione vocale, i madrigali di Luzzaschi presentano una innovazione tecnica, il "basso continuo" affidato al clavicembalo. Segno che il polifonista si muove già in un ambito tonale.

8. *I Gonzaga di Mantova.*

8.1. Una corte per la frottola e il teatro.

A partire dal 1433, anno in cui **Gianfrancesco** ottiene dall'imperatore Sigismondo il titolo di marchese, la famiglia Gonzaga fa di Mantova un centro culturale di riferimento nazionale.

L'umanista Vittorino da Feltre (1378-1446) inserisce nel suo vasto progetto pedagogico lo studio della musica e attesta i gusti di Gianfrancesco e del suo successore, **Ludovico** (1444-1478) sui livelli delle corti rinascimentali dell'area padana.

Documenti di archivio parlano di musicisti quali "piffari, chitarrini, trombetti, organisti, maestri di canto", tutti oggetto di scambio con la limitrofa Ferrara o con la Milano dei Visconti.

Nel 1480, come già ricordato, ha luogo a Mantova la prima rappresentazione di *Orfeo* di Poliziano. Le tappe della evoluzione della musica mantovana sono distinguibili in tre fasi storiche, ognuna legata a un Gonzaga regnante.

Fondamentale, per la prima fase, la presenza a Mantova di **Isabella Este**. Sposa di **Francesco Gonzaga** (1490), vissuta sino al 1539, Isabella esercita un fecondo patrocinio verso la frottola, il cui sviluppo è affidato a musicisti quali Pesenti, Lurano, Zesso, Tromboncino e Cara. Notevole anche l'attenzione espressa verso la commedia latina.

Lo spessore della comunità artistica sul Mincio è arricchita dalla presenza del versificatore e musico-cantore Serafino Aquilano (1466-1500) e del poeta petrarchista Antonio Tebaldeo (1463-1537).

Il primato concesso da Isabella ai suoi frottolisti consente ai musicisti italiani di elevare la prima voce di carattere nazionale in grado di misurarsi con il predominio dei franco-fiamminghi. La forza propulsiva impressa dalla marchesa ai suoi poeti e musicisti concorda, in successione temporale, con la valorizzazione delle fonti culturali italiane emersa nel nucleo fiorentino di Lorenzo de' Medici (canti carnascialeschi).

Il marchese Francesco è a sua volta tanto appassionato di musica che, allorché cade prigioniero dei Veneziani, chiede la presenza del musico Marchetto Cara e del liutista Testagrossa. Rinuncia solo a causa della forte tassa di soggiorno che il governo della Repubblica impone sulla testa dei due artisti.

Sotto l'amministrazione di Francesco ed Isabella la corte mantovana si dota di una cappella, istituita nel 1510 e subito arricchita di musicisti veneziani, romani e francesi. Isabella, al pari del consorte, è istruita nel liuto da Testagrossa e da Sextulo. Viene ricordata "col leuto in mano cantare diversissime canzonette con melodia e suavità grandissime" (si allude certamente all'abitudine di cantare frottole monodicamente, accompagnandosi con lo strumento).

Per siglare l'amore di Isabella per la musica rimane l'iscrizione, nel suo studiolo mantovano dell'inizio di una canzone di J. Ockeghem, *Prenez sur moi.*

La figlia di Isabella, Eleonora, va in sposa a Guido da Montefeltro e trasferisce, nel palazzo ducale di Urbino, i climi tardorinascimentali dell'enclave mantovana, diventando la protagonista de *Il libro del cortegiano* di Castiglione.

8.2. Musica sacra nel castello.

Al duca **Guglielmo** (la famiglia Gonzaga nel 1530 ha ottenuto l'ambito titolo imperiale) è ascrivibile la seconda fase della vita musicale mantovana (1550-1587).

Musicista egli stesso, Guglielmo è autore di una cospicua produzione comprendente tre Messe, due raccolte di *Sacrae cantiones* e una ventina di madrigali, dieci su testo di Petrarca (pubblicati a Venezia nel 1583). La produzione religiosa firmata dal duca è destinata alle cerimonie della cappella palatina di santa Barbara, costruita all'interno del complesso edilizio ducale e dotata, dal 1568, di una speciale liturgia, approvata da papa Gregorio XIII.

Tra i musicisti di Guglielmo è da ricordare **Jaches de Wert** (1535-1596). Nativo di Anversa, vive accanto al duca in posizione di alto rilievo sociale, scrivendo quasi duecento pagine di musica sacra e oltre duecento madrigali.

Una breve permanenza a Ferrara vede Jaches cadere nel laccio della travolgente passione per Tarquinia Molza. Uno scandalo, per l'epoca. Provvidenziale il rientro a Mantova e l'acquisizione della relativa cittadinanza. Sotto il suo magistero si formano Gastoldi (che nel 1582 lo sostituisce nella direzione della cappella palatina) e Monteverdi, suo allievo dal 1590 al '96.

Un aspetto interessante degli orientamenti musicali del duca Guglielmo sono i suoi rapporti con Palestrina. Un contatto puramente epistolare che comprende la commissione di dieci Messe per la liturgia di santa Barbara e la revisione delle musiche di Guglielmo da parte del polifonista romano.

Nella cappella di santa Barbara è attivo anche l'organista Gerolamo Cavazzoni (1565) figlio di Marco Antonio. Gerolamo è autore di due libri di *Intavolature,* pietra miliare per il futuro dell'arte organistica.

8.3. Il giovane Monteverdi.

Alla terza fase mantovana e al nome di **Vincenzo I** (1562-1612) è legata la fama giovanile di Monteverdi, protetto dal duca al pari di Galilei, Tasso e Rubens.

Inizialmente suonatore di viola, dal 1601 "maestro et da la camera et da la chiesa sopra la musica", Monteverdi serve il suo signore nelle campagne militari di Ungheria e delle Fiandre (1595 e 1599). Al seguito di Vincenzo potrebbe aver assistito (1600) alla rappresentazione fiorentina di *Euridice* di Jacopo Peri.

Genero dei Medici, di cui ha sposato la figlia Eleonora, il duca Vincenzo vuole emulare gli splendori fiorentini del neonato melodramma, e affida al suo musicista il compito di produrre un'analoga proposta spettacolare.

Monteverdi scrive *Orfeo* (1607), e il risultato è superiore a ogni aspettativa.

Al capolavoro mitologico-pastorale fa seguito la infelice prova di *Arianna* (1608, perduta) e del *Ballo delle ingrate.*

Nello stesso anno Marco da Gagliano scrive per i duchi mantovani *Dafne.*

Dal 1612 Monteverdi interrompe il servizio presso i Gonzaga, pur mantenendo rapporti di collaborazione, grazie alla mediazione di Alessandro Striggio jr.

La figlia di Vincenzo, **Eleonora**, andata in sposa (1621) all'imperatore Federico II di Asburgo, introduce nella corte di Vienna il gusto per la musica italiana.

9. *Ludovico Ariosto nella musica del suo tempo.*

La produzione poetica di Ariosto è diretta emanazione degli ideali cavallereschi coltivati nella corte di Ferrara e già presenti nell'*Orlando innamorato* di Boiardo (1444-1494).

Anche se nella sua produzione letteraria non è dato di cogliere un particolare interesse per la musica, la vita di Ariosto (1474-1533) concide con il momento del massimo splendore musicale estense.

Entrato al servizio del cardinale Ippolito Este, figlio di Ercole I, (1505) Ariosto, a differenza di Willaert, non segue il suo signore in Ungheria ed opta per un incarico amministrativo presso Alfonso I.

Nel 1516 viene pubblicato l'*Orlando furioso.* L'anno dopo Tromboncino, al servizio di Lucrezia Borgia, scrive la prima composizione su testo ariostesco, *Queste non son più lacrime* (*Orlando furioso,* XXIII, 126). La composizione viene pubblicata nel Quarto libro delle frottole, edito da Antico, nello stesso 1517.

Da questo momento tutti gli autori dell'epoca mettono in musica stanze dell' Orlando. Tra i cinquecento titoli apparsi si ricordano quelli di Lasso, de Wert, Ingegneri, Corteccia, Arcadelt, de Rore, Palestrina, Merulo, Nenna.

Anche le *Rime* ariostesche sono oggetto di interessi musicali da parte di Marenzio, de Monte, e Vicentino.

Testimonianze dell'epoca riferiscono, inoltre, dell'abitudine invalsa da parte dei cantori e degli attori itineranti, di esibirsi sulle pubbliche piazze su un repertorio di stanze ariostesche. Si trattava di una recitazione intonata, declamatoria, adattata su formule melodiche fisse, dette "arie per cantare stanze".

Sostituiti, nell'ispirazione dei madrigalisti, dal nuovo modello sentimentale di Tasso e dallo spumeggiante estetismo amoroso di

Guarini, Ariosto e i suoi cavalieri fantastici rimangono vivi nell'opera in musica.

Nella prima età barocca si segnalano. *Lo sposalizio di Medoro e Angelica*, 1619, di Marco da Gagliano, e *La liberazione di Ruggiero,* 1625, di Luigi Rossi.

Tre sono le opere di Haendel dedicate ai personaggi del poema: *Orlando*, 1733, *Ariodante,* 1735 e *Alcina*, 1735, A Vivaldi si deve un *Orlando furioso*, del 1727, ad Hasse il *Ruggiero,* 1771.

Nel 1782 Haydn scrive ancora un *Orlando paladino* da rappresentarsi nel castello dei suoi mecenati, i principi Esterhazy.

Ai nostri giorni Goffredo Petrassi ha composto un balletto, *La follia d'Orlando* (1943).

10. *Tasso, la poesia per musica e la malinconia.*

Figlio di Bernardo, un poeta i cui testi erano già stati oggetto di attenzione da parte dei musicisti, Torquato, dopo gli studi compiuti a Napoli e Padova, entra nel 1565 al servizio del cardinale Luigi Este. Nel 1572 è alla corte di Alfonso, a Ferrara. L'impronta di educazione umanistica e musicale meditata in anni di soggiorno a Urbino, alla corte di Guidobaldo della Rovere, fa ben presto maturare i suoi frutti.

Risalgono al 1561-64 alcune raccolte poetiche dedicate alle "Dame di Ferrara", Lucrezia Bendidio e Laura Peverara. Alla corte di Alfonso maturano anche i capolavori tasseschi, *Aminta* (1573) e *Gerusalemme liberata* (1575).

Nel 1579, in occasione di un lungo viaggio nell'Italia centromeridionale, Tasso diffonde le sue poesie in ambienti letterari interessati alla utilizzazione di testi per musica.

Anche se dal 1574 all'86 il poeta è assente dalla scena culturale, per la prigionia nell'ospedale di sant'Anna, già dal '75 i musicisti, con singolare concordanza temporale, rivestono di suoni le *Rime.* In cattività Tasso scrive a sua volta un dialogo sulla poesia, *La cavalletta, overo de la poesia toscana,* in cui figurano definizione della musica e della poesia: entrambe gravitano sullo stesso campo, la poesia "è una finzione retorica messa in musica", e la musica è "dolcezza e quasi l'anima della poesia".

Nel dialogo compaiono molti nomi di musicisti personalmente conosciuti da Tasso: Alfonso della Viola, Alessandro Striggio jr., Fiorini, Luzzaschi, de Wert. Quest'ultimo è dedicatario di un madrigale dal titolo emblematico, *Ad un musico.*

De Wert, del resto, è il primo a musicare ottave della *Gerusalemme liberata.* Il Settimo libro dei madrigali a cinque voci (Venezia, Gardano, 1581), contiene il lamento di Tancredi sulle spoglie di

Clorinda, *Giunto a la tomba* (XII, 96). Tutto l'Ottavo libro a cinque voci (Venezia, Gardano, 1586) è occupato da ottave della *Gerusalemme.*

Anche Luca Marenzio pone mano a molti luoghi poetici tasseschi, ma il letterato non vede con simpatia un musicista che appartiene al seguito del cardinale Luigi Este, considerato il fautore del suo imprigionamento.

Circostanza questa che non impedisce a Marenzio di musicare *Giunto a la tomba* (Primo libro a cinque voci, 1584) e di adattare ai suoni alcune *Rime* e altri passi della *Gerusalemme.*

La languorosa dolcezza della versificazione tassesca non sfugge a Gesualdo. La collaborazione tra i due malinconici diventa un luogo letterario della cultura tardocinquecentesca. I rapporti tra Tasso e il principe venosino sono documentati sin dal 1592: Gesualdo commissiona quaranta madrigali da porre in suono. Tuttavia, a invio effettuato, ne musica solo uno (Libro II, 1594), mentre gli altri nove (Libro I, 1594) attingono a fonti a stampa precedenti.

Gli accenti patetici dell'innodia tassesca trovano in Monteverdi il musicista che sa impadronirsi della palpitante e sotterranea musicalità dei versi. Tra i capolavori *Ecco mormorar l'onde* (dalle *Rime*, 143, in Libro II) e testi della *Gerusalemme liberata: Vattene pur crudele* (la maledizione scagliata dalla maga Armida contro Rinaldo, in Libro III, 1592), *Vivrò fra i miei tormenti* (XII, 77, in Libro III, disperazione di Tancredi dopo l'uccisione di Clorinda). Celeberrimo e innovativo *Il combattimento di Tancredi e Clorinda* (Libro VIII).

L'utilizzazione, da parte dei musicisti, dei reperti poetici tasseschi prosegue per tutto il XVII secolo: tra i cultori P. Nenna, O. Vecchi. G. Caccini (*Le Nuove musiche*, 1614), Marco da Gagliano, D. Mazzocchi, Sigismondo d'India e G.G. Gastoldi.

Tasso è inoltre l'ispiratore dei canti dei gondolieri veneziani che, nelle notti estive, intonavano i suoi versi su melodie improvvisate. Eco di questo singolare costume è avvertibile nelle cosidette *Sonate del Tasso* di Giuseppe Tartini. Tre di queste sonate per violino solo (XII, XV e XVI) contengono la citazione di un'aria di gondolieri trascritta certamente dall'autore.

La longevità del canto tassesco nelle calli veneziane si coglie nella testimonianza di Goethe che, nel 1786, poteva ancora udire un "Tasso notturno" (*Italienische Reise,* 1829, lettera del 6 ottobre 1786).

Tracce di ispirazione sono presenti anche in una complessa pagina strumentale di Francesco Geminiani, *The Inchanted forest,* una suite di ventidue brani ispirati al Canto XIII della *Gerusalemme* (Londra, 1756).

Anche il melodramma si impadronisce di alcuni eroi del divino poema: *Rinaldo* di Haendel, (1717), *Armida al campo d'Egitto* di Vivaldi (1718), *Armida* di Traetta (1761), *Armida* di Salieri (1771), *Armida* di Gluck (1777), *Armida immaginaria* di Cimarosa (1778), *Armida abbandonata* di Cherubini (1783), *Armida* di Haydn (1784) e *Armida* di Rossini (1819).

La figura di Tasso, grazie a un'appassionata biografia redatta da G.B. Manso nel 1621, assurge ad argomento di ispirazione drammatica. Alla commedia di Goldoni (*Tasso,* Venezia, 1755) fa seguito il dramma di Goethe (*Tasso*, 1790).

E' del 1817 il poemetto di Byron *Lamento di Tasso.* Gaetano Donizetti scrive, nel 1833, un melodramma su libretto di Ferretti (*Torquato Tasso*). Franz Liszt, in tre redazioni successive (1849, 1850, 1856) compone a Weimar il poema sinfonico *Tasso, lamento e trionfo*, ispirandosi alle immagini di Byron.

11. *Le ultime luci rinascimentali.*

11.1. Giovan Battista Guarini (1538-1612).

Discendente dell'umanista Guarino Guarini, educato nell'Università di Padova, Giovan Battista, dopo il matrimonio con Taddea Bendidio, canterina estense, entra nella corte di Ferrara.

La permanenza si potrae dal 1567 al 1588. Nel corso del suo incarico, oltre che rivestire ruoli di diplomatico, Guarini subentra al Tasso nelle funzioni di poeta aulico.

Risale al 1568 la compilazione delle *Rime.* Anche se pubblicate solo nel 1598 (Ciotti, Venezia) le poesie guariniane circolano manoscritte tra i musicisti. Nel 1580 la fama di Guarini è consolidata, ma nel 1586 le sue strofe toccano il massimo livello di utilizzazione musicale: solo nel 1585 il madrigale *Ardo si, ma non t'amo* compare in una raccolta pubblicata a Monaco con la musica di ben ventotto compositori.

Spezzando il cerchio contemplativo dell'amore petrarchesco-bembesco, Guarini forgia l'immagine, assai più leggiadra, di un amore che è "spiritello che vaga e vola e non si può tenere, né toccare, né vedere" (Madrigale 78). Ancora: "l'amore è un pensiero spensierato, un negozio ozioso, una cosa senz'anima" (Lettera del 1582).

Il concetto di amore come puro momento edonistico, esposto in rime languide e melodiche, raffinatissime nel calco linguistico, attrae i musicisti che, a partire da de Wert, Caccini, Marenzio e Gesualdo, sino a Monteverdi e, più tardi, Scarlatti e Bononcini, attingono a piene mani dalla musa guariniana.

Tra il 1580 e l'84 Guarini, del tutto avulso dalle tematiche fiorentine sulla rivitalizzazione della tragedia greca, afferma la validità della poesia idilliaca. Scrive il *Pastor fido*, definito tragicommedia pastorale. Stampato nel 1589, rappresentato per la prima volta a Crema nel 1595, il *Pastor fido* viene musicato, sin dal 1592, da de Wert. Nel 1598, per la rappresentazione mantovana avvenuta dinanzi a Margherita d'Austria, ha le musiche di Gastoldi.

Articolato sul duplice piano della comicità e dell'intreccio patetico, destinato a un lieto fine grazie al superiore valore di sintesi attribuito all'elemento naturale, il *Pastor fido* è oggetto di interventi da parte di musicisti che si appropriano sopratutto dei momenti più toccanti e umani della vicenda. Della storia degli amori di Mirtillo e della dolce Amarilli piacciono luoghi poetici come *Cruda Amarilli* (I,2) e *Ah dolente partita* (III,3) musicati da Marenzio, de Wert, De Monte e Monteverdi.

Se nel poemetto si riflette l'immobilità degli ideali professati da un'aristocrazia sempre più distaccata dall'esercizio del potere politico ed economico, l'attenzione dei musicisti depone a favore della vitalità di un messaggio avvertito come estrema conseguenza della sintesi poetico-musicale iniziata con Petrarca e proseguita con Tasso.

La dissoluzione della parola in musica, presente in tante strofe del *Pastor fido* è il più chiaro segnale del passaggio dal Cinquecento al Barocco.

11.2. L'amore si dissolve nella musica.

Tra i testi guariniani spicca senza rivali la celeberrima invocazione di Mirtillo, *O primavera, gioventù dell'anno* (atto III, scena II). Almeno venti i musicisti che commentano le esclamazioni dell'improbabile pastore: tra questi Monteverdi, Luzzaschi, Schütz.

Tra le *Rime* risulta prediletta *Tirsi morir volea*, testo adottato anche da Marenzio. Gesualdo trova congeniale *Baci soavi e cari,* testo oscillante tra vita e desiderio di morte. Luzzaschi musica *T'amo mia vita*, seguito da Monteverdi e Gesualdo.

L'attaccamento a un mondo pastorale immaginario, vissuto poeticamente come una irriproducibile "età dell'oro", rende l'opera di Guarini partecipe dell'incanto naturalistico Barocco.

Sono i fiorentini, Caccini e Saracini, e con loro Sigismondo d'India i compositori monodici che si riallacciano alla favola bucolica, accettandone il piacevole inganno.

Tra le visioni naturalistiche di Poussin, di Salvator Rosa e del Bassano le immagini poetiche guariniane passano al nuovo secolo: nel 1712 Haendel scrive un'opera, *Il pastor fido.* Nel 1737 si pubblica in Francia una raccolta strumentale attribuita a Vivaldi, emblematicamente intitolata *Il pastor fido.*

12. *La musica popolare.*

Nel Cinquecento, analogamente a quanto era toccato alla frottola nel secolo precedente, la *villanella* riassume, nella musica colta, i caratteri propri della ispirazione popolare. La parola villanella deriva da *villa* = casa di campagna. La sua formula poetica nasce dallo *strambotto* in forma ottonaria, con l'aggiunta di un ritornello alla fine di ogni distico:

abr abr abr abr ccr

La villanella si afferma inizialmente in Campania. Si stampa a Napoli il volume *Canzoni villanesche alla napolitana, libro I* (1537).

Il primo autore storicamente accertato è Domenico del Giovane da Nola (1510-1592). La villanella, tuttavia, non si lascia racchiudere entro formule precise e ben presto il termine passa ad indicare qualunque composizione poetico-musicale di ispirazione popolare. Vari sono allora i nomi che assume la villanella che, se rimane tale nel centro-sud, al nord diventa *bergamasca, villotta, veneziana, giustiniana, padovana.*

I grandi maestri fiamminghi si fanno contagiare dal genere popolaresco: nel 1544 l'editore Scotto di Venezia pubblica le *Canzoni villanesche alla napoletana* di Willaert, nel 1555 Orlando di Lasso fa stampare ad Anversa il suo primo libro di *Madrigali, villanesche e canzoni.*

Tra i cultori della musica popolare spicca Filippo Azzaiolo (1530-1569), cantore bolognese che, tra il 1557 e il '69 pubblica quattri libri di *Villotte alla padovana* o *Villotte del fiore.*

Sul finire del secolo Giovan Giacomo Gastoldi (1592-95) compone tre libri di brani per "cantare, sonare et ballare", i celebri *Balletti a tre voci.*

13. *Editori e stampatori.*

I primi esperimenti di notazione a stampa risalgono al 1475 e avvengono in Italia e in Germania.

Il primo esemplare di edizione musicale è del 1501 e viene stampato ad opera di **Ottaviano Petrucci**: è l'intavolatura per liuto *Harmonicae Musices Odhecaton.* Si tratta della prima realizzazione tipografica sulla quale rigo musicale, note e parole vengono stampati contemporaneamente. Sulla formazione di Ottaviano Petrucci (1466-1539) influisce certamente l'ambiente culturale ed umanistico della corte urbinate di Guidobaldo I, splendidamente evocata da Castiglione. Qui Petrucci conosce, infatti, i prodotti dell'arte tipografica provenienti dalla Germania. Nel 1498, a Venezia, Petrucci ottiene dalla Repubblica la facoltà di stampare e vendere le sue *Intavolature* per venti anni. Le realizzazioni avvengono applicando alla stampa gli stessi principi (caratteri mobili) propri della tecnica tipografica libraria.

Trasferitosi nella nativa cittadina marchigiana di Fossombrone, Petrucci ottiene, nel 1513, il privilegio papale (era pontefice Leone X). Gli viene concesso di stampare intavolature per organo. L'ultima pubblicazione di Petrucci è del 1520: si tratta della *Musica di Messer Bernardo Pisano sopra la Canzone del Petrarca*, ultima tappa dell'Umanesimo musicale.

Nel frattempo **Andrea Antico**, a Roma (1536) introduce il metodo xilografico.

Antico, ecclesiastico e compositore, esercita a Venezia l'attività di organista. Petrucci pubblica, tra il 1504 e il 1508 alcune sue musiche. Come imprevista risposta, Antico apre a Roma (1510) una sua personale attività di editore, e stampa copie non autorizzate delle edizioni di Petrucci.

Ottenuto da papa Leone X il "privilegio" di stampa, inizia a pubblicare libri di frottole, e, dal 1516, *Frottole intabulate per l'organo.* Nel 1520 si trasferisce a Venezia per colmare il vuoto lasciato da Petrucci. Qui si dedica al repertorio frottolistico (Tromboncino e Cara) e diffonde le *Chansons* di Verdelot. Nel 1539 finanzia di sua tasca l'edizione del Secondo libro di mottetti di Willaert.

Viene dalla Francia un altro autorevole stampatore. **Antonio Gardano**, questo il suo nome dopo l'italianizzazione di Gardane, inizia la sua attività nel 1539. Pubblica testi di autori italiani (Festa, Azzaiolo, Gabrieli) e franco-fiamminghi (Willaert, de Rore, Arcadelt). Suo figlio Alessandro è attivo a Roma.

Notevole anche il ramo dinastico di un'altra famiglia di stampatori veneziani, gli **Scotto**. Dopo la morte del capostipite Ottaviano (1498) seguono il nepote Amadio, Ottaviano (editore di Verdelot) e Gerolamo (1505-1572).

Chiude la rassegna **Valerio Dorico**, bresciano, che lega il suo nome a edizioni di Morales, Animuccia, Palestrina e Lasso.

14. *Giovanni Pierluigi da Palestrina, il musicista apostolico.*

La musica religiosa, indissolubilmente legata alle forme della Messa e del Mottetto, segue la sua immutabile navigazione attraverso tutto il secolo, sfidando innovazioni e mutamenti di rotta. Congelata nella gloriosa maestosità delle formule si consegna, intatta, nelle mani del suo più autorevole codificatore, Palestrina.

Nato nel 1525 (o, al più tardi, nel 1526) a Preneste, il giovane

Pierluigi è accolto come fanciullo cantore nelle chiesa della vetusta cittadina laziale. Per interessamento del cardinale della Valle, vescovo della città e arciprete della basilica romana di santa Maria Maggiore, Palestrina entra nella gloriosa Cappella Liberiana (1537) ove perfeziona la sua preparazione con Firmin le Bel. Fondamentale, anche se indiretto, l'apporto di Arcadelt, la cui fisionomia artistica lascia tracce concrete nel già dotato giovane.

Il musicista prenestino segue il cardinale dal Monte allorché viene eletto papa, col nome di Giulio III. Designato maestro della Cappella Giulia, Pierluigi pubblica subito il suo Primo libro di Messe, dedicato al Pontefice (1554, Dorico).

Nel 1555 papa Giulio lo accoglie tra i componenti della Cappella Sistina, ma il suo successore, Paolo IV, lo allontana dall'incarico, in quanto ammogliato.

In quell'anno Pierluigi entra in san Giovanni in Laterano, riprendendo la tradizione di Orlando di Lasso. Nel 1561 è in santa Maria Maggiore, direttore di quella Cappella che lo aveva visto fanciullo cantore. Al servizio del cardinale Ippolito II Este (1564) con l'incarico di organizzare manifestazioni musicali nella sua villa di Tivoli, Palestrina è anche eletto maestro di musica nel neo-istituito Seminario Romano. Ormai nella città dei Papi il prenestino non ha più rivali.

Nel 1567 viene pubblicato il Secondo libro delle Messe (dedicato a Filippo di Spagna) i cui testi, liberati dalle ridondanze polifoniche, risultano di una comprensibilità per l'orecchio ignota a composizioni liturgiche coeve. Figura in questa edizione la celeberrima *Missa Papae Marcelli*. La leggenda vuole che sia stata dedicata a papa Marcello II, ma la storia ricorda che costui regna, per sole tre settimane, nel 1555.

In realtà la messa viene scritta nel 1565 ed è destinata alla commissione cardinalizia che, presieduta dal cardinale Vitellozzi, è stata incaricata di vagliare l'effettivo ruolo della polifonia nel contesto della liturgia.

Se nel 1568 prende l'avvio il citato rapporto con il duca Guglielmo Gonzaga, nel 1571 Palestrina riprende il suo posto di maestro della Cappella Giulia. Dall'alto del prestigioso incarico vede papa Gregorio XIII consacrare la "Vertuosa compagnia dei Musici di Roma" quale nucleo fondante della Accademia di santa Cecilia (1584).

Morendo nel 1594, Palestrina vede la sua vita coincidere, di fatto, con le tre fasi del **Concilio di Trento** (1545-1563). Pertanto la sua figura si caratterizza come quella di musicista emblematico dell'ortodossia cattolica-apostolica, strenuo difensore di una polifonia legata agli splendori della Rinascenza papale.

La musica del prenestino risuona trionfante nel segno di universalità che fa di ogni sua pagina polifonica un momento di preghiera. La perfezione tecnica del discorso musicale, legato all'innodia gregoriana come a un serbatoio ancestrale di idee ed emozioni, esalta la linea melodica delle voci, ognuna delle quali è dotata di singola autonomia espressiva.

Il valore ideologico, sostanzialmente tradizionalista fa di Palestrina il più fedele musicista che la Chiesa abbia mai avuto al suo servizio.

Nelle oltre cento Messe (edite in dodici libri, pubblicati anche dopo la morte dell'autore) e nelle centinaia di pagine religiose (mottetti, inni, offertori, madrigali spirituali) la professione di fede è profonda riflessione di una creazione individuale disposta a confluire nella Universalità dell'Ecclesia Romana.

Ogni testo liturgico è trattato da Palestrina come una trama poetica nella quale le parole e i concetti sono rivestiti di sensazioni sonore evocative.

Non a caso, tre secoli dopo la sua scomparsa, il musicista dei Papi viene rievocato in una pagina della *Filosofia della musica* di Giuseppe Mazzini (1835) come colui che seppe tradurre il Cristianesimo "in note musicali".

Lo stesso Giuseppe Verdi, in un progetto di studio della musica italiana del passato, indica in Palestrina l'autore da porre "in primis et ante omnia".

Quadro riassuntivo.

Il Cinquecento è il secolo in cui avviene la perfetta saldatura tra la musica e la grande poesia italiana.

Per effetto della diffusione del *Canzoniere* di Petrarca (**petrarchismo**) si afferma il **madrigale** come sintesi completa di musica e poesia. Il madrigale è una forma duttile, flessibile, adattabile ai versi e ai metri poetici più disparati. La musica scava all'interno della parola per trarne i significati più riposti, le vibrazioni più intime.

Tutti, in Italia, scrivono madrigali. Verdelot, Arcadelt, Willaert, l'inventore della grande fabbrica musicale veneziana. Giungono presto i capolavori, firmati da Cipriano de Rore, da Orlando di Lasso, da Marenzio. Gesualdo da Venosa, cupo nella sua indecifrabile disperazione, piega il madrigale verso le oscurità barocche.

Nel frattempo il laboratorio artistico mantovano sostiene e porta alla sua completa affermazione una nuova forma vocale, la **frottola**. E' una composizione molto semplice, una canzonetta ricca di spunti popolareschi. Piace a tutti, anche ai fiamminghi. E in essa si insinua quel principio di distribuzione verticale delle voci che porta in breve allo stile monodico.

La vita di corte di alcune città diviene emblematica della sensibilità artistico-musicale che impronta tutto il secolo: **Urbino**, **Ferrara**, **Mantova** sono i luoghi del sogno tardorinascimentale.

Il *Libro del cortegiano* di Castiglione è il testo a cui si uniformano quanti vogliono essere perfetti gentiluomini: e la perfezione passa anche attraverso lo studio della musica. Dopo la consumazione della parabola petrarchesca emergono nuove sensibilità poetiche: **Ariosto**, coi suoi cavalieri fantastici, e **Tasso** con la sua malinconia. **Guarini**, col suo spiritello d'amore spinge verso la licenziosità barocca.

Determinante, per tutti gli intellettuali musicisti, la diffusione delle nuove tecniche di stampa: senza i tipografi veneziani il repertorio madrigalistico non avrebbe conosciuto la popolarità che ha avuto.

Ultima voce della rinascenza, **Palestrina**, il cantore della gloria papale.

BIBLIOGRAFIA

Atti del convegno di studi palestriniani, (a c. di F. Luisi), Palestrina, 1977.
B. CASTIGLIONE, *Il libro del cortegiano,* Milano, 1972.
I. CAVALLINI, *I due volti di Nettuno. Studi su teatro e musica a Venezia e in Dalmazia dal '500 al '700,* Lucca, 1994.
G. CESARI, *Le origini del madrigale cinquecentesco* (1912), Bologna, 1976.
I. FENLON, *Musicisti e mecenati a Mantova nel '500,* Bologna, 1992.
I. FENLON, J. HAAR, *L'invenzione del madrigale,* Torino, 1992.
E.S. FIELD, *La musica strumentale a Venezia da Gabrieli a Vivaldi,* Torino, 1980.
E. FUBINI, *Musica e pubblico dal Rinascimento al Barocco,* Torino, 1984.
C. GALLICO, *L'età dell'Umanesimo e del Rinascimento,* in "Storia della musica", 3, (a c. della Società Italiana di Musicologia), Torino, 1978.
I. GALLINARO, *La non vera Clorinda. Tradizione teatrale musicale della Liberata nei sec. XVII-XIX,* Milano, 1994.
G.B. GUARINI, *Opere,* Torino, 1971.
Il madrigale tra Cinque e Seicento (a c. di P. Fabbri), Bologna, 1988.
G. IUDICA, *Il principe dei musicisti,* Palermo, 1993.
M. LAINI, *Vita musicale a Venezia durante la Repubblica,* Venezia, 1993.
L'Ariosto, la musica, i musicisti, (a c. di M.A. Balsano), Firenze, 1981.
L. LOCKWOOD, *La musica a Ferrara nel Rinascimento,* Bologna, 1987.
E. PACCAGNELLA, *Palestrina,* Firenze, 1957.
E. PAPPALARDO, *Poesia e musica nel Madrigale tra Cinque e Seicento,* Roma, 1992.
N. PIRROTTA, *Scelte poetiche di musicisti*, Venezia, 1987.
H.C. ROBBINS-LONDON, J.J. NORWICH, *Venezia cinque secoli di musica,* Milano, 1991.
Tasso, la musica, i musicisti, (a c. di A.M. Balsano e T. Walker), Firenze, 1988.
A. VACCARO, *Carlo Gesualdo, Principe di Venosa*, Venosa, 1982.

CAPITOLO SETTIMO

IL SEICENTO

1. *A Firenze, verso il teatro musicale.*
1.1. L'eredità del Platonismo e la tragedia greca.

Il passaggio dal Cinquecento al Seicento è siglato da un'innovazione musicale che cambia radicalmente gusti e sensibilità, dando vita a una forma di spettacolo che ancor oggi è tra le più popolari, il teatro d'opera.

I fondamenti teorici del melodramma maturano nell'ambiente neoplatonico fiorentino e hanno già nelle riflessioni filosofiche di **Marsilio Ficino** lo stimolo a ricercare nella cultura antica le tracce di un pensiero da rivitalizzare e da rendere nuovamente attuale. Nella villa di Careggi, sede dell'Accademia Platonica, (1462) Ficino teorizza sulla musica della Grecia antica, interrogandosi su quale potesse essere lo sfondo sonoro dei personaggi del teatro classico. Era convinzione dell'umanista fiorentino che il "cantare alla greca" consistesse nell'accompagnare la monodia vocale con una lira da braccio. Si è già visto come le sue opinioni fossero state assorbite dall'ambiente cortese italiano, al punto di fare del gentiluomo cantore uno degli elementi di spicco delle regole di casta dell'aristocrazia.

Le intuizioni di Ficino vengono raccolte e sviluppate da **Gerolamo Mei**, fiorentino (1519-94), al servizio, a Roma, del cardinale di Montepulciano (1572-81). In stretto rapporto epistolare con Vincenzo Galilei, Mei conduce studi sulle fonti musicali greche, e scopre gli *Inni* di Mesomede di Creta (IV sec. d. C., pubblicati da Galilei nel 1581). Operando una convergenza in ambito aristotelico Mei è acceso fautore della monodia accompagnata: secondo le tesi espresse da Aristotele nel libro VIII della *Politica* la musica deve necessariamente suscitare emozioni di carattere morale. Ciò, per i sostenitori del canto solistico, è precluso alla polifonia, il cui grado di complicazione rende incomprensibili i testi cantati.

Le conclusioni di Mei, pubblicate in compendio a Venezia, sotto il titolo di *Discorso sopra la musica antica e moderna* (1602) costituiscono una delle ricerche più complete e meditate sulla identità musica-poesia nell'antica Grecia. L'eredità di Mei viene raccolta da **Vincenzo Galilei**, il padre dello scienziato, (1520-91). Allievo di Zarlino a Venezia, seguace di Mei a Roma, abile liutista, Galilei è anche autore di due libri di madrigali editi nel 1563 e nel '87 a Venezia. Dalla perizia strumentale di Galilei, che consuma la sua esperienza artistica e professionale a Firenze, nasce *Il Fronimo*, (Venezia, 1568). In questo manuale di esecuzione, una sorta di "liuto ben temperato" si può già assistere alla palese affermazione della tonalità. Di assai più autorevole consistenza metodologica risulta un testo teorico quale il *Dialogo della musica antica e moderna*, al cui interno si afferma, naturalmente senza alcun riscontro storico e scientifico, come la musica greca delle tragedie fosse esclusivamente monodica. Ne consegue il fatto che, secondo la indiscussa "autorità degli antichi", il canto solistico accompagnato da strumenti è da considerarsi superiore alla musica polifonica. Allo scopo di dimostrare la validità delle proprie congetture Galilei scrive un *Lamento del conte Ugolino*, e le *Lamentazioni* del profeta Geremia, entrambe nello stile monodico e ambedue perdute.

1.2. Il conte Bardi: un gentiluomo per la musica.

La frattura ormai aperta tra polifonisti-madrigalisti e fautori dello stile monodico è insanabile. Per contrastare gli eccessi e gli abusi intellettualistici della polifonia si apre una ipotetica opzione ideologica sul più remoto passato della classicità mediterranea, alla ricerca di una chiave di lettura alternativa.

Il risultato è superiore ad ogni aspettativa: anzi, del tutto imprevisto.

Appare nella dedica del *Dialogo* galileiano il nome del conte Giovanni de Bardi, il personaggio intorno cui ruota tutto l'ambiente fiorentino che sta preparando il nuovo genere rappresentativo.

Il culto del purismo dantesco e della filosofia platonica, l'appartenenza a una delle più antiche famiglie di magnati e banchieri, con la conseguente inscrizione nel rango dei cortigiani fiorentini, fanno di Giovanni dei Bardi, conte di Vernio, una delle figure di primo piano della politica medicea. Nato a Firenze nel 1534 e spentosi a Roma nel 1614, vissuto quasi sempre nella sua città, salvo la presenza in alcune campagne militari, Bardi sa coniugare la virtù cortigiana con le sollecitudini culturali. Raccoglie nella sua casa dal 1576, sino almeno al 1582 un gruppo di intellettuali e di musicisti. Il cenacolo passa alla storia come **Camerata dei Bardi**. Indubbiamente la storiografia italiana degli inizi del secolo - e includiamo in questa anche la celeberrima testimonianza letteraria inserita da D'Annunzio nel suo romanzo *Il fuoco,* 1900 - ha voluto amplificare in maniera probabilmente esagerata la portata di queste riunioni di *élite*, dilatandone l'importanza in relazione alla nascita dell'opera in musica. Il fatto certo è che dalla Camerata dei Bardi scaturisce la Accademia letteraria detta "della Crusca". Anche da parte del conte Bardi, dilettante sia come compositore che come letterato (nell'Accademia era detto *L'incruscato*) si hanno una serie di referenze artistiche appartenenti ad ambedue i salienti. Nel 1584 il nobiluomo fiorentino scrive un madrigale per i festeggiamenti indetti in occasione delle nozze di Vincenzo Gonzaga con Eleonora de' Medici. Nel 1585 fa conoscere una sua commedia, *L'amico fido*, rappresentata in onore di Virginia de' Medici sposa di Cesare Este. In questo contesto Bardi partecipa anche alla realizzazione degli intermedi, musicandone il sesto. Tutte le opinioni artistiche sulla musica espresse da Bardi ed ampiamente raccolte nel citato dialogo galileiano, risentono sia dei dettami moraleggianti della Controriforma tridentina che, - in misura certamente maggiore - della tradizione umanistica del platonismo fiorentino. L'ammirazione per la poesia di Dante rende Bardi partecipe delle medesime e mai estinte concezioni di ascendenza neoplatonica che vogliono la musica specchio e immagine sensibile di un mondo trascendente: la musica degli uomini altro non è che l'eco della Armonia Universale e dell'Accordo Cosmico.

Come compositore Bardi è accanito critico della tecnica polifonica: i suoi interessi di grecista lo portano verso la ricerca di una musica il più possibile vicina all'ipotetico modello dell'inconoscibile repertorio sonoro dell'antica Grecia postulato da Ficino , Mei e Galilei. Favorito del Granduca Francesco e di Bianca Capello, al passaggio delle consegne dello stato nelle mani di Ferdinando (1587) Bardi si trova affiancato da Emilio de' Cavalieri, gentiluomo romano nominato da Ferdinando "sovrintendente" di tutte le attività concertistiche della corte. Prima di congedarsi dalla sua città, per iniziare un breve periodo di volontario esilio a Roma (1592) quale addetto alla camera di papa Clemente VIII, il conte di Vernio scrive l'ultima grande pagina del platonismo fiorentino.

1.3. Gli Intermedi per *La Pellegrina* (1589).

La commedia *La Pellegrina* del senese Girolamo Bargagli (già rappresentata nel 1564) viene ripresa nell'anno 1589 come momento rappresentativo dei festeggiamenti per le nozze di Ferdinando, fratello del defunto Francesco, con Cristina di Lorena.

All'interno dei cinque atti della commedia, vengono inseriti gli **intermedi**, brevi sezioni musicali, di argomento del tutto autonomo rispetto alla vicenda narrata.

Intonazioni neoplatoniche ed allegorie classiche costituiscono infatti la maggior parte delle figure simboliche trattate nei sei intermedi.

All'iniziale evocazione dell'*Armonia delle sfere* segue *la Gara tra le Muse e le Pieridi*, la vittoria di Apollo sul serpente Pitone, il canto di Arione. L'esaltazione dell'Armonia cosmica, enunciata nel primo degli intermedi, ricompare nel sesto (canto di pastori e ninfe, inneggianti al "suono dell'Armonia celeste"). Figura anche il mito dell'*Età dell'oro* (quinto intermedio), mentre risultano ampiamente descritti gli elementi naturali: il Cielo (primo intermedio) gli Inferi (quarto) e il mare (quinto intermedio).

Quella degli intermedi per *La Pellegrina* è l'ultima traccia del pensiero musicale e speculativo cinquecentesco: al di là di essa e grazie agli stessi artefici, si aprono le porte del teatro in musica. Tutti i protagonisti dello spettacolo sono consapevoli del fatto che gli intermedi in questione sono una tappa dell'evoluzione del gusto della musica italiana.

Lo testimonia la cura con cui si pone mano agli allestimenti che hanno inizio già nell'ottobre del 1588. Scene e costumi vengono affidati a Bernardo Buontalenti, mentre tre poeti si dividono le strofe: Ottavio Rinuccini, Giovan Battista Strozzi, fiorentini e Laura Guidiccioni, protetta di Cavalieri e sua *longa manus* nella compilazione dell'apparato teorico e retorico degli intermedi. Lo stesso Bardi non sa resistere alla tentazione di inserire alcune sue strofe nel canto dell'*Armonia Doria* (primo intermedio).

Sei sono gli intermedi per un totale di 29 pezzi musicali, rappresentati il 2 e il 15 maggio del 1589 dai comici della senese "Accademia degli Intronati", nobili dilettanti, nella Sala delle commedie del palazzo degli Uffizi.

Destinata ad essere ricordata come spartiacque tra il cinquecento madrigalistico e il seicento operistico, la musica per gli intermedi de *La Pellegrina* non nasconde il carattere composito delle diverse mani che vi lavorano.

Il maestro più importante chiamato alla collaborazione è, senza dubbio, Luca Marenzio, il raffinato cantore polifonico. Viene convocato a Firenze dallo stesso Ferdinando, ad onta del fatto che il musicista avesse dedicato il suo Terzo libro di madrigali (1585) alla odiatissima cognata Bianca Capello. Accanto a lui, in posizione di netto contrasto, Caccini e Peri, nonchè lo stesso Bardi (unitamente alle figure, certamente minori di Malvezzi e Archilei) costituiscono il gruppo dei sostenitori delle nuove tendenze monodiche. Il purissimo conte Bardi si trova accanto il rampante, pragmatico Caccini, mentre Peri rimane isolato su concezioni di alto idealismo. Emilio de' Cavalieri, a sua volta, aggiusta il tiro delle teorie dei fiorentini e arricchisce lo spettacolo con movenze musicali coreografiche.

2. *Le prime opere in musica a Firenze.*

Centro promotore del **Dolce Stil Novo** e dell'**Ars Nova**, Firenze paga il suo ultimo tributo verso la cultura con l' invenzione del **melodramma**. Circostanza questa che ribadisce, ove ce ne fosse bisogno, la centralità del capoluogo toscano nel contesto dell'arte italiana ed europea.

Il **melodramma** o **opera in musica** è una forma spettacolare del tutto nuova che acquista strutture sempre più complesse. Caratteristica del melodramma è l'eliminazione della tecnica polifonica. I personaggi che agiscono sul palcoscenico cantano da soli, accompagnati da strumenti (**monodia accompagnata**).

2.1. La poesia per la musica: Rinucci e Peri.

Tra i protagonisti della nuova stagione musicale che porta i fiorentini alla creazione del melodramma va citato l'artefice letterario, **Ottavio Rinuccini** (Firenze, 1562-1621).

Già autore di testi di madrigali, dall'80 all'89 frequenta le riunioni di casa Bardi, collaborando, come abbiamo visto, alla stesura degli intermezzi per *La Pellegrina.* Dal 1594 inizia a lavorare alla favola pastorale *Dafne*, posta in musica da **Jacopo Peri**.

Nei 445 versi che costituiscono il libretto di quella che si può già definire la prima "opera in musica" agiscono personaggi storici e mitologici: Ovidio, il poeta latino, a cui è affidato il prologo, Venere, Amore, Apollo e Dafne. I pochi frammenti musicali rimasti negano alla *Dafne* la paternità storica del melodramma che tocca invece a un altro parto letterario di Rinuccini, *Euridice.* Rappresentata il 6 ottobre del 1600 nella sala delle statue di Palazzo Pitti, *Euridice* orna i festeggiamenti indetti per il matrimonio tra Maria de' Medici ed Enrico IV di Francia. Affidato alle cure musicali di Jacopo Peri, il dramma musicale di Rinuccini si vale anche di alcune arie scritte da Giulio Caccini. Questa condizione viene posta dal maestro romano allorchè concede alcuni suoi allievi di canto per la serata inaugurale. La circostanza, come vedremo, genera uno dei primi casi di pirateria musicale.

Il dramma rinucciniano, che descrive le fasi della storia di Orfeo e della sua infelice sposa Euridice, attinge a uno dei miti più cari all'Umanesimo fiorentino: il cantore di Tracia, l'uomo che aveva saputo piegare anche le divinità infernali alla dolcezza del suo canto, rappresenta l'essenza stessa della musica.

Due gli scenari immaginati dal poeta per la sua storia: "selve vaghissime" per la descrizione degli amori di Orfeo ed Euridice, un "inferno di orridi massi e di livide erbe" per configurare il mondo dei morti.

Il successo arriso all'*Euridice* consente a Rinuccini di far parte del seguito di Maria de' Medici che raggiunge lo sposo in Francia. Successivamente Rinuccini è assunto dalla corte di Mantova ove partecipa alle nozze di Francesco Gonzaga con Margherita di Savoia, scrivendo *Arianna* e *Il ballo delle ingrate*, (1608) ambedue musicate da Monteverdi. La fase cortigiana passata al servizio di Ferdinando Gonzaga, duca dal 1612, viene riscattata da una vera conversione che vede Rinuccini consumare i suoi ultimi anni componendo rime religiose.

Scrivendo nella prefazione alla sua *Dafne* "il vero diletto cresce dall'intelligenza delle parole", Rinuccini mostra di possedere una lucida visione dei nuovi orizzonti espressivi aperti dalla inedita sintesi artistica.

Accanto al poeta Rinuccini ben figura Jacopo Peri, l'altro vero artefice della riforma del cenacolo fiorentino. Nato nel 1561 a Firenze, cantore e organista, diviene dal 1589 il musicista prediletto di casa Medici. In questo anno si esibisce come cantore negli intermedi de *La Pellegrina*, nel quinto numero, da lui musicato. Quando si giunge, nel febbraio del 1600 alla rappresentazione di *Euridice*, Peri si trova circondato dal fiore della musica fiorentina: tra i cantori figurano il nobile aretino Francesco Rasi, "prestato" per l'occasione dal duca Vincenzo Gonzaga, e il cantante pontificio Melchiorre Palandrotti.

Nella prefazione della edizione a stampa, edita da Marescotti nel febbraio del 1601, lo stesso Peri precisa la portata dei contributi di Caccini, "il cui sommo valore è noto al mondo".

Alla ricerca di uno stile musicale che potesse accostarsi il più possibile al modello della musica greco-antica vagheggiato nelle sedute della Camerata del Bardi, Peri "inventa" un tipo di canto capace di "imitare chi parla". Si tratta del **recitar cantando** la cui sostanza è equidistante "tra i movimenti del canto sospesi e lenti e quegli della favella, spediti e veloci".

La rievocazione della musica adottata dagli antichi tragediografi greci produce l'insperato risultato di far affacciare il compositore fiorentino su un ambito del tutto inesplorato. Amareggiato per la polemica con Caccini, che pretende di essere stato l'inventore di questo nuovo genere musicale, Peri si ritira dal dibattito artistico. Dopo aver consegnato alla storia l'opera in musica, nel 1604, alla morte del suo protettore, Jacopo Corsi, Peri si trasferisce in campagna, ove muore nel 1633.

La musica di Peri per l'*Euridice* è, in sostanza, un continuo recitare su intonazioni musicali: lo stile è essenziale, malinconicamente gentile, governato da una sensibilità tutta ragionata, ma non priva di seduzioni emotive. Regna tuttavia un piacere intellettuale assoluto, istruito dalla ricerca di un ordine regolare: è il retaggio della eleganza razionale dell'Umanesimo figurativo toscano, espresso, in altri ambiti, dall'euritmia di Brunelleschi e di Botticelli. Sono queste caratteristiche a fare dell'invocazione di Orfeo "Funeste spiagge, orridi campi", (scena IV) uno dei primi monumenti sonori del melodramma.

2.2. Giulio Caccini e le due *Euridice*.

Giulio Caccini, detto Giulio Romano, nato a Tivoli nel 1550, si presenta alla corte dei Medici soltanto nel 1565, dopo un periodo di apprendistato trascorso a Roma, nel coro della cappella Giulia. A Firenze rimane per oltre 40 anni. Come arpista e compositore prende parte agli intermedi del 1589. Nel 1592 è segretario, a Roma, del conte Bardi, per poi seguire (1604) Maria de' Medici a Parigi. Nella rivendicazione della priorità della scoperta del "recitar cantando", acerbamente contesa al collega Peri, Caccini vanta quattro madrigali composti prima del 1592 e fatti ascoltare in quell'anno a Roma, nel circolo di Nero Neri: le monodie sono accolte con "amorevole applauso", accompagnato dalle esortazioni a continuare "l'incominciata impresa". Il più maturo frutto delle sue acquisizioni nel campo della melodia solistica Caccini lo coglie, sopite le polemiche anti-Peri, soltanto nel 1602, allorché pubblica *Le Nuove Musiche*, primo esemplare di cantate da camera. Spaziando ormai in un campo congeniale, Giulio Romano mette a profitto le sue eccezionali qualità di cantore e di maestro di canto, lavorando intorno a una raccolta che è un vero e proprio trattato di esecuzione vocale: parlando di "crescere e scemare della voce, esclamazioni, trilli e gruppi", spaziando sulla "voce piena e naturale per sfuggire le voci finte..." Caccini mostra che il fine del perfetto cantore è quello di muovere gli animi degli ascoltatori al coinvolgimento emotivo. Il canto libero, "non sottoposto alla misura ordinaria" è il mezzo con cui il raffinato vocalista sa avvincere i suoi uditori: nasce il concetto di "sprezzatura" che vedremo in seguito applicato anche all'esecuzione strumentale. Non era dunque uno sprovveduto colui che, con la prima e la seconda moglie, con le due figlie Francesca e Settimia, con il figlio Pompeo, crea il "Concerto Caccini", una sorta di agenzia vocale che già si esibisce alla corte di Maria de' Medici nel 1604-05.

Va da sè che un così abile avversario non poteva che sconfiggere l'idealista Peri.

I fatti sono noti: Caccini partecipa con alcune arie all'allestimento della *Euridice* di Peri, salvo poi a ritirare i suoi pezzi dalla redazione definitiva e a pubblicarli in una nuova versione, completamente a suo nome (edizione Marescotti, 1600, prima rappresentazione 1602). La gara per l'acquisizione del primato sulla strada delllo **stile rappresentativo** viene combattuta senza esclusione di colpi. Nei confronti del canto di Peri, nobile, imperturbato, la melodia vocale di Caccini sottolinea forse maggiormente il sapore delle parole evocate, destandone sentimenti e intime risonanze: la *sprezzatura* poi, quello che oggi, con termine moderno definiremmo *rubato*, aggiunge leggiadria ed allettamenti, toccando anche la corda della seduzione.

Nella sagace rivendicazione con cui attribuisce a sé il merito di aver inventato il canto moderno, il musicista romano mostra il maggior grado di lucidità riscontrabile tra i fautori dell'opera in musica. Nella prefazione alla edizione di *Euridice,* nobilmente dedicata al conte Bardi, Caccini allontana da sé ogni tentazione archeologica. Riconoscendo, infatti come il gentiluomo di Vernio e i suoi amici "nobili virtuosi" avessero perseguito l'obiettivo di rievocare l'antica musica dei Greci, l'abile, spregiudicato compositore dichiara di aver percorso tutt'altre strade, pragmatiche al massimo grado, efficacissime nel conseguimento dei risultati. Ed è forse con l'orgoglio dell'uomo non colto, ma geniale che scrive:

> ".... riportando io, per ora, questa sola soddisfazione di esser stato il primo a dare alle stampe simile sorta di canti e lo stile e la musica di essi. La quale si vide per tutte l'altre mie musiche che sono fuori in penna, composte da me più di quindici anni or sono in tempi diversi, non avendo mai usato nelle mie musiche altra arte che la imitazione dei sentimenti delle parole toccando quelle corde più o meno affettuose le quali ho giudicato più convenirsi per quella grazia che si ricerca per ben cantare."

3. *La diffusione dell'opera a Roma.*

3.1. La mediazione di Enrico de' Cavalieri.

Il romano Emilio de' Cavalieri (1550-1602) esponente di una nobile famiglia, esercita l'attività di musicista per pura passione, non già per mestiere. Dalla città dei papi segue Ferdinando de' Medici allorché questi consegue il titolo di Granduca fiorentino. Nella capitale toscana, nominato sovrintendente di tutta la musica, collabora con Bardi alla stesura degli intermedi per *La Pellegrina* (1589). Nei frequenti rientri a Roma, Cavalieri si accosta alla chiesa di santa Maria della Vallicella: in tale ambiente fa conoscere con la sua *Rappresentazione di anima e di corpo* (1600), le acquisizioni dello stile recitativo inaugurato dai fiorentini. Il perfetto allineamento di Cavalieri con le novità espressive di Peri e di Caccini, la sostanziale concomitanza degli allestimenti della *Rappresentazione* con l'*Euridice*, fa capire come il maestro romano sia già in avanzato stato di riflessione sul nuovo stile vocale della monodia accompagnata.

La *Rappresentazione,* benché attestata sul repertorio sacro, introduce di fatto, a Roma, l'opera in musica.

Il testo della *Rappresentazione* è di padre Agostino Manni, già autore di una lauda filippina *Anima e corpo* (1577) integralmente ripresa nella quarta scena della prima parte. Dal 1578 all'84 Cavalieri aveva partecipato alle attività devozionali e musicali del Crocefisso in san Marcello, a Roma: qui aveva conosciuto padre Manni, nella Congregazione sin dal 1577. Sono queste le coordinate entro cui inserire la *Rappresentazione*, scritta per "muovere devozione", in sintonia con le esigenze di rinnovamento spirituale espresse dalla Controriforma. Il disprezzo della vanità del mondo (*contemptus mundi*) e la disposizione a una felice contemplazione della morte (*ars moriendi*) si coniugano con il tema del *Miles christianus* che si conquista la salvezza eterna lottando contro il demonio. Sono i reperti di una tradizione umanistica che intende spiegare la religione e la morale razionalmente, ricorrendo alle risorse dell'intelligenza. Su tutto ciò, poi, stende la sua mano sintetizzatrice, il movimento oratoriale di san Filippo Neri che trova in Cavalieri uno dei più efficaci paladini musicali.

Secondo la prassi rinascimentale, la *Rappresentazione* si apre con un dialogo tra i personaggi Avveduto e Prudenzio, che si propongono di dimostrare la esattezza delle loro valutazioni sulla vanità del mondo. Anima e Corpo, i protagonisti, si dibattono tra Piacere, Mondo, Vita Mondana: veglia su tutti l'Angelo custode, mentre sullo sfondo agiscono Intelletto, Consiglio, anime beate e anime dannate. Lo stile di Cavalieri, vigile e, in certi frangenti, aristocratico, si accompagna all'esigenza tutta filippina di rendere chiara ed esemplare la storia narrata.

Domina la semplicità che smussa ogni eventuale intellettualismo di matrice fiorentina, rendendo il testo musicale di una assoluta linearità.

Sulla scia del vertice spettacolare e linguistico costituito dalla *Rappresentazione* si muovono i primi autori romani dello stile recitativo. La prima opera su soggetto profano rappresentata a Roma è *La morte di Orfeo* (1619) di **Stefano Landi**, autore della musica come del libretto. Nato nella città tiberina nel 1590, attivo presso i Borghese dal 1620, Landi diviene quattro anni dopo maestro di cappella in santa Maria dei Monti, per poi accedere nel 1629, come cantore, nella Cappella Giulia.

Tutta l'attività di Landi è esercitata sotto il pontificato di Urbano VIII, il fiorentino papa Barberini che rinverdisce le tradizioni musicali e poetiche già coltivate, un secolo prima, da Leone X.

3.2. Dal sacro al profano.

Nella tragicommedia pastorale di Landi, Orfeo non è più il semidio che incanta le belve e gli dei infernali, secondo quanto narra la simbologia poetica del Poliziano. Viceversa, con singolare processo di demitizzazione, Orfeo viene colto nella semplicità terrena, perfettamente sereno dopo la definitiva perdita della sposa Euridice. Tanto consolato da organizzare una festa per il suo compleanno. Il mancato invito di Bacco e il conseguente furore del dio, saranno la rovina del cantore di Tracia che viene sbranato dalle Menadi. Sospinto nell'Averno, Orfeo incontra Euridice che, immersa nell'oblio eterno, non lo riconosce come suo sposo. Solo la bontà di Zeus consente al cantore di essere assunto in Cielo.

Il mito rinascimentale cede le armi alla fantasia barocca: non più essenzialità di stilemi poetici ed intellettuali, quindi, ma ricorso a presenze sceniche movimentate, a effetti spettacolari che catturano l'attenzione dello spettatore.

Reintegrando l'essenza religiosa e sacrale delle origini, Landi consegna alla storia del teatro romano un dramma in tre atti, il *Sant'Alessio*, rappresentato nel 1632 nel teatro di palazzo Barberini. Il libretto è opera di Giulio Rospigliosi, il futuro papa Clemente IX, allora semplice cortigiano di papa Urbano. Il tema, molto popolare, era già stato trattato musicalmente nel Medio Evo con il *Ritmo di sant'Alessio:* Alessio, nobile romano, vive segregato in casa, negandosi alle gioie della sua stessa famiglia per essere libero "dal carcere del mondo". La morte lo coglie in dimensione di santità. Le caratteristiche del *Sant'Alessio* di Landi influiscono sul successivo teatro romano: soggetto pseudo-storico, introduzione di parti comiche, affidate a personaggi di estrazione popolare, netta distinsione fra aria e recitativo, ricchezza dell'apparato scenografico. E' proprio sulla eccezionale efficacia della componente spettacolare che sono basate le testimonianze dell'epoca.

Due personaggi del *Sant'Alessio*, Marzio e Curzio, semplici popolani, introducono l'elemento comico e buffonesco, in ossequio al principio *prodesse delectando* = insegnare divertendo. Marzio, addirittura, si trova a dialogare col il diavolo, dapprima travestito da mendicante, poi trasformato in orso. L'intervento del sovrannaturale è ben accentuato dall'allestimento scenografico, come ricorda l'uomo di teatro Giacinto Gigli:

> "la musica [...] fu eseguita da musici eccellentissimi con scene meravigliose le quali si mostrarono più volte, comparendo giardini, palazzi, selve, Inferno, Angeli che parlavando volavano per aria; e finalmente una gran nuvola calata a basso che, aprendosi, mostrò la gloria del Paradiso...".

Con la *Catena di Adone*, favola boschereccia desunta dal poema *Adone* di G.B. Marino, il teatro romano si addentra sempre più in quella fase di macchinosità scenografiche e di intrecci suggestivi che vedono le trame caricarsi di complicazioni, di cambiamenti di scena, di irruzioni di personaggi mitologici e fantastici. Autore della musica è **Domenico Mazzocchi** (1592-1665) che la fa eseguire, nel 1626, nella dimora del duca Evandro Poli. A prescindere dalla grotte incantate, dall'antro dei Ciclopi, dalle foreste battute dal pianto di Adone, i cui amori vengono descritti in venti canti dal cavalier Marino (1623), preme rilevare la qualità innovativa della musica di Mazzocchi. Onde alleviare il "tedio dei recitativi", retaggio del recitar-cantando dei fiorentini, Mazzocchi divide nettamente le parti narrative (endecasillabi sciolti) da quelle più propriamente liriche (strofe chiuse di settenari ed ottonari). Appare per la prima volta nella storia dell'evoluzione del melodramma il termine **aria**: con questa parola viene designato uno spazio rappresentativo che di lì a poco diventa la componente essenziale del melodramma.

3.3. I teatri romani: aristocrazia e borghesia.

Ancora nel teatro dei Barberini viene eseguita, nel 1633, *Erminia sul Giordano*, libretto del Rospigliosi, musica di **Michelangelo Rossi**. La serie di episodi tratti dalla *Gerusalemme liberata* di Tasso fa da sfondo allo spiegamento di suggestivi apparati scenografici messi in opera da "piacevoli ingegni delle macchine".

Sempre a Giulio Rospigliosi si deve la stesura letteraria della prima opera comica *Chi soffre speri,* musicata nel 1639 da **Vigilio Mazzocchi**, fratello del precedente, e da **Marco Marazzoli**. Il soggetto trattato dall'abile prelato romano viene attinto dal teatro di Calderon de la Barca. La commedia si svolge tra persone della vita di tutti i giorni: il possidente Egisto vuol sposare la vedova Alvida che richiede da lui molte prove d'amore. Nei tre atti, seguiti da altrettanti intermezzi, agiscono anche altri personaggi di basso profilo sociale, quali il servo Zanni (che canta in bergamasco) e il napoletano Coviello (impersonato, sembra, nella serata inaugurale, dal pittore Salvator Rosa). Saporita è la descrizione della Fiera di Farfa ove si agitano venditori, mercanti, cavalieri e dame. Estintasi la fase di azzeramento delle attività artistiche imposta dal pontefice Innocenzo X (1644-55), dopo la breve parabola di Clemente IX (1667-69) più che ben disposto nei confronti della musica, la vita teatrale romana riceve nuovi impulsi dalla presenza in città di **Cristina di Svezia**, la regina abdicatrice.

Sin dal 1655 la monarca del nord incrementa concerti e spettacoli nella sua residenza (palazzo Rospigliosi). La collaborazione tra Cristina e il conestabile Lorenzo Colonna porta all'apertura del teatro di Tor di Nona, edificato dall'architetto Carlo Fontana (1671). Caratteristica peculiare del nuovo ambiente per spettacolo è l'ingresso a pagamento, aperto a chiunque. Già inaugurato nel teatro san Cassiano di Venezia (1636), il nuovo rapporto tra spettatore-pagante e artisti ribalta completamente il patronato sinora esercitato dai nobili sulla musica e sul teatro.

Per reazione, nel 1692 gli aristocratici romani si dotano di un teatro loro esclusivamente riservato (Capranica).

4. *Claudio Monteverdi e il trionfo dell'opera in musica.*

Caratteristiche del tutto peculiari rivestono la figura e l'opera di Claudio Monteverdi, il musicista che più di ogni altro sa attraversare le fasi di transizione dalla polifonia alla monodia accompagnata. Nella produzione di Monteverdi, infatti, coesistono sia elementi del passato, come il culto del madrigale, sia i tratti dei tempi nuovi, ovvero il perfezionamento dell' opera in musica. Le istanze di attenta sperimentazione che interessano lo sviluppo della particolare tecnica madrigalistica adottata da Monteverdi fungono da stimolo per quanto di innovativo si verifica nella condotta operistica.

4.1. La vita.

Nato a Cremona nel 1567, allievo dell'insigne polifonista Ingegneri, Monteverdi pubblica, appena quindicenne, la sua prima raccolta di musica religiosa, le *Sacrae cantiunculae* (1582). Sono rispettivamente del 1587 e del 1590 le edizioni del Primo e del Secondo libro di madrigali. Nel 1591 il giovane maestro viene ingaggiato nella corte mantovana di Vincenzo I, quale suonatore di viola da braccio. Qui matura il Terzo libro di madrigali (Amadino, Venezia, 1592). La presenza di testi di Guarini e di Tasso lascia scorgere il perfetto allineamento del cremonese con le regole gentilizie che regnano nella corte mantovana. Tra il '95 e il '99 Monteverdi accompagna il suo signore in campagne militari nelle Fiandre e in Ungheria. Al ritorno (1600) assiste, con ogni probabilità, alla rappresentazione fiorentina di *Euridice* di Peri. I resoconti del cantore gonzaghesco Francesco Rasi, imprestato dalla corte mantovana a quella fiorentina, rendono edotto Monteverdi di ogni piega costruttiva della nuova tecnica di scrittura adottata da Peri e da Caccini.

Nominato nel 1601 maestro di cappella di Vincenzo Gonzaga, il cremonese lo serve, con alterne vicende di fortuna e di favore, sino alla sua morte (1612). Nascono in questo discontinuo sodalizio, sovente insidiato dalle rivendicazioni di libertà espresse dal musicista, il Quarto (1603) e il Quinto (1605) libro di madrigali, la favola pastorale *Orfeo* (1607), la tragedia *Arianna* e il *Ballo delle ingrate* (ambedue 1608).

La repentina morte del duca Francesco, il protettore del musicista, costringe Monteverdi ad accettare l'incarico di maestro di cappella conferitogli dalla basilica di san Marco in Venezia. I rapporti con la dinastia mantovana (dapprima Ferdinando, spentosi nel 1626, poi Vincenzo II) rimangono vivi, grazie anche al versamento di una pensione, sino al 1628, anno di insediamento di Carlo di Nevers.

Nel frattempo, a Venezia il musicista, ormai libero di dare sfogo alla sua fantasia, maturo per ogni forma di esperimento, dopo aver dato alle stampe il Sesto (1614) e il Settimo libro di madrigali (1619), tocca, con l'ottava raccolta madrigalistica, i celebri *Madrigali guerrieri et amorosi* (1638) il vertice della drammatizzazione sonora di testi poetici.

Al teatro veneziano Monteverdi consegna la "tragedia in lieto fine" *Il ritorno di Ulisse in patria* (1641) e l'opera "regia" *La coronazione di Poppea* (1643).

La ricca tradizione della basilica marciana è arricchita da altri contributi monteverdiani: sono rispettivamente del 1610 e del 1640 i cosidetti *Vespri della Beata Vergine* e la *Selva morale e spirituale.* La morte, avvenuta nel 1643, trova Monteverdi al culmine di una fama di consolidata estensione europea.

4.2. Le innovazioni nel madrigale.

Nel ripercorrere le tappe della produzione madrigalistica che, come abbiamo visto, è il centro di tutta l'esperienza compositiva monteverdiana, va posto immediatamente in risalto il valore del Terzo libro (1592). La raccolta segna l'innesco di una delle più feroci polemiche teoriche del seicento. **Giovanni Maria Artusi** (1540-1613) attacca il cremonese in un suo dialogo *L'Artusi, ovve-*

ro delle imperfezioni della moderna musica, (Venezia, 1600) ponendo in assoluto discredito tutte le novità armoniche adottate da Monteverdi.

> "[...] (i madrigali di Monteverdi) [...] sono aspri et all'udito poco piacevoli, né possono essere altrimenti, perché trasgrediscono le buone regole, parte fondate nella esperienza madre di tutte le cose, parte speculate dalla natura, et parte dalla demonstrazione demonstrate".

Monteverdi non replica ai feroci attacchi, ribaditi dall'Artusi anche in un secondo dialogo.

Risposta pratica è invece fornita dal Quinto libro di madrigali (1605), testo in cui, alle cinque voci tradizionali viene aggiunto un "chitarrone o altro simile istromento" quale esplicito basso continuo. Con questo accorgimento sonoro, Monteverdi spiazza il suo avversario sulla prassi esecutiva, delegittimandone ogni critica di natura teorica.

Non solo. L'autore, infatti, appone alla edizione a stampa una sua "Lettera agli studiosi lettori" nella quale dichiara la sua fedeltà alla "**Seconda pratica**, ovvero perfezione della moderna musica". Secondo Monteverdi, che si muove a stellare distanza da qualunque piano di polemica teoretica, forte soltanto del suo infallibile gusto di musicista: la nuova prassi compositiva deve prendere atto della mutata realtà sonora seguita all'irruzione del teatro musicale. Pertanto il rapporto con ogni testo, anche con quel repertorio Petrarca-Tasso-Guarini, così caro ai madrigalisti, deve allinearsi con le inaudite tensioni acustico-timbriche succedute all'avvento della monodia accompagnata dagli strumenti. L'intervento sulla scrittura poetica, spogliato dei più collaudati effetti madrigalistici, cerca una inedita verità espressiva che può essere raggiunta solo superando i limiti della tecnica compositiva del passato, così cara all'Artusi. In particolare, è proprio l'armonia, scossa alle sue basi dalle consonanze degli strumenti, a subire i più marcati mutamenti.

Rivendicando la priorità dell'esperienza diretta su qualunque postulato o preconcetto teorico, Monteverdi applica un nuovo principio compositivo:

> "l'oratione sia padrona dell'armonia e non serva".
> (Prefazione agli *Scherzi musicali*, 1607).

Questo significa il più completo ribaltamento delle tradizionali posizioni dei musicisti di fronte al testo poetico: i polifonisti avevano smembrato versi e strofe alla ricerca di una illuminante verità musicale (*prima pratica*): i nuovi autori, e Monteverdi per primo, piegano le personali risorse sonore alla perfetta drammatizzazione del testo poetico, rispettandone il valore e l'integrità, ricercandone ed amplificandone i significati narrativi in una perfetta identità dei valori letterari e sonori (*seconda pratica*).

Tra i madrigali del Terzo libro, così sfavorevolmente commentato dall'Artusi, vanno ricordati i testi tratti dalla *Gerusalemme liberata,* in particolare *Vattene pur crudele* (Lamento di Armida) e *Vivrò fra i tormenti* (il pianto di Tancredi sulle spoglie di Clorinda). Anche una pagina di minori dimensioni, quale il *Rimanti in pace,* su testo di Livio Celiano si presta a quegli effetti drammatici che conferiscono sembianze di sconcertante e coinvolgente modernità tanto cara ai pronunciamenti estetici monteverdiani.

Due fattori storici precedono la collocazione del Quarto libro di madrigali (Venezia, 1603): la morte di Lasso (1594), di Palestrina (1595) e Marenzio (1599) da una parte, l'avvento dell'opera fiorentina dall'altra. Estintasi l'autorità degli ultimi patriarchi del madrigale, affermatosi il nuovo genere compositivo a cui Monteverdi certamente già tendeva, è aperta la strada a una riflessione sul testo poetico che può svincolarsi da qualunque modello: il madrigale sui versi di Rinuccini, *Sfogava con le stelle*, è addirittura sottoposto a una libera recitazione melodica e ritmica.

4.3. Orfeo.

Avvicinandoci, ora, alla fatidica data del 1607, anno di **Orfeo**, è utile ricordare come Vincenzo Gonzaga (1562-1612) avesse sposato , nel 1584, Leonora de' Medici. Il principe mantovano gareggia con i suoceri fiorentini nel fasto delle produzioni, tanto da destinare alla musica, nel suo palazzo ducale, il cosidetto "Salone degli specchi".

Dopo aver assistito all'*Euridice* fiorentina, la commissione di un *Orfeo* a Monteverdi suona come una palese risposta emulatrice.

La storia di Orfeo, cantore e poeta di Tracia, figlio di Eagro e della musa Calliope (tutelatrice dell'epica) a Mantova è praticamente di casa. Non solo perché il grande mantovano Virgilio ne aveva parlato nel suo quarto libro delle *Georgiche.* In tempi assai più recenti Angelo Poliziano, nel suo breve esilio nella città del Mincio aveva composto *La favola di Orfeo*, rappresentata nella corte gonzaghesca nel 1480. Il mito della musica come potenza capace di influenzare le forze più brute della natura, sinanche la morte, ben rappresenta la fiducia che l'Umanesimo nutriva nella capacità normativa e purificatrice dell'arte. Queste erano le idee che avevano fatto da sfondo all'*Euridice* di Peri e Caccini. Anche il pensiero cristiano si era del resto impadronito della favola orfeica: il mito del cantore di Tracia esprime la efficacia tremenda e fascinatrice della musica, e quindi anche la sua sacralità. Ammansire gli animi con i suoni vuol dire esercitare la virtù della "moderazione" e della temperanza, attitudini morali con cui lo spirito domina il corpo.

Il 24 febbraio del 1607, dopo un allestimento privato nell'Accademia "degli invaghiti", ha luogo a Mantova, negli appartamenti di "Madama Serenissima di Ferrara" la prima rappresentazione di *Orfeo.*

Quasi nulla si sa delle fasi che precedono la formulazione dell'opera: è accertato che vi canta Giovanni Gualberto Magli, un allievo dell'onnipresente Caccini, appositamente "imprestato" dai Medici. La favola, il cui libretto è firmato da Alessandro Striggio junior (figlio del madrigalista, diplomatico gonzaghesco) consta di un prologo e cinque atti: dedicata a Francesco Gonzaga, è pubblicata nel 1609 a Venezia (Amadino). Nella stesura monteverdiana il modo fiorentino del *recitar cantando* si trasforma nel **parlar cantando**: l'espressione è dello stesso Monteverdi, che la cita in una lettera del 1616, indirizzata a Striggio:

> "Ci vorrebbe anco una sol mano che tendesse al parlar cantando"

Di rilievo è l'organico orchestrale, ricco, appositamente indicato con meticolosità. È indizio della nuova mentalità acustico-sonora che va incontro alla monodia vocale: due clavicembali, due viole contrabbasso, dieci viole da braccio, arpa doppia, due violini piccoli "alla francese", due chitarroni, due organi, tre bassi da gamba, cinque tromboni, regale, due cornetti, flautino, clarino (tromba naturale), tre trombe.

4.4. Un' opera perduta: *Arianna.*

La notorietà acquisita da Monteverdi con *Orfeo* non solleva il musicista dai suoi obblighi cortigiani. Colpito dal dolore per la morte della giovane moglie, il musicista è egualmente convocato dal duca Vincenzo per approntare una nuova opera per le nozze del figlio Francesco con Margherita di Savoia. Durante i preparativi, iniziati già nell'ottobre del '67, muore anche la giovanissima cantante Caterina Martinelli (la Romanina), una ragazza che Monteverdi ama come una figlia. Rapida la sostituzione che vede convocata a corte Virginia Ramponi (la Florinda): cantante eccellente, oltre che donna affascinante, tanto che Marino le dedica, nel suo *Adone* (VII,88) una buona quantità di versi che si riferiscono proprio al suo ruolo di *Arianna.* La nuova creazione del cremonese si annunciava già come un grande evento, in grado di richiamare in palazzo ducale "tanti illustri invitati": fu necessario l'intervento dello stesso Vincenzo per disciplinare l'accesso di quanti erano ansiosi di ascoltare le nuove pagine monteverdiane. A rappresentazione avvenuta (il 28 maggio del 1608 avevano cantato, oltre la Florinda, anche Francesco Rasi, Antonio Brandi, Settimia Caccini e Sante Orlandi, questi ultimi tre "concessi" dalla bottega del Caccini) le cronache cortigiane si profondono in elogi. Si parla di "opera per sè molto bella" per gli apparati scenici e per la musica di Monteverdi, "uomo di quel valore che il mondo sa e che in quella azione fece prova di superare se stesso...".

Di tutta la tragedia sopravvive oggi, oltre il libretto di Rinuccini, solo il celebre *Lamento di Arianna*, (VI scena), uno dei pezzi più amati dell'estetismo barocco.

Il *Lamento* diviene pagina tanto famosa da essere in breve tempo cantato in tutta Italia, dando luogo anche ad imitazioni: Bonini, Pari, Costa, Verso, Rascarini. Lo stesso Monteverdi, per esaudire la richiesta di un gentiluomo veneziano, scrive una versione polifonica del *Lamento*, un madrigale a cinque voci, edito nel VI libro (Venezia, 1614). L'autore, nel 1640, torna , ancora una volta, a questo testo prediletto, approntandone un travestimento spirituale, *Il pianto della Madonna, sopra il Lamento d'Arianna (Selva morale e spirituale).*

Sottolineato da una pubblicistica barocca entusiastica, il *Lamento* ha trovato alle soglie del nostro secolo un estatico rievocatore in Gabriele D'Annunzio, che ne ha fatto il motivo forse più emozionante del suo romanzo *Il fuoco* (1900).

4.5. A Venezia.

Il passaggio di Monteverdi a Venezia é preceduto dalla pubblicazione di una delle più formidabili partiture del repertorio sacro latino, vera pietra angolare per un moderno rapporto tra la musica e la liturgia. Si tratta di una Messa a sei voci dedicata alla Vergine Santissima, accompagnata da *Ecclesiarum choros* e da *Vespere pluribus* (Amadino, Venezia, 1610). Noi moderni la conosciamo complessivamente sotto la dizione di *Vespro della Beata Vergine*. Si tratta di una lussureggiante e sontuosa raccolta di musiche da celebrazione liturgica dedicata a papa Paolo V.

Nel frattempo continua a brillare la stella madrigalistica. Dopo il Quinto libro (1605), ove il cremonese introduce esplicitamente, negli ultimi sei brani, il basso continuo strumentale, è del 1614 il Sesto libro, una raccolta a cui l'autore lavora già dal 1610. Qui clavicembalo e altri strumenti sostengono le cinque voci in una integrazione timbrico-sonora palesemente ispirata agli impasti fonici teatrali. Appartengono al Sesto libro, oltre il citato rifacimento del *Lamento d'Arianna* la celebre *Sestina. Lagrime d'amante al sepolcro dell'amata*, (testo di Scipione Agnelli). Nel 1619 appare il Settimo libro, a 1,2,3,4 e 6 voci, con strumenti. Evitando appositamente l'organico a cinque voci, prediletto dai grandi autori del passato,

Monteverdi accentua la fase sperimentale che conduce all'esplosione sonora della successiva raccolta.

E' nell'Ottavo libro, del 1638, che il maestro cremonese sembra voler raccogliere il massimo delle possibilità vocali che vanno dalla monodia accompagnata alla più complessa polifonia: 1,2,3,4,5,6, e 7 voci. Molto interessante, per la maturata coscienza critica del suo autore, il titolo del libro: *Madrigali guerrieri et amorosi con alcuni opuscoli in genere rappresentativo, che saranno per brevi Episodii fra i canti senza gesto.*

La cognizione di essere il primo a solcare in maniera autorevole certe strade della musica rende Monteverdi modesto, ma non per questo meno consapevole del valore delle sue scoperte. E' maturo ormai lo slancio verso la grande e più complessa produzione teatrale. Per giunta, la seconda fase della stagione creativa di Monteverdi si inserisce nel processo di apertura dei teatri veneziani a pagamento.

Nella Repubblica Serenissima, città di mercati e di traffici commerciali, si inaugura nel 1637 il san Cassiano, primo dei teatri ove il pubblico può accedere dietro pagamento del biglietto. L'evento segna il definitivo accostamento della borghesia mercantile ed imprenditoriale a quello che sarà per tre secoli il suo spettacolo prediletto, l'opera in musica, il melodramma. Nel 1639 sono ben due i teatri a pagamento: il ss. Giovanni e Paolo e il san Moisé (quest'ultimo proprio con una ripresa di *Arianna*). Nel 1641 apre i battenti il teatro dei santi Apostoli, mentre nel '51 si inaugura il s. Apollinare: dieci anni dopo è la volta del san Salvatore, e con questo Venezia diventa certamente la città più "teatrale" d'Italia.

A questo nuovo, fiorente mercato musicale Monteverdi fornisce nel 1641 il suo *Ritorno di Ulisse in patria,* tragedia "di lieto fine", prologo e tre atti di Giacomo Badoero (teatro san Cassiano).

Cominciano ad emergere, nella partitura, le future strutture del melodramma: declamazione libera, vocalità affettuosa, arie estese ed elaborate nelle quali i personaggi esprimono i loro sentimenti, elementi rappresentativi entro cui i cantanti si scavano nicchie espressive atte a far riconoscere in maniera immediata i rispettivi stati d'animo.

Con la successiva opera *La coronazione di Poppea,* "opera regia", prologo e tre atti, (teatro ss. Giovanni e Paolo,1643), Monteverdi si vale della collaborazione di un personaggio emergente, l'avvocato e poeta Gianfrancesco Busenello (1598-1659).

La Coronazione, si proietta sulla scena, già ricca di titoli, con caratteri del tutto opposti a quelli vigenti. Mentre gli scenari veneziani sono già improntati a macchinose trovate ed allegorie esteriori, Monteverdi getta nella mischia un'opera che é un dramma di concetti e di idee. Il quadro storico desunto dalla Roma imperiale, il realismo psicologico dei personaggi, condizionano una narrazione che è una meditazione amara e disincantata sulle forze che muovono il mondo. Il rapporto sotteso tra utilità e moralità, tra la morale stessa e la politica, apre uno squarcio profondo su quella complessa interiorità di Monteverdi che ne fa un uomo ancorato a saldissimi principi etici. Il linguaggio di tipo curiale adottato dal Busenello, uomo di legge che attinge a Virgilio e Orazio, traendo esplicitamente il soggetto della vicenda da Tacito, non può che caricarsi progressivamente di valori sempre più drammatici. Se Poppea viene così a rappresentare la vitalità amorale, e Ottavia il sentimento offeso e calpestato, è Seneca ad incarnare su di sé il peso della severa etica stoica, un'esplicito richiamo all'antimachiavellismo politico. Nasce così una delle prime opere in musica in cui il sentimento si anima di valori attuali: facile per chiunque notare come la Roma antica potesse essere anche la Venezia dell'epoca. Sotto l'aspetto musicale, Monteverdi scolpisce precise strutture sceniche nelle quali l'aria e il recitativo sono portati alle massime conseguenze: le architetture espressive, anzi, tendono già alla "scena", con abbondanza di particolari secondari, quali i ritornelli, introdotti spesso come esaltante gioco vocale. E con questa opera così anticipatrice di certi climi che saranno propri del Verdi "maestro di vita", Monteverdi chiude la sua parabola terrena, aggiudicandosi il posto di primo musicista dell'età moderna.

5. *L'affermazione dell'opera veneziana.*

5.1. Francesco Cavalli.

Tra i musicisti che affidano le proprie fortune ai teatri veneziani va ricordato Pier Francesco Caletti Bruni, detto il Cavalli. Nato nel 1602 a Crema, educato quale fanciullo cantore dal padre, maestro di cappella della Cattedrale, suscita l'interesse del podestà, il nobile veneziano Cavalli. Costui lo accoglie nella sua famiglia, gli impone il proprio nome e lo conduce a Venezia, ove viene assunto, quale tenorista, nella basilica marciana (1616). Legato alla cappella veneziana come secondo organista (un posto assai più remunerativo di quello di primo organista) nel 1668 succede a Rovetta nell'incarico di maestro di cappella. Gli insegnamenti e la collaborazione con Monteverdi caratterizzano Cavalli quale ideale successore del grande cremonese.

Dopo il debutto sulle scene operistiche con *Le nozze di Teti e di Peleo* (1639, san Cassiano), Cavalli sforna un'opera all'anno, identificando la sua produzione con l'affermazione del teatro di stampo veneziano. Solo nel 1662 Cavalli lascia la città lagunare per accettare l'invito del cardinal Mazarino che lo vuole a Parigi per rinforzare il "partito musicale italiano", paradossalmente osteggiato da un illustre fiorentino "emigrato", Lulli. L'*Ercole amante,* rappresentato a Parigi nel 1662, in occasione delle nozze di Luigi XIV non incontra il favore sperato.

Ma già Cavalli si era guadagnato una posizione di alto prestigio con opere quali *Didone* (libretto Busenello, 1640, san Cassiano), *Giasone* (libretto Cicognini, 1649, san Cassiano), *La Calisto* (libretto Faustini,1651, san Giovanni e Paolo), *Xerse* (1654).

Di argomento storico le ultime produzioni: *Scipione Africano* (1664), *Muzio Scevola* (1665), *Pompeo Magno* (1666). Sulla linea indicata dall'*Incoronazione di Poppea* di Monteverdi, Cavalli fa passare il suo melodramma dagli argomenti favolistico-pastorali a quelli storici, a favore di un progressivo approfondimento psicologico dei personaggi. Tuttavia l'esigenza di rimanere allineato alle richieste del pubblico veneziano, rende Cavalli flessibile nell'accettazione di un teatro spettacolare e appariscente. Di qui l'accrescimento di fattori estranei alla musica, culminante in scenografie fastose, arricchite di macchinari e di"meraviglie".

Per salvaguardare le prerogative esclusivamente musicali della sua creazione, Cavalli fa vivere, nelle sue opere, la legge dell'immediatezza espressiva, ottenuta con la più spregiudicata libertà di mezzi vocali e con la deroga alle necessità logico-narrative. La legge della speculazione finanziaria legata al libero esercizio dei teatri, non più di impronta aristocratica, ma mercantile, vede il compositore veneziano ossequiente al meccanismo del successo e dell'affermazione. Di qui la necessità per Cavalli di passare dal recitativo-arioso di sapore monteverdiano all'aria vera e propria: i personaggi acquistano allora un'autonomia scenica che allude già ai successivi eccessi belcantistici: i cantanti diventano la componente più importante dello spettacolo d'opera.

5.2. Antonio Cesti, un francescano operista.

Rivale di Cavalli, anche se a Venezia vive solo per tre anni (dal 1648 al '52) è Antonio Cesti. Nato nel 1623 ad Arezzo, frate minore conventuale, maestro di cappella nel Duomo di Volterra dal 1645, conosce nella cittadina toscana il pittore Salvator Rosa. L'intensa corrispondenza epistolare con l'artista napoletano resta tuttora uno dei più cospicui documenti per conoscere la vita del musicista. Una esistenza avventurosa, quella del frate aretino che nel 1648 a Venezia, grazie alla protezione dei Medici, fa rappresentare le sue prime opere. Nel 1652 Cesti viene assunto come maestro di cappella dall'arciduca Ferdinando Carlo di Innsbruck, zio dei Medici. E' del 1655 l'opera *Argia*, rappresentata in occasione del passaggio in Austria di Cristina di Svezia. Nel 1656 vede la luce *Orontea*, uno dei melodrammi più eseguiti nel corso del secolo. Appena tre anni dopo il frate operista entra come cantore sovrannumerario nella cappella pontificia, godendo del favore di papa Alessandro VII Chigi.

Nel 1662 viene congedato da Roma, a seguito di turbolente vicende personali. In seguito Cesti passa a Vienna, quale vice-maestro di cappella imperiale, regnando Leopoldo I. Qui, dal 1666 scrive il *Pomo d'oro*, festa teatrale rappresentata, nel 1668, per le nozze di Leopoldo con Margherita di Spagna. Cinque atti, sessantasette scene, ventitre scenari, quarantotto personaggi rendono l'opera straordinariamente sontuosa: l'emulazione della corte di Versailles aveva spinto la famiglia imperiale austriaca ad investire molto sul fasto esteriore di un melodramma che passa tra i più costosi dell'epoca. Con il *Pomo d'oro*, e con il *Paride* di **Giovanni Andrea Angelini Bontempi**, (1662, prima opera italiana rappresentata in Germania) inizia la trionfale marcia di espansione degli italiani nei paesi di lingua tedesca. Cesti muore nel 1669, forse avvelenato. Vale a ricordarlo una frase di Salvator Rosa: "Il nostro Cesti in Venezia è diventato immortale e stimato il primo che oggi componga in musica".

Cesti, melodista incline alla linea lirica, sensuale e dolente, delicata e affettuosa, non deve tuttavia farci dimenticare la sua figura umana avventurosa e spregiudicata, incline a un'assoluta libertà del proprio talento. In questo senso il musicista aretino è il primo di una lunga serie di artisti libertini che annovera anche Casanova e Da Ponte.

6. *La cantata da camera.*

Tra le musiche più apprezzate di Cesti figurano anche le cantate. Sono circa settanta, attualmente allo stato di manoscritto. La cantata è una composizione a una o due voci, con accompagnamento strumentale.

La cantata è la risposta aristocratica ai contenuti spettacolari dell'opera in musica, diventati ben presto "democratici" e di matrice borghese. Dimora pertanto in ambiente di corte, laico o ecclesiastico, ed è da considerarsi l'erede spirituale e culturale del madrigale. Nella cantata vengono descritte prevalentemente situazioni amorose, sentimenti idilliaci, delicati e raffinati: prevale lo sfondo pastorale. Se tra i precursori vanno annoverati i fiorentini, Caccini, con le *Nuove musiche* (1601) e Peri, con *Le varie musiche* (1609), non va sottovalutato l'apporto di Monteverdi, con i suoi madrigali di carattere rappresentativo. Il termine "cantata" appare per la prima volta nella raccolta di Alessandro Grandi *Cantate et arie a voce sola* (1620).

Nel breve volgere di tempo il nuovo genere cameristico si perfeziona raggiungendo la sua forma-tipo: due o tre arie in lingua italiana, alternate con altrettanti recitativi, intercalate da intemezzi strumentali. Al basso continuo Stradella sostituisce l'orchestra. Tra i più prolifici autori vanno annoverati, oltre Stradella, Alessandro Scarlatti, Leo, Porpora, Hasse, Bononcini, Haendel.

7. *La musica sacra a Roma.*

Risulta decisivo per lo sviluppo della musica devozionale romana la figura di san **Filippo Neri**. Fiorentino (1515-95), educato nel convento di san Marco, il medesimo da cui era uscito Gerolamo Savonarola, san Filippo fonda a Roma, nel 1575, la Congregazione dell'Oratorio. In essa si organizzano assemblee extra-liturgiche di fedeli che si riuniscono a scopo spirituale. A partire dal 1583 viene edificato l'Oratorio di santa Maria della Vallicella, su disegno del Borromini. Le riunioni all'Oratorio, dette "esercizi", costituiscono un'attrazione, anche un piacevole passatempo, da contrapporre alle feste mondane. Lo scopo devozionale delle preghiere, dei discorsi e dei sermoni viene sostenuto da una musica molto semplice le cui parole sono ben comprensibili.

Il personale intervento di san Filippo favorisce pertanto la diffusione della **lauda** monodica di ispirazione savonaroliana che abbiamo già incontrato nella storia fiorentina. Ampliata a un organico sino a tre voci, sorretta spesso da una piccola componente strumentale, la lauda diventa patrimonio dei musicisti romani: di Palestrina, di Animuccia (*Laudi spirituali,* 1563), di Soto (*Laudi spirituali,* 1583), di Giovenale Ancina (*Tempio armonico della B. Vergine, 1599*), di F. Anerio (*Teatro armonico spirituale*, 1619).

7.1. Verso l'Oratorio, un teatro religioso senza scene.

L'attività musicale svolta nell'Oratorio filippino della Vallicella, rigorosamente in italiano, affinché tutto sia ben comprensibile al pubblico, composto in gran parte di donne e di fanciulli, ha il suo corrispondente aristocratico nell'Arciconfraternita del Crocefisso, in san Marcello. Qui il **mottetto** in latino è sviluppato sino a raggiungere le dimensioni di una composizione ricca di elementi drammatici e narrativi (**mottetto dialogico**). Si tratta di veri e propri dialoghi, in stile recitativo, con intervento del sostegno strumentale. Tra gli autori di due volumi compilati tra il 1616 e il '18 figurano F. Anerio, Zoilo, Costantini, G.F. Anerio e Stefano Landi.

L'Arciconfraternita del Crocefisso, che raccoglie tra le sue fila i più bei nomi dell'aristocrazia romana, compie ogni anno, nel corso della Settimana Santa, una solenne processione, di cui è particolarmente ricco l'apparato musicale. Vengono reclutati i migliori maestri di mottetto: da Firmin le Bel, a Palestrina, a Orlando di Lasso (1553) a Marenzio. Una testimonianza di Montaigne ricorda come "ogni sodalizio comprende un coro numeroso che non cessa di cantare per tutto il percorso" (*Viaggio in Italia*, 1581).

Una successiva memoria epistolare del violinista André Maugars, che viaggia in Italia tra il 1635 e il '39, ricorda come a Roma esistesse, nella musica sacra, un nuovo "stile recitativo", ancora ignorato in Francia. Dell'Oratorio del Crocefisso veniva messa in luce la ricchezza dei suoi componenti, e il prestigio dei compositori ingaggiati. Particolare il tipo di musica eseguita: un salmo in forma di mottetto, una sinfonia strumentale, una storia del Vecchio Testamento, cantata in forma di "commedia spirituale". Ogni cantante esprimeva perfettemente "il senso delle parole". L'orchestra era composta di organo, clavicembalo, lira, liuti, violini.

Alla Vallicella, come al Crocefisso, si è dunque sulla soglia della creazione di un genere musicale di carattere teatrale, ove la narrazione della vicenda, rigorosamente tratta dalle Sacre Scritture, è rappresentata senza apparato scenico: è ciò si definisce **oratorio**. Per giungere alla sua completa definizione è necessario l'apporto offerto da una personalità di musicista in grado di coagulare tutti gli elementi presenti in una consapevole formula compositiva. Il portatore di questa necessità storica è Giacomo Carissimi.

7.2. Carissimi, il candido cantore di Dio.

Carissimi, un musicista che, insieme ad Alessandro Scarlatti, è tra i pochi italiani in grado di essere paragonato a J.S. Bach, nasce a Marino (Roma), nel 1605. Cantore nel duomo di Tivoli, poi organista, è nel biennio 1628/29 direttore della cappella in san Rufino, in Assisi. Nel 1630 entra come maestro di cappella nel Collegio Germanico-Ungarico di Roma, rivestendo questo incarico sino alla morte (1674).

La apparente linearità della vita di Carissimi non deve trarci in inganno sulla sua sostanza di musicista. Ordinato ecclesiastico nel 1637, godendo di benefici finanziari assegnatigli da papa Urbano VIII, Carissimi è gradito alla regina Cristina di Svezia, come a papa Alessandro VII. Tra i suoi allievi, oltre a J. Kaspar Kerll, musicista dell'Elettore di Baviera e M.A. Charpentier va citato il conte Federico d'Assia (Essen), che mantiene con il maestro un rapporto quasi filiale. Resistendo alle lusinghe di chi lo avrebbe voluto a Venezia, successore di Monteverdi, o a Bruxelles, alla corte dell'Arciduca Leopoldo, il futuro Imperatore, Carissimi consuma l'esistenza al servizio del suo ideale artistico e religioso. Alto il giudizio dei contemporanei, se Atanasius Kircher, nella sua *Musurgia Universalis* (1650) può asserire:

> "...emerge sugli altri per l'ingegno e la felicità della composizione, capace di trasportare gli animi degli uditori verso qualunque sentimento".

Un infelice destino attende il creatore dell'oratorio: nel corso delle invasioni napoleoniche tutte le carte manoscritte di Carissimi vengono vendute come materiale da imballaggio, causando la totale, irreparabile perdita degli autografi.

Attualmente è impossibile assegnare una datazione precisa agli oltre duecento oratori, alle altrettante cantate, ai mottetti, alle messe che sono sopravvissute alla distruzione.

Allineata con le acquisizioni del mottetto ampliato, praticato nella chiesa del Crocefisso, l'oratorio di Carissimi è una creazione dai caratteri autonomi che raccoglie al suo interno una varietà di forme vocali. Distribuito su un numero di personaggi che vanno da due a dodici (*Diluvium Universale*), l'oratorio di Carissimi è composto da arie e recitativi, duetti, terzetti, intercalati da piccoli episodi strumentali e corali. I personaggi si alternano nella narrazione, nel dialogo e nel commento della vicenda, solitamente tratta dalle storie dell'Antico Testamento. Il coro è una creatura viva che impone i suoi caratteri personali, collettivi, spesso altamente drammatici, anticipando quello che sarà il suo ruolo nelle Passioni bachiane. La caratterizzazione delle figure e degli eroi biblici si vale dei più aggiornati mezzi espressivi che vanno dal mottetto alla cantata monodica, con la conseguente creazione di pannelli sonori di immediata efficacia. Carissimi impersona il "volto umano" della **Controriforma** cattolica, incaricandosi di avvicinare il popolo alla fede attraverso i mezzi della ragione e dell'emozione.

Tra i capolavori di Carissimi vanno annoverati gli oratori *Jephte, Jonas, Balthazar e Dives Malus.*

8.1. *Girolamo Frescobaldi e la musica organistica.*

Emerge, dalla folla di polifonisti, operisti e vocalisti dell'epoca barocca il primo grande cultore della musica organistica italiana, Girolamo Frescobaldi.

Frescobaldi, con Palestrina e Carissimi, con Corelli e Tartini, con Cherubini e, più tardi, Busoni, rappresenta "l'altra Italia", quella non melodista, non "spontanea", bensì "morale", rigorosa, coerente, speculativa. Il futuro organista dei Papi nasce nel 1583 a Ferrara, da un padre a sua volta suonatore di organo. Un destino già segnato, quello di Frescobaldi, che sopravvive al disfacimento della civiltà estense. La Ferrara in cui il musicista cresce è quella di Alfonso II e della sua corte musicalissima, aristocratica, dominata, come abbiamo visto dal *Concerto delle Dame* e dai compositori residenti o visitatori: de Wert, Gesualdo, Marenzio, Merulo, Dowland. Frescobaldi viene istruito nel suono del clavicembalo e dell'organo da Luzzasco Luzzaschi. Quando, nel 1598, alla morte di Alfonso, la città-stato padana è assorbita dal Patrimonio della Chiesa, Frescobaldi tenta la carta dell'avventura. Segue pertanto a Roma il cardinale Bentivoglio, esponente di una cospicua dinastia ferrarese. Nel 1604 è organista della Congregazione di santa Cecilia, ma i suoi obblighi cortigiani lo vedono al seguito del cardinale nelle Fiandre. A Bruxelles conosce Sweelinck ed assimila il magistero strumentale e polifonico della grande cultura fiamminga. Dal 1608 Frescobaldi è organista della cappella Giulia, in san Pietro, succedendo nell'incarico al ferrarese Ercole Pasquini. L'impegno vaticano, interrotto soltanto per un quinquennio trascorso a Firenze, al servizio di Ferdinando II de' Medici (1628-33) si protrae sino alla morte, avvenuta nel 1643. Apprezzato come compositore e come virtuoso esecutore di organo e di clavicembalo, Frescobaldi gode di una popolarità non solo italiana, ma europea: i contemporanei ammirano la sua musica, che viene stampata in più edizioni, ed accorrono a Roma, per apprendere i segreti della sua arte. L'essenza della musica organistica frescobaldiana, in piena assonanza con quanto Carissimi realizza nell'oratorio, riposa su una meditata e consapevole spiritualità di segno cattolico: lontana da ogni esteriorità, la musica vive di intimi accenti che non di rado toccano i vertici dell'assoluto candore, in una totale trasmissione di simboli di fede. Tutto questo, senza far passare in secondo piano la enormi conquiste tecniche e sonore conseguite sull'organo. Partendo dalle iniziali esperienze dei maestri veneziani e padani, Frescobaldi ne riassume le idealità, concatenandole da una parte al fervore religioso romano, dall'altra alle ascendenze culturali fiamminghe.

8.2. I caratteri della produzione organistica: da san Pietro verso l'Europa.

L'eredità del passato, metabolizzata in una personalità geniale, fa scaturire un primato strumentale che è nello stesso tempo riassuntore ed iniziatore. Grazie a Frescobaldi l'antica scuola organistica italiana tocca il suo apice, e la sua lezione, ben assimilata da un allievo quale **J.J. Froberger** passa nei paesi di lingua tedesca, delineando una traccia alla quale attingerà anche il sommo Bach. Con il ferrarese l'antico senso strumentale di matrice polifonica si arma di una inedita volontà di dominio anche fisico sulla tastiera. E' certamente una tardiva affermazione del concetto rinascimentale di espansione umana, di pienezza di facoltà, di controllo sulla materia quella che anima la fantasia di Frescobaldi. Se quindi è innegabile che Frescobaldi sia, al pari di Palestrina e Carissimi, un "musico ecclesiastico", la cui opera è posta al servizio di simbologie trascendenti, la nota tutta umana del suo senso strumentale è storicamente indizio di una "eccellenza individuale". Il grande esecutore-virtuoso è il protagonista e l'artefice del proprio destino.

Due i filoni che si incrociano nella musica di Frescobaldi:

> 1) Contrappuntistico: *fantasie, ricercari, canzoni e capricci* nascono dal modello della *chanson* francese o del mottetto. E' un geniale adattamento della polifonia sulla tastiera dell'organo. Si potrebbe definirlo il campo dell'ordine e della necessità.
>
> 2) Toccatistico. Siamo nell'ordine della speculazione fantastica, dell'inventiva, della "possibilità": nel flusso della tastiera il divenire sonoro acquista le forme più originali e comunicative.

Dopo l'esordio come compositore di un libro di *Ricercari et canzoni alla franzese* (1615) Frescobaldi compila due libri di *Toccate* (1615 e 1627) ricche dei più svariati atteggiamenti stilistici che vanno dalla liturgia all'intrattenimento. Diffuse le raccolte di *Capricci* (1624) e di *Canzoni* (1628) Frescobaldi fa conoscere nel 1635 i *Fiori musicali*, una raccolta di circa cinquanta brani da utilizzare per commento sonoro a tre Messe (della Domenica, degli Apostoli, della Madonna). L'impiego delle melodie gregoriane, colte nell'immobilità della ritualità, il sofferto uso di una polifonia scarna, l'assenza di ogni esteriorità fanno dei *Fiori musicali* il testamento spirituale dell'organista e uno dei momenti meditativi più belli della riflessione religiosa.

Accanto al musicista ferrarese va citato un altro interessante organista-compositore, **Bernardo Pasquini**. Nato nel 1637, a Roma dal 1650, allievo di Cesti, Pasquini lega il suo nome all'**Arcadia**, nella quale viene inscritto come letterato. Organista in santa Maria Maggiore (1665-67) clavicembalista da camera del principe G. B. Borghese, benché sia anche autore di oratori e di opere, Pasquini deve la sopravvivenza della sua fama all'attività di esecutore. In tal veste è al servizio anche della regina Cristina di Svezia, dei principi romani Ottoboni, Colonna e Pamphili, di Ferdinando de' Medici, dell'imperatore Leopoldo I a Vienna, di Luigi XIV a Parigi. Nelle toccate di Pasquini, che prendono le mosse dal patrimonio frescobaldiano, si nota una maggiore fluidità che si stacca dalle astratte meditazioni del ferrarese per accedere a un più organico rapporto con l'ascoltatore. Tra le pagine più emblematiche di Pasquini vanno ricordate la celeberrima *Toccata con lo scherzo del cucco* e le *Partite diverse di Follia*, quattordici variazioni sul tema della danza spagnola, animate da possente lirismo e da un senso sonoro travolgente.

9. *Alessandro Stradella, "l'Orfeo assassinato".*

Il seicento musicale, votato alle estenuanti tenerezze delle frasi vocali di Cavalli e di Cesti viene bruscamente concluso dalla parabola artistica ed umana di Alessandro Stradella, il musicista che, al pari di un Salvator Rosa sa indossare i panni dell'avventura e della violenza tipici della sua epoca.

9.1. Una vita inquieta.

Nato a Roma nel 1644 da un esponente dell'amministrazione ducale estense, sarà per tutta la sua tormentata e burrascosa vita il "cavalier Stradella". Fanciullo cantore nella chiesa di san Giovanni dei Fiorentini, il giovane Alessandro assimila i frutti musicali dell'ambiente laudistico ed oratoriale filippino. Nel 1660 partecipa agli spettacoli allestiti nel palazzo romano di Cristina di Svezia, dalla quale viene assunto come suonatore di liuto e di violino. Nominato "servitore di camera" della ex-monarca, Stradella resta al suo servizio sino al 1664, allorché, ingaggiato dal conestabile Colonna, scrive per la Confraternita del Crocefisso la sua prima grande partitura sacra, il *Santa Editta*.

Dopo aver dato ampia prova delle sue capacità di mettersi nei guai per le piccantissime avventure galanti, Stradella supera la misura facendosi trovare coinvolto in uno scandalo di carattere finanziario. Costretto alla fuga (Venezia e Vienna) ritorna a Roma nel 1671, partecipando all'inaugurazione del primo teatro a pagamento romano, il Tor di Nona. Dopo una sfida a duello col nobile Michiel (1672), Alessandro scrive ancora su commissione di Cristina di Svezia: nascono l'oratorio *Esther* e le opere *Lo schiavo liberato* (dalla *Gerusalemme liberata*) e *Il Biante* (1674)

Sono del 1675 gli oratori *San Giovanni Battista* e *Santa Pelagia*. Si fissano le prime immagini leggendarie: due sicari, incaricati di uccidere il musicista romano, si fanno sedurre dalla bellezza della sua musica, lasciandolo incolume.

Dopo la stesura dell'opera comica *Il Trespolo, tutore balordo*, Stradella è nuovamente invischiato in faccende amorose: la fuga lo porta sino a Torino (1677). Altri intrighi, con la conseguente precipitosa partenza: stavolta l'approdo è a Genova, dove il musicista deve associarsi con un parrucchiere alla moda (1678). Nasce nel capoluogo ligure l'opera *La forza dell'amor paterno*: Charles Burney possedeva una copia del libretto sulla quale l'autore era indicato come "l'Apollo della musica".

I rinnovati pasticci femminili armano la mano degli assassini che, nella notte del 28 febbraio del 1682 uccidono Stradella in un agguato, a piazza Banchi.

Si scrisse subito che era stato assassinato "Orfeo": centinaia di lettere anonime denunciarono ipotetici mandanti, ventiquattro messe furono pagate, sempre da anonimi, a suffragio dell'anima inquieta. Il corpo di Stradella, in virtù del suo rango, fu sepolto nella chiesa di santa Maria delle Vigne, il tempio dell'aristocrazia genovese.

9.2. I caratteri della produzione: verso le forme del Settecento. Un precursore.

L'interesse suscitato nei contemporanei da un personaggio che sembra appartenere più alla cronaca che alla musica, fissa intorno a Stradella un'aura di leggenda: già nel 1715 Pierre Bourdelot, nella sua *Histoire de musique*, dedica un lungo capitolo di pura fantasia alle avventure del musicista. Le epoche seguenti perpetuano i più immaginari luoghi comuni, a cominciare dall'aria *Pietà Signore*, - che è un pezzo erroneamente, ma caparbiamente, attribuito al musicista romano, - sino all'opera di Flotow, *Stradella*, scritta nel 1837.

Situato nell'ultima fase del secolo barocco, Stradella sembra riassumerne tutti i caratteri stilistici, anticipando, nella sua vastissima produzione, anche molti aspetti propri alla fase storica seguente.

Il successo nel campo dell'opera seria e comica, di cui lascia due insigni esemplari come, rispettivamente, *La forza dell'amor paterno*, e il *Trespolo, tutore balordo*, è arricchito dalla vasta produzione dedicata al genere della cantata, circa centocinquanta numeri, tra genere sacro e profano. Tra queste, splendide, le due cantate natalizie: *Ah, troppo è ver!* e *Si apra al riso ogni labbro*.

Caratteristica della produzione vocale di Stradella è l'enorme varietà di modelli a cui si attengono le sue "arie", ricche di frasi melodiche svincolate dalla tradizione veneziana, e già pertinenti al nascente ambito tonale.

Nella "serenata" vocale, una sorta di cantata da eseguirsi in luoghi aperti, Stradella anticipa, nei ritornelli strumentali, l'alternanza tra "concertino" e " concerto" che sarà propria del successivo *concerto grosso* corelliano. Tra le serenate più belle spicca *Il barcheggio*.

Quadro riassuntivo

Il Seicento è il secolo degli orpelli, della negromanzia, degli artifici, delle meraviglie e del sovrannaturale.

La "selva", il bosco è il luogo emblematico ove tutto avviene. Selva morale, armonica, spirituale.

L'epoca si apre sotto il segno "orfeico" della musica.

A Firenze i seguaci del conte **Bardi** riscoprono l'antica tragedia greca e vi innestano il fiore inestinguibile del **melodramma**.

Gabriele d'Annunzio, con insospettabile penna di storico, fa rivivere nel suo romanzo *Il fuoco* quel decennio in cui i maestri fiorentini e romani inventano l'**opera in musica**:

> "Qual mai vi fu al mondo un focolare d'intelligenza più fervido? Essi cercavano nell' antichità greca lo spirito di vita: essi tentavano di sviluppare armoniosamente tutte le energie umane, di manifestare con tutti i mezzi dell'arte, l'uomo integro.Giulio Caccini insegnava che all'eccellenza del musico non servono solo le cose particolari, ma tutte insieme le cose. La capellatura fulva di Jacopo Peri, dello Zazzerino, fiammeggiava nel canto come quella di Apollo.
> Nel discorso preposto alla *Rappresentazione di Anima et di Corpo* Emilio del Cavaliere espone intorno alla formazione del teatro novello le medesime idee che furono attuate a Bayreuth, compresi i precetti del perfetto silenzio, dell'orchestra invisibile e dell'ombra favorevole. Marco da Gagliano, nel celebre spettacolo di festa, fa l'elogio di tutte le arti che vi concorrono di maniera che con l'intelletto vien lusingato in uno stesso tempo ogni sentimento più nobile dalle più dilettevoli arti che abbia mai ritrovato l'ingegno umano. Non basta?".

Sullo sfondo dei fiorentini appare la figura di **Claudio Monteverdi**, il musicista che imprime al teatro il sigillo dell'opera d'arte: "Anima eroica, di pura essenza italiana", come scrive d'Annunzio. Sulla scia del cremonese decolla l' **opera veneziana** di Cavalli e Cesti.

Ma intanto nelle basiliche romane sgorga da fonte sorgiva la feconda espressione dell'**oratorio**.

Ne è ispiratore **san Filippo Neri**. A santa Maria della Vallicella si prega in italiano e al Crocefisso (in san Marcello) in latino.

L'aristocrazia, intanto, si trincera nei sontuosi palazzi e si gode in forma esclusiva il nuovo genere vocale da camera, la **cantata**.

Se l'oratorio irradia da una figura di alto profilo morale come **Giacomo Carissimi**, a un personaggio schivo e modesto come **Girolamo Frescobaldi** tocca il compito di elevare a piena autonomia la musica organistica.

Fioriscono ora i clavicembalisti, versatili anche sulla tastiera dell'organo: Merula, Pasquini, Pesenti, Rossi, Storace.

Si presentano alla ribalta i precursori del violino: Marini, Farina, Montalbano, Uccellini, Fontana, Legrenzi, Vitali. Sono sollecitati dai geniali liutai: Gasparo da Salò, gli Amati, Stradivari, i Maggini, i Guarnieri.

Le prime esperienze strumentali convergono nella scuola bolognese, una sorta di piccola Mannheim. Spicca il nome di Torelli, ma il genio compendiatore è **Arcangelo Corelli**, il musico di casa Ottoboni, il principe dei violinisti.

L'opera, nel frattempo, prosegue il suo trionfale cammino: da Venezia, attraverso Roma, il teatro musicale passa a Napoli, per ricevere nuove energie rappresentative.

Il secolo, emblematicamente, si chiude con un personaggio avventuroso, **Alessandro Stradella**. E' forse il musicista più geniale dell'epoca sua. In poco più di quaranta anni individua tutti i filoni che conducono alle forme dell' imminente Settecento: la sinfonia, la triosonata, la sonata solistica.

BIBLIOGRAFIA

A. ADAMI, *Osservazioni per ben regolare il coro de i cantori della Cappella Pontificia,* (1711), Lucca, 1988.

F. ANGELINI, *Il teatro barocco,* Roma-Bari, 1975.

M.F. BUKOFZER, *La musica barocca,* Milano, 1982.

L. BIANCHI, *Carissimi, Stradella, Scarlatti e l'Oratorio musicale,* Roma, 1969.

l. BIANCONI, *Il teatro d'opera in Italia,* Bologna, 1993.

G. BARBLAN, C. GALLICO, G. PANNAIN, *Claudio Monteverdi,* Torino, 1967.

Drammi per musica dal Rinucci allo Zeno (a c. di A. della Corte), Torino, 1970.

D. DE PAOLI, *Monteverdi,* Milano, 1979.

P. FABBRI, *Monteverdi,* Torino, 1985.

P. FABBRI, *Il secolo cantante,* Bologna, 1990.

C. GALLICO, *I due pianti di Arianna di Claudio Monteverdi,* in "Chigiana", XXIV, 1967.

C. GALLICO, *Monteverdi,* Torino, 1979.

C. GALLICO, *Girolamo Frescobaldi,* Firenze, 1968.

R. GIAZOTTO, *Vita di Alessandro Stradella,* Milano, 1962.

Gli affetti convenienti all'idee, studi sulla musica vocale italiana (a c. di M. Caraci Vela), Napoli, 1993.

La musica nella rivoluzione scientifica del Seicento, (a c. di P. Gozza), Bologna, 1989.

L'opera in Italia, in "Storia dell'opera", I,1, Torino, 1977.

G.F. MALIPIERO, *Così parlò Monteverdi,* Milano, 1957.

F. MOMPELLIO, *San Filippo Neri e la musica "pescatrice di anime",* Firenze, 1965.

C. MONTEVERDI, *Lettere, dediche, prefazioni,* (a c. di D. dé Paoli), Roma, 1973.

C: MONTEVERDI, *Lettere* (a c. di E. Lax), Firenze, 1994.
J. ROSSELLI, *Il cantante d'opera,* Bologna, 1993.
H.E. SMITHER, *L'oratorio barocco, Italia, Vienna, Parigi*, Milano, 1986.
A. SOLERTI, *Le origini del melodramma,* (1903), Bologna, 1969.
A. SOLERTI, *Musica, ballo e drammatica alla Corte medicea,* Torino, 1905.
G. STEFANI, *Musica barocca, poetica e ideologia,* Milano, 1974.
G. STEFANI, *Musica barocca 2, angeli e sirene,* Milano, 1987.
Studi sul teatro veneto fra Rinascimento ed età barocca, (a c. di M.T. Muraro), Firenze, 1971.
C. TERNI, *Galileo Galilei e la musica,* Firenze, 1764.
F. TESTI, *La musica italiana nel Seicento,* Milano, 1970.
Venezia e il melodramma del Seicento, (a c. di M.T. Muraro), Firenze, 1976.

CAPITOLO OTTAVO

IL SETTECENTO STRUMENTALE E OPERISTICO

1. *La musica strumentale.*
1.1. L'affermazione del violino.

Dopo il clavicembalo e l'organo, esaltati dalla maestria esecutiva e compositiva di Frescobaldi, è al violino che tocca il compito di sviluppare il linguaggio stumentale italiano, al punto di diventare lo strumento forse più rappresentativo della moderna cultura sonora.

Proveniente dal mondo arabo, attraverso la mediazione dei Trovatori, il violino aveva avuto i suoi precursori nei modelli di *ribeca*, tanto cari ai cantastorie medievali. Svincolatosi dalla prodigiosa fioritura strumentale della famiglia delle *viole* che è la protagonista di tutto il Rinascimento, il violino trova la sua forma attuale nei primi decenni del Seicento. .

Fondamentale risulta, a questo proposito, l'apporto dei costruttori italiani che operano nelle regioni settentrionali, ove è più facile l'approvvigionamento del prezioso legno di abete.

Organizzati in scuole, i maestri costruttori italiani, detti **liutai**, producono strumenti che si affermano rapidamente per la brillantezza del suono e per la maneggevolezza tecnica: molti di questi prodigiosi manufatti sono ancor oggi suonati dai migliori concertisti. Due le principali scuole di liutai:

Scuola bresciana. Ha come capostipite Gasparo da Salò (1540-1609), attivo a Brescia: il suo primo violino è del 1563, l'attuale Ole Bull, dal nome del violinista norvegese che lo possedette nel secolo scorso. Allievo di Gasparo fu Giovanni Maggini (1579-1630).

Scuola cremonese. Ne è iniziatore Andrea Amati (1505-1580). Suo nepote, Nicola Amati è a sua volta il maestro del celeberrimo Antonio Stradivari (1644-1737) e di Andrea Guarnieri (1626-1698).

Tuttora incomparabile risulta il suono dei violini Stradivari, intorno ai quali è nata una vera leggenda.

1.2. Le nuove caratteristiche sonore.

Superando l'atavica diffidenza dell'ambiente accademico che voleva lo strumentista assai inferiore al vocalista, il violinista della fine del Seicento si afferma per le sue doti di brillante esecutore, capace di imitare, quando non addirittura di superare i più fantasiosi cantanti.

Il suono vocalico della lingua italiana, portato per sua essenza al canto, ispira anche i primi passi della nuova cultura violinistica. L'ideale sonoro del violino sarà, ai suoi esordi, quello dell'imitazione della coeva arte vocale:

> "Fra tutti gli strumenti meravigliosa veramente è la natura del violino, poichè niuno ve n'ha di meglio che esprima la voce umana non solo nel canto, ma nella favella istessa": (G.B. Doni, *Discorso Quinto, sopra il violino*, 1640).

Questa consapevolezza stilistica non abbandona mai l'utilizzazione delle caratteristiche cantabili del violino: è Tartini, in pieno Settecento, ad affermare: "Per ben suonare bisogna ben cantare".

1.3. I primi compositori.

Tra i precursori di Corelli, il musicista che più di ogni altro conferisce al violino la sua statura di strumento protagonista, vanno annoverati decine di autori che scrivono le prime opere con specifica destinazione violinistica. Tra questi vanno ricordati, almeno, **Francesco Rognoni** che nel 1620 scrive una *Selva di vari passaggi secondo l'uso moderno per cantare e sonare con ogni sorta di strumenti,* raccolta nella quale viene esemplificato l'uso di trascrivere gli antichi madrigali vocali. **Dario Castello,** capo degli strumentisti della Basilica di san Marco, in Venezia, fa conoscere le sue *Sonate concertate in stile moderno* (1629). A **Bartolomeo Montalbano**, frate francescano bolognese, si deve la pubblicazione delle *Sinfonie a 1 e 2 violini* (1629). Personalità di spicco è **Biagio Marini**, allievo di Monteverdi, violinista in san Marco, autore di *Madrigali e Symphonie* (1618).

2. *Dalla sonata a tre al Concerto grosso.*
2.1. La Sonata a tre.

La **Sonata a tre** (due violini e basso continuo, quest'ultimo costituito da clavicembalo e viola da gamba) è la forma cameristica prediletta di tutto il tardo Seicento e della prima metà del Settecento. La sua diffusione è pari a quella del quartetto d'archi nell'Ottocento.

Già nell'orchestra di Stradella si afferma il principio di far suonare il piccolo gruppo strumentale del "concertino" (i due violini, appunto) in opposizione al resto dell'orchestra, detto "ripieno". La sonata a tre rappresenta il momento più consapevole della trasformazione dell'antica "canzone da sonare" di matrice veneziana, in un organismo dalle spiccate caratteristiche accademiche. Articolata in quattro movimenti, due lenti e due veloci, la sonata a tre si suddivide, secondo la sua destinazione, in **sonata da chiesa**, allorché prevalgono, nei tempi veloci, le strutture contrappuntistiche, e **sonata da camera**, ove si è in presenza di tempi di danza, dalle marcate caratteristiche ritmiche.

E' a **Giovanni Legrenzi**, veneziano, che si deve la fissazione dei due generi costitutivi della sonata da chiesa e da camera, esemplificate nella sua raccolta di *Sonate a 2 e 3 libro 1°* opera 2 (1655).

Autori di raccolte di sonate a tre sono praticamente tutti i compositori dell'epoca: Stradella, Bononcini, Corelli (quattro libri, 1681-94), Veracini, Torelli, Caldara (Opera 1, 1693 e Opera 2, 1701), Bonporti, Vivaldi, che vi esordisce con l' Opera 1, nel 1705.

L'enorme produzione, ancor oggi non del tutto esplorata, comprende anche raccolte collettive di composizioni di vari autori, tra cui le celebri edizioni bolognesi del 1700 e del 1706.

Nel 1706 Zaccaria Tevo, nel suo *Musico Testore*, ipotizza anche un collegamente con le coeve forme teatrali: i due violini vanno considerati come due cantanti, protagonisti di un colloquio drammatico: il basso continuo è l'orchestra che sostiene i due personaggi. La Sonata a tre risente dell'affermazione dell'opera nel momento in cui, su modello della sinfonia di apertura teatrale, adotta la struttura in tre tempi: allegro-adagio-allegro. Composizione dai contenuti aristocratici, praticata dai compositori come banco di prova delle proprie capacità strumentali, la sonata a tre non perde il suo carattere di "apprendistato" neanche dopo l'esplosione della sonata solistica. Tartini, nel 1750, fa pubblicare le sue *Sonate a due violini e basso* come sintesi di tutta l'epopea strumentale del tardo barocco italiano.

Il tramonto della forma avviene a fine Settecento con Pugnani (Sei trii op. 1), Sammartini, Barsanti e Sacchini (Trii op. 1, 1772).

La particolare predilezione concessa ai due violini, l'affermazione del loro dialogo, l'esaltazione dei caratteri virtuosistici impliciti in quella che può configurarsi come una gara tra due campioni, fanno della **Sonata a tre** il più accreditato referente per la nascita del **Concerto grosso.**

2.2. il Concerto Grosso.

L'etimologia della parola **concerto** potrebbe avere una duplice derivazione: la prima dal verbo latino **conserere**, cioè legare insieme, la seconda dal verbo **certare cum**, ovvero combattere.

Sia che si consideri l'accezione nel senso disgiuntivo, cioè di musicisti che suonano insieme per superarsi a vicenda, (in bravura e virtuosismo) sia che si ponga l'accento sul momento collettivo della creazione musicale, ottenuta tramite la concordia di intenti, il **concerto**, alla fine del Seicento, indica una composizione strumentale dai precisi caratteri. Si tratta di un brano per orchestra d'archi ove il piccolo nucleo dei due violini solisti (*concertino*) si ritaglia la sua porzione di spazio all'interno dalla compagine totale (*concerto grosso,* o *di ripieno*).

Volendo considerare tra gli antecedenti del **concerto grosso** la raccolta di *Cento concerti ecclesiastici* di **Ludovico da Viadana** (1602) è certo che si deve alla **scuola bolognese** operante nella basilica di san Petronio la prima sistematica realizzazione di embrionali concerti. I nomi di Perti, Alberti, Bononcini e Vitali, pur non presentando personalità di rilievo, costituiscono un livello medio di scrittura musicale che, al pari di quello che compete un secolo dopo alla Scuola di Mannheim, è indizio di un alto tasso di civiltà musicale.

Spicca, tuttavia, tra i maestri bolognesi, la figura di **Giuseppe Torelli**, autore dei Concerti op. 8, pubblicati, postumi, nel 1709.

2.3. Arcangelo Corelli e l'apoteosi del Concerto grosso.

Il compimento del processo che conduce la musica strumentale italiana nell'alveo del concerto grosso ha come protagonista principale Arcangelo Corelli. A lui si deve la stabilizzazione della prima fase della scuola violinistica italiana, e la fissazione di caratteri strumentali che si diffondono, nel corso del Settecento, per tutta Europa. Solo Paganini, nel primo Ottocento, potrà scrivere una nuova pagina di gusto strumentale.

Corelli si inserisce perfettamente, per idealità estetiche e per coerenza musicale, entro quel Razionalismo di stampo empiristico che vede i musicisti accostarsi alla speculazione scientifica. Inoltre la sobrietà e il senso della misura propri dell' architettura compositiva corelliana, sono l' ambito musicale più prossimo al mondo poetico dell'**Arcadia**.

Nato nel 1653 presso Ravenna, Corelli studia a Bologna, e viene ammesso, nel 1670, nell'Accademia Filarmonica. Il magistero compositivo bolognese, già ricco di realizzazioni, fa di Corelli un musicista ferratissimo sia nel versante esecutivo che in quello compositivo.

Nel 1671 è a Roma, come suonatore di violino nell'orchestra di Cristina di Svezia, nel teatro di Tor di Nona e, dal 1675, nel complesso strumentale di san Luigi dei Francesi. Dopo un periodo di perfezionamento, trascorso ancora a Bologna, Corelli riprende la strada della città papale, per diventarne il padrone musicale. Ottenuto il ruolo di primo violino in san Luigi dei Francesi, il ravennate entra come musicista da camera in casa del cardinale Benedetto Pamphili. Dal 1689 è al servizio del cardinale Ottoboni, e dimora nell'attuale palazzo della Cancelleria. Già dal 1682 Corelli lavora ai Concerti grossi che saranno pubblicati solo nel 1714 come Opera VI. La fama del musicista, nel frattempo, varca i confini della città, assumendo una fisionomia europea: a decine i violinisti calano a Roma per ascoltare la parola del maestro e per studiare, sotto la sua guida, il nuovo stile strumentale. Ancora vivente, grazie ai discepoli e agli ammiratori, il musicista assiste alla diffusione internazionale della sua produzione, (**corellismo**). L'ingresso in **Arcadia** (col nome di Arcomelo Erimateo), un onore condiviso con Pasquini e Scarlatti, sancisce la definitiva apoteosi di Corelli che, alla sua morte, 1709, viene sepolto nel Pantheon.

Tutta e solo strumentale, la produzione di Corelli comprende anche quattro raccolte di *Sonate a tre* (scritte e pubblicate tra il 1681 e il 1694), e le S*onate opera V* per violino solo. Altri numeri d'opera, in particolare il V e il VI saranno oggetto di studio e di imitazione.

2.4. I maestri del concerto grosso.

Le generazione successiva a Corelli perfeziona il suo avvicinamento al concerto grosso tenendo d'occhio il modello inaugurato e codificato dal maestro arcadico. Ma, mentre gli allievi diretti e indiretti di Corelli non si allontanano mai dalla sua matrice linguistica, gli esponenti della scuola strumentale veneziana approfondiscono un filone compositivo dai marcati caratteri sperimentali.

Primo tra i veneziani è **Tommaso Albinoni** (1671-1750), musicista dilettante, perchè di famiglia agiata. Autore di quarantotto melodrammi di cui nulla rimane, Albinoni lascia invece alcune raccolte di concerti estremamente significative: come l' Opera 2 (*Sinfonie e concerti a cinque*, 1700), l' Opera 5 (1707) e l' Opera 7 (Amsterdam, 1716).

Sotto il segno del concerto grosso appare anche l'astro compositivo di **Antonio Vivaldi** che pubblica nel 1711, ad Amsterdam, la sua Opera III, *L'estro armonico.*

Già toccato da un successo come operista (attività iniziata nel 1713) Vivaldi conosce fama europea proprio grazie alla diffusione di questa raccolta strumentale. Taglio asciutto, ritmo nervoso, gusto del colore, netta ripartizione dei piani sonori, temi incisivi e destinati a rimanere impressi nella memoria, costituiscono la miscela di modernità della musica vivaldiana. Nato da un suonatore di violino in san Marco, Vivaldi diviene prete secolare e, a partire dal 1703, inizia un rapporto di lavoro con il Pio Ospedale della Pietà, una sorta di ricovero per fanciulle. Qui, esercitando l'insegnamento del violino e divenendo nel 1716 "maestro di concerti", Vivaldi applica, con le sue dotatissime allieve tutte le sue geniali intuizioni.

Nascono in questo contesto le *Sonate a tre opera 1* (1705), e le Sonate per violino solo dell'Opera 2 (1708). Dopo l'affermazione dell'*Estro armonico* è la volta dell'Opera 4, detta *La Stravaganza* (Amsterdam, 1713). Con *Il cimento dell'armonia e dell'invenzione* (Amsterdam, 1725), ciclo di concerti che contiene le celeberrime *Quattro stagioni,* Vivaldi tocca forse l'esito strumentale più alto di tutto il secolo.

Con caratteri forse meno personali, ma con un indubbio valore di propagazione, prosegue nel frattempo l'attività di quei seguaci di Corelli con i quali si è soliti identificare la diffusione e lo sviluppo del concerto grosso.

Francesco Geminiani, nato a Lucca nel 1687, allievo di Corelli a Roma, trasferitosi a Londra nel 1714, diffonde in Inghilterra il verbo corelliano. Esecutore dalle doti travolgenti, protagonista di trionfali giri artistici in Irlanda e a Parigi (1749 e 1755), Geminiani muore a Dublino nel 1762, lasciando due raccolte di concerti grossi, Opera 2 e Opera 3 (1732), oltre che alcune rielaborazioni dei concerti di Corelli. La produzione del lucchese, tutta compresa tra i *Concerti Brandeburghesi* di Bach (1721), e i *Concerti opera 6* di Haendel (1740), non si blocca sul culto regressivo del modello corelliano, ma anzi si innesta nell'alveo del contrappunto, tipico della civiltà del Nord Europa.

Geminiani, provetto violinista, lascia anche un metodo di studio, *The Art of Playing on the Violin* (1731 e 1751, Londra). I sei *Concerti grossi opera 7*, precedono l'interessante ciclo di musiche scritte per commentare il canto XIII della *Gerusalemme liberata* di Tasso (*The Inchanted Forest*).

Ancora allievo di Corelli è **Pietro Antonio Locatelli** (1695, Bergamo-1764, Amsterdam). Attivo ad Amsterdam ove è consulente della casa editrice Roger-Le Cène, Locatelli percorre tutta l'Europa come acclamatissimo concertista. E' sua la raccolta di dodici concerti *L'Arte del violino, opera 3*. Con questo ciclo, che appartiene più propriamente al filo del concerto solistico, si fissa il modello del "virtuosismo stupefacente" che fa del prodigio tecnico un metro di valutazione per gli esecutori. Appartengono al filone corelliano l'Opera 4

(1735, Amsterdam) e l'Opera 7 (Concerti a quattro, 1741, Leyda. Il sesto concerto ha per titolo *Il pianto d'Arianna*).

Ancora allievo di Corelli è il sacerdote musicista **Francesco Antonio Bonporti** (1692, Trento-1749, Padova). Benché non si sia mai spostato dalla città natale, grazie alla sua musica, Bonporti conobbe una fama europea: le sue *Invenzioni a violino solo opera 10* destano l'ammirazione di Bach, che ne copia personalmente quattro.

La magniloquenza corelliana ha uno degli ultimi cultori in **Francesco Barsanti** (Lucca, 1690-Londra, 1772). Flautista, trapiantatosi nel 1714 in Inghilterra, scrive due raccolte di concerti in stile corelliano, ove al gruppo di archi viene aggiunto anche un insieme di trombe e corni.

3. *Il cammino verso la sinfonia.*
3.1.L'evoluzione del concerto di ripieno.

Nel suo processo di diffusione europea, il concerto grosso mette in ombra una parallela formula nata dal perfezionamento della sonata a tre. Si tratta del **concerto di ripieno** o **sinfonia**, un genere strumentale che conserva intatto il carattere contrappuntistico proprio della sonata a tre. Ignorando il gioco della contrapposizione tra il "concertino" e il "tutti" il concerto di ripieno tiene gli strumenti su un piano di assoluta parità. Conservando l'originaria ripartizione in quattro movimenti il **concerto di ripieno** subisce a sua volta una fase di eleborazione, creandosi uno sviluppo che sfocerà, lentamente, ma con estrema coerenza, verso la **sinfonia** preclassica.

Si inserisce in questi filone il nucleo delle *Dodici sinfonie di concerto grosso* di **Alessandro Scarlatti**, (1715, data del manoscritto, reperito a Londra). L'introduzione di strumenti a fiato, quali oboi, flauto e tromba, inaugura un inedito rinnovamento timbrico. Significativi, a questo proposito, anche gli apporti di **Alessandro Marcello** con la sua raccolta *La Cetra* (1738, Augusta), ove l'inserimento di oboi, flauti e fagotto consente un ulteriore allargamento della materia acustica.

Ancora tutta da valorizzare è la produzione strumentale di **Baldassarre Galuppi** (Burano, 1706-Venezia, 1785), un vastissimo *corpus* che spazia da *Concerti a quattro* a vere e proprie sinfonie.

Toccherà a **G.B. Sammartini** (1700-1775) il compito di registrare, nella sua produzione, il graduale passaggio dal **concerto grosso** alla **sinfonia**. Dopo gli esordi, legati alla pratica del concerto nello stile del "ripieno", Sammartini, nella Milano degli Arciduchi, sovrintende alla creazione di un impeccabile modello sinfonico da consegnare nella mani di Haydn.

3.2. Giuseppe Tartini e la Scuola delle Nazioni.

A mezza strada tra l'antico mondo del concerto grosso e la nuova sensibilità che porta alla concezione della sinfonia Mitteleuropea, si staglia la figura di Giuseppe Tartini. Nato nel 1692 in Istria da famiglia fiorentina, studente di giurisprudenza a Padova (1708), il giovane Tartini si sposa nel 1710, destando le ire della famiglia e di quanti si opponevano alle sue nozze. Rifugiatosi nel Convento di san Francesco di Assisi, Tartini compie nello studio del violino e della composizione progressi incredibili. Uscito dalla situazione di cattività, il musicista trova impiego nelle orchestre dei teatri d'opera delle Marche. Tornato a Padova nel 1716, viene ascoltato da F.M. Veracini, che lo consiglia di approfondire i suoi studi. Dopo un ulteriore apprendistato nei teatri marchigiani, Tartini, nel 1721 è primo violino dell'orchestra della Basilica del Santo, a Padova.

Un soggiorno a Praga (1723-27) prelude al definitivo ritorno a Padova: dal 1728 Tartini insegna il violino, acquistando una notorietà tale che allievi di tutta Europa accorrono al suo magistero: non a caso il prodigioso nucleo didattico da lui curato è chiamato, per l'alto tasso di internazionalità raggiunto, "Scuola delle Nazioni".

L'indagine scientifica e razionalista sui fenomeni acustici della musica, iniziata già nel 1714 con la scoperta del cosidetto "terzo suono", viene approfondita in scritti quali *Trattato di musica secondo la scienza dell'armonia* (1754) e *De' principi dell'armonia musicale contenuta nel genere diatonico* (1767). L'ostilità manifestata da Rameau non scalfisce la diffusione europea delle teorie di Tartini, che muore, nel 1770, al culmine della sua celebrità.

Autore di circa centoventi concerti per violino e archi e di centinaia di sonate, Tartini poco cura la pubblicazione e la diffusione della sua opera compositiva, al punto di vedere, vivente, solo due edizioni a stampa dei concerti (Opera I, 1728, Amsterdam, e Opera II, 1732-33).

Se le sonate solistiche risentono dell'influenza del modello coreliano, i concerti, svincolandosi dalle pungenti innovazioni vivaldiane, cercano la loro autonomia in un virtuosismo fatto di immagini compositive ove il flusso melodico acquista la sostanza di una assoluta manifestazione di individualità.

Legata alla diffusione di due sonate violinistiche, *Il trillo del Diavolo* e *La Didone abbandonata*, la fama di Tartini si fissa anche in un modello letterario quale "L'allievo di Tartini", novella di E.T.A. Hoffmann. Nel 1901 Fogazzaro cita Tartini nel suo romanzo "Piccolo mondo moderno", come musicista evocatore del demoniaco.

4. *L'opera a Napoli.*

4.1. Il modello veneziano e i primi autori locali.

Si deve al vicerè spagnolo Onate l'invito a Napoli della compagnia di cantanti conosciuta come la Accademia dei Febi Armonici che, nel 1651, introduce nella capitale partenopea le commedie "all'uso veneziano". Tra le prime opere rappresentate figurano la *Incoronazione di Poppea* di Monteverdi, il *Giasone* di Cavalli, l'*Orontea* di Cesti.

Gli autori napoletani, Filippo Coppola, Giuseppe Alfiero e Francesco Cirillo fanno del teatro san Bartolomeo la sede per una produzione dai caratteri eminentemente locali. La personalità guida nella definizione dei caratteri della nuova opera napoletana è **Francesco Provenzale** (1627-1704), autore di *Lo schiavo di sua moglie* (1672) e di *Stellidaura vendicata* (1674). In queste due partiture si misura la capacità di Provenzale di innestare il carattere drammatico della vocalità di Cavalli e lo stile elegante di Cesti sulla semplicità di accenti della poesia popolaresca partenopea.

Anche quando si afferma la straordinaria personalità di un napoletano di adozione quale Scarlatti, continuano ad operare autori locali, **Domenico Sarro** (1679-1744) e **Nicola Fago** (1677-1745). A Fago e a Durante (unico napoletano che non ha scritto una riga di musica per il teatro d'opera) si deve la fondazione della cosidetta **scuola napoletana.**

4.2. I quattro Conservatori.

Francesco Durante (1684-1755) e Fago, insegnando nei Conservatori napoletani, hanno tra i loro allievi tutti gli esponenti di spicco della seconda generazione di autori di melodrammi: Leo, Feo, Jommelli, de Majo, Pergolesi, Traetta, Piccinni, Sacchini e Paisiello.

I Conservatori erano istituzioni di carattere assistenziale diretti da ordini religiosi o da amministrazioni laiche: servivano ad ospitare giovani di famiglie povere o abbandonati, per avviarli allo studio della musica.

Il conservatorio di **santa Maria della Pietà dei Turchini** venne aperto nel 1573, mentre **S. Onofrio a Capuana** fu fondato nel 1578. Il conservatorio dei **Poveri di Gesù Cristo**, istituito nel 1600 fu soppresso nel 1743; **santa Maria di Loreto**, divenne sede di studi musicali solo nel 1644 e conobbe fama europea a partire dal 1751.

4.3. Alessandro Scarlatti, il Bach degli italiani.

La figura di Alessandro Scarlatti, esponente di una famiglia siciliana di musicisti, presenta eccezionali caratteri di complessità e di pienezza. La sua presenza nel campo dell'opera, della cantata, della serenata, della messa, del mottetto, dell'oratorio (in latino e in italiano), del madrigale, del concerto grosso sono tali che, pur nell'attuale stato di incompletezza delle fonti, autorizzano un paragone con il sommo Bach.

A Scarlatti si deve la fondazione di un'opera che possiamo definire "napoletana" Questi i caratteri strutturali introdotti:

a) sinfonia di apertura, tripartita (allegro-adagio-allegro);

b) precisa divisione tra **recitativo** "**secco**" (accompagnato dal solo clavicembalo) e **recitativo** "**obbligato**", affidato all'orchestra. La magistrale utilizzazione delle formule del recitativo, che non di rado vengono fuse una nell'altra, consente a Scarlatti di raggiungere inauditi vertici di tensione drammatica;

c) fissazione dell'**aria** in forma tripartita: a-b-a (aria col da capo);

d) individuazione di precise tipologie dell'aria: patetica, brillante, di carattere, sentimentale, di bravura, "parlante", di battaglia, di sonno, di languore, di tenerezza...;

e) chiusura degli atti con pezzi vocali di insieme (**concertati**);

f) introduzione del coro.

4.4. La vita di Scarlatti.

Nato a Palermo nel 1660, trasferitosi a Roma sin dal 1672, Scarlatti opera sotto il patronato di Cristina di Svezia e del cardinale Benedetto Pamphilj. Dopo i felici esordi operistici scrive la toccante *Passione secondo san Giovanni* (1680-83) che gli assicura il favore del pubblico dell'Arciconfraternita del Crocefisso, in san Marcello. Fornita con *Pompeo* (1683, teatro Colonna) un'opera di sfondo storico ed eroico, Alessandro è a Napoli (1684) quale maestro della Cappella Reale. Il successo incontrato presso il pubblico partenopeo non impedisce al compositore di lasciare la città (1688) per far ritorno a Roma, ove, al teatro Tor di Nona, trionfa la *Statira* (1690, libretto del cardinale Ottoboni).

Il contatto mantenuto con Napoli è tuttavia testimoniato dal felice esito di ben venticinque melodrammi allestiti, tra il 1690 e il 1702, in palazzo Reale o nel teatro san Bartolomeo. Risultano purtroppo perdute le quattro opere che Ferdinando de' Medici, granduca di Firenze, fa scrivere a Scarlatti per il suo teatro della residenza di Pratolino.

Il ritorno a Roma è caratterizzato dall'accettazione di un incarico minore, quale quello di vice-maestro di cappella in santa Maria Maggiore: si accresce la produzione sacra (oratorio *san Filippo Neri*, 1705).

La definitiva ammissione nei vertici della cultura romana vede Scarlatti conseguire la nomina di socio dell'Accademia dell'Arcadia, alla quale accede col nome di Terpandro. In una breve parentesi veneziana scrive un melodramma di tragica densità quale *Mitridate Eupatore* (teatro san Giovanni e Crisostomo,1707). Reintegrato, nel 1708, nella carica di maestro della cappella Reale di Napoli, Scarlatti lega la sua produzione al pubblico aristocratico, in virtù della sua posizione di musicista accademico, lontano da quel cuore pulsante che è il teatro comico napoletano. Nascono così i capolavori della maturità, quali il *Tigrane* (1715, teatro san Bartolomeo) e *Il trionfo dell'onore* (1718, teatro dei Fiorentini). A Roma sono invece destinati i drammi *Marco Attilio Regolo* e *Griselda* (1721, teatro Capranica).

Scarlatti muore a Napoli nel 1725, dopo aver accentuato la sua dedizione alla musica sacra e alla produzione strumentale.

4.5. L'eredità scarlattiana.

Arbitro ed educatore del gusto musicale del suo secolo, Scarlatti detta le norme di comportamente per coloro che diventano gli esponenti di una vasta scuola di sopravvivenza secolare. Lo stile scarlattiano è così una vera codificazione formale che si concretizza in elementi di immediata percezione quali l'esaltazione del respiro melodico dell'aria, la profondità del fraseggio, la sincerità degli accenti drammatici, la varietà estrema del metro ritmico. Sotto il segno del magistero scarlattiano si raccoglie lo slancio di quella produzione operistica napoletana che, nella duplice accezione di opera seria ed opera sentimentale, approda integra sino alle soglie dell'Ottocento.

Tra i contemporanei e i successori di Scarlatti vanno ricordati almeno il Vivaldi operista, autore di circa quaranta melodrammi, **Agostino Steffani** (1654-1728) musicista e diplomatico, operante in Germania, **Antonio Lotti**, (a Dresda dal 1717), **Antonio Caldara** (1670-1736), fecondo collaboratore di Metastasio, **Giovanni Bononcini**, **Francesco Gasparini**.

5. *Gli Intermezzi.*

5.1. Il genere e lo stile.

L'usanza di inframmezzare il melodramma serio con parti comiche sopravvive anche nella produzione scarlattiana. In opere come

La caduta dei Decemviri (1697), *Eraclea* (1700), *Mitridate* (1707) il musicista palermitano immette intere scene buffe. Ma già nella *Teodora Augusta* (Napoli, 1692) l'autore aveva ritagliato una vera e propria vicenda interpretata da personaggi comici, distaccabile dal corpo stesso dell'opera, e dotata di vita autonoma. Questa parentesi comica, intitolata *Niso e Cleria* è da considerarsi come il primo organico **intermezzo**.

Si compiva così ciò che i teorici e letterati **Stampiglia** e **Zeno** avevano postulato nella progettata riforma drammaturgica: bandire le parti buffe dal corso di una storia seria o tragica.

Confinate all'esterno del corpo drammatico le vicende buffe e burlesche si dotano di una propria fisionomia formale. L'intermezzo viene ad inserirsi tra un atto e l'altro di un'opera seria secondo questo schema:

> primo atto serio - intermezzo, prima parte - secondo atto serio - intermezzo, seconda parte - terzo atto serio.

Avendo come protagonisti due o tre personaggi, l'intermezzo ha per argomento motivi di satira umana o sociale, riproducendo, in chiave ridicola, amori, infedeltà coniugali, matrimoni ottenuti attraverso l'astuzia, nobili burlati, maestri di musica scrocconi, canterine capricciose, impresari in difficoltà.

5.2. Gli autori.

Si deve a Metastasio il primo intermezzo dedicato alla descrizione, in chiave satirica, degli uomini di teatro: *L'impresario delle Canarie* (1724).

La diffusione del teatro di Molière dà l'avvio a una serie di pezzi quali *Il bottegaro gentiluomo* (Castelli-Conti, 1713), *L'avaro* (Salvi, per le musiche di Gasparini e di Hasse).

Le nuove energie comiche entrate nel teatro con esistenza autonoma vengono poste al servizio dell'osservazione dell'uomo, dei suoi vizi, dei suoi difetti.

Un ruolo fondamentale, per la messa a punto dell'intermezzo, è rivestito da **J. Adolf Hasse**.

Nato nel 1699 presso Amburgo, perfezionatosi in Italia con Scarlatti e Porpora, Hasse inizia nel 1726, con *Il Sesostrate* una felice attività operistica. Nel 1730 sposa la cantante Faustina Bordoni, una delle più prodigiose virtuose dei suoi giorni. La coppia si stabilisce, nel 1733 a Dresda, ove il compositore ottiene l'incarico di maestro di cappella di corte. Dal 1764 Hasse è a Vienna, legando la sua professionalità alla musa librettistica di Metastasio. Rientrato a Venezia nel 1773, vi muore nel 1783.

Autore di cinquanta melodrammi in stile metastasiano, Hasse scrive nel soggiorno napoletano (1726-30) anche dieci intermezzi. Questi costituiscono l'anello di congiunzione tra gli intermezzi delle origini e la straordinaria produzione di Pergolesi. Si ricordano, tra gli altri, *La contadina* (1728) e *La serva scaltra* (1729). In quest'ultimo Dorilla, astutissima giovinetta, riesce a farsi sposare da Balanzone, un poco sagace esponente del medio ceto borghese.

Si deve a **Domenico Scarlatti**, il geniale figlio di Alessandro, uno dei più riusciti intermezzi dell'epoca, *La Dirindina* (1714). In essa si narrano le comiche e paradossali vicende di una giovane canterina contesa dall'evirato Liscione al maturo maestro Carissimo.

6. *Giovan Battista Pergolesi.*

6.1. Gli esordi.

La figura di Pergolesi, resa nota a livello internazionale dall' intermezzo *La serva padrona*, raccoglie, in realtà, tutte le esperienze musicali della sua epoca.

Musicista metastasiano, ma anche geniale inventore di un teatro comico moderno, Pergolesi nasce a Jesi nel 1710. Educato a Napoli, nel conservatorio dei Poveri di Gesù Cristo, diplomatosi con Durante, Pergolesi esordisce come autore di un'opera di argomento storico-religioso, il *San Guglielmo d'Aquitania* (1731).

Dopo il felice esito di *Salustia* (1731-32) ecco, per il napoletano (teatro dei Fiorentini) la commedia *Lo frate 'nnamurato* (1732). Il testo predisposto da G.A. Federico è di uno straordinario realismo borghese: il musicista, rinunciando all'amplificazione dell'aria, punta su formule vocali stringate ed efficaci. L'adozione del linguaggio napoletano e l'assunzione di modelli canzonettistici legano la commedia all'ambiente popolare partenopeo.

6.2. La *Serva padrona*: la rivoluzione del comico.

Nel 1733 va in scena al teatro san Bartolomeo il dramma serio *Il prigionier superbo*: lo stesso Pergolesi vi dispone all'interno degli atti il suo intermezzo *La serva padrona* (libretto di Federico). Il successo dell'intermezzo è travolgente. Immediato il lancio in tutta Europa: a Roma (1738) e Dresda (1740) ad Amburgo (1743), Augusta e Vienna e Parigi (1746), a Lipsia e Postdam (1748). A Copenaghen arriva nel 1749, nel 1750 a Londra e Barcellona, nel 1752 a Berlino. E' questo l'anno della replica dell'intermezzo a Parigi, Académie Royale.

L'esplosivo successo dell'intermezzo pergolesiano, favorito anche dal consenso dei filosofi Enciclopedisti, dà origine a una delle più pungenti diatribe del settecento (la cosidetta *querelle des bouffons*).

Si volle vedere nel pezzo teatrale del musicista italiano il germe di un rinnovamento dell'opera musicale, rinnovamento che poteva venire solo dal linguaggio comico, così strettamente legato alla vita quotidiana e alla realtà.

Nel 1734, in concomitanza con l'occupazione del Regno di Napoli da parte dell'infante don Carlos (che nel '37 farà edificare il teatro che porta ancora il suo nome) Pergolesi scrive un dramma su libretto di Metastasio, *Adriano in Siria* (teatro san Bartolomeo). Accompagnano l'opera le scene dell'intermezzo *Livietta e Tracollo*. L'anno dopo il musicista prepara per il romano teatro Tor di Nona *L'Olimpiade*, ancora su libretto metastasiano. Muore nel 1736, nel convento dei padri Cappuccini di Pozzuoli, dopo aver vergato le ultime righe dell'immortale *Stabat Mater*.

7. *Il principe della poesia per musica: Pietro Metastasio.*

7.1. Metastasio e la Riforma del melodramma.

Gli ideali di riforma poetica presenti nel movimento letterario dell'**Arcadia** trovano la massima soluzione in Pietro Trapassi, detto Metastasio, discepolo del fondatore Gravina.

La poetica metastasiana si innesta sul filone del melodramma di derivazione scarlattiana, creando un organismo teatrale che diviene la forma di spettacolo di tutta l'Europa colta.

Pietro Trapassi nasce a Roma nel 1698. La protezione dell'abate Gravina gli consente di entrare in Arcadia (1718) e di diventarne la figura emergente.

A Napoli, ove si è trasferito per lavoro Trapassi-Metastasio conosce nel 1721 Marianna Benti Bulgarelli, affermatissma cantante che diventa la sua protettrice.

Metastaso esordisce nel teatro con *Didone abbandonata* (1724), musicata da Domenico Sarro. E' un successo travolgente che apre all'autore le porte del mondo dei musicisti. Tra il '24 e il '28 altri libretti vengono musicati da Vinci, Albinoni, Porpora e Vivaldi.

L'attenzione della principessa napoletana Pignatelli-D'Althann consente allo scrittore di essere chiamato a Vienna (1729) per affiancare e poi succedere ad Apostolo Zeno (1730) nell'ambito incarico di "poeta cesareo".

Perfettamente integrato nell'ambiente di corte Metastasio vive al servizio di Carlo VI e di Maria Teresa fornendo alla famiglia imperiale drammi aulici e celebrativi, serenate, azioni teatrali. Muore nel 1782, dopo aver visto i suoi ventisette drammi musicati da un centinaio di autori.

Operando, a differenza dei suoi predecessori, nella piena convinzione che la sua poesia deve essere funzionale alla musica, seguendone leggi e consuetudini, l'abate romano inventa un tipo di libretto che si presenta al compositore come un organismo perfettamente strutturato. Sul linguaggio, Metastasio applica i principi di semplicità e di sinteticità espressi dall'Arcadia: i suoi versi sono plastici, le immagini suggerite immediate e di facile assimilazione: le situazioni e i personaggi comici, così cari alla concezione teatrale barocca, sono eliminati, e relegati negli intermezzi; le storie, tutte rigorosamente drammatiche, procedono con logica implacabile verso la soluzione richiesta. Il finale, sempre sereno, deve suggerire una riflessione di carattere morale, elevandosi a norma di comportamento etico.

7.2. Le fonti e la struttura dei libretti.

Riprendendo le concezioni teatrali proprie dei letterati-riformatori Stampiglia e Zeno, Metastasio attinge i suoi personaggi dall'antichità greco-romana per ritrovarvi storie esemplari nelle quali possano riflettersi e riconoscersi gli esponenti delle classi egemoni, in particolare quelli al servizio dell'Imperatore d'Austria.

Le fonti autorevoli che danno linfa vitale alle storie metastasiane sono Plutarco, Silio Italico, Cicerone, Seneca, Orazio, Appiano, Svetonio e Aurelio Vittore. Non mancano tuttavia collegamenti con le fonti del più recente teatro francese di Corneille e di Racine.

La veste erudita e l'aggiornamento di costume si amalgamano in una rappresentazione che - sopratutto a partire dal 1730 - si cristallizza in una forma dalle strutture immutabili, perfettamente collaudata e finalizzata alle aspettative del pubblico.

La necessaria adesione alle idee dell'Illuminismo razionalista porta Metastasio a creare situazioni di carattere propedeutico ed educativo. I personaggi, di conseguenza, sono tutti grandi e nobili, re e regine, eroi positivi, portatori di idee e di simboli universali, interpreti di azioni allegoriche.

E, come prevedibile, sono tutti rigorosamente inseriti in una gerarchia sociale piramidale, al vertice della quale sta il Monarca. Di conseguenza il teatro metastasiano è preziosissimo strumento di amplificazione del conservatorismo e del misurato spirito reazionario della corte viennese, veicolo di consolidamento e di propagazione della mentalità politica degli aristocratici.

La schematizzazione delle strutture drammaturgiche metastasiane si vale della divisione in scene, costituite queste, da *recitativi* e da *arie*. Nei *recitativi* vengono, come di consueto, concentrate tutte le fasi dell'azione, mentre nelle *arie* (di solito costituite da otto versi divisi in due quartine) prevale la funzione lirica ed emotiva.

L'*aria*, sempre posta alla fine della scena, è costruita su versi levigati, di studiatissima eufonia, di un regolare impianto metrico che porge al musicista un percorso acustico che è già suono.

Gli effetti narrativi si susseguono con geometrica coerenza fino al punto massimo di complicazione: nel momento in cui personaggi principali e secondari hanno intrecciato le loro vicende sino a un nodo indistricabile, ecco allora l'evento straordinario, l'intervento eccezionale, l'*agnizione*, a risolvere ogni tensione, portando tutte le personali vicende alla più felice soluzione.

L'opera metastasiana, pensata su misura per l'intervento del musicista, pur godendo di un grado di dignità letteraria sconosciuto alla produzione di poeti per musica contemporanei, non sfugge al destino di diventare preda delle acrobazie dei cantanti. Privilegiando infatti la lucentezza e la scorrevolezza delle arie i compositori concentrano in queste tutta la loro maestria: i cantanti le trasformano in puro momento edonistico ove il virtuosismo vocale diventa lo spavaldo metro di una valutazione artistica tutta esteriore.

Metastasio, consapevole che i suoi libretti possono trasformarsi in opera-concerto, costituita praticamente da una ininterrotta succesione di arie, non manca mai di raccomandare ai musicisti di attenersi scrupolosamente al suo testo, rispettandone l'integrità e valorizzandone la perfetta versificazione, già contenente, implicitamente, il metro ritmico della frase musicale. Raccomandazioni che, come si sa, furono da tutti più o meno disattese.

7.3. Gli autori metastasiani.

Il perfetto sodalizio è raggiunto tra il 1731 e il '36 con **Caldara** che musica alcuni lavori metastasiani: *Adriano in Siria* (1732), *L'Olimpiade* (1733), *La clemenza di Tito* (1734). Il rapporto è quasi eguagliato da **Hasse** che, oltre a riprendere in seconda intonazione le opere già musicate da Caldara, vi aggiunge *Attilio Regolo* (1750) considerata il suo capolavoro. Hasse, a partire dal 1730 (*Ezio*) sino al 1771 pone in musica oltre trenta drammi metastasiani, chiudendo la sua carriera con *Ruggiero*, rappresentato al teatro Ducale di Milano (in concomitanza con l'*Ascanio in Alba* di Mozart). Musicista prediletto da Metastasio, Hasse adotta una pacata e razionale drammaturgia vocale che fa risaltare la levigatezza e la tornitura delle frasi poetiche. La staticità degli "affetti" trovano nelle simmetriche frasi vocali di Hasse lo sfondo plastico per esaltarne la carica di razionalistica seduzione.

Tra gli autori che musicano Metastasio sono da ricordare almeno **Niccolò Porpora** (1686-1768) autore di *Ezio* (1728) e di *Semiramide riconosciuta* (1729), **Francesco Feo**, con *Issipile*, **Leonar-**

do Leo che si accosta con *Catone in Utica* (1728) per proseguire con *Demofoonte, Siface, Clemenza di Tito, Achille in Sciro.*

L'esito forse più elegante nell'adozione di modelli metastasiani è raggiunto da **Leonardo Vinci** (1690-1730) che, adottata la *Didone* (1726), produce in seguito altri cinque melodrammi: *Siroe, Catone, Alessandro, Semiramide, Artaserse*. La musicalità di Vinci, elegante ma sapida di umori, risulta essere una delle più avanzate tra quante abbiano illustrato la poesia del Trapassi.

Esemplari per la ripetitività delle stesure musicali risultano *Didone abbandonata*, musicata tra il 1724 e il 1823 da sessanta autori, l'ultimo dei quali è **Mercadante** e *L'Olimpiade* (1733) che vanta, tra i suoi quarantatre musicisti **Vivaldi** (1734), **Pergolesi** (1735), **Piccinni** (1761), **J.C. Bach** (1769), **Cimarosa** (1784).

Lo stesso **Mozart**, oltre ad utilizzare la serenata drammatica *Il sogno di Scipione* (1772), e *Il Re pastore* (1775), ritorna alla poesia dell'abate romano con *La clemenza di Tito* nel 1791: **Gluck**, prima ancora di dare inizio alla sua riforma di segno antimetastasiano, risulta autore della musica di una *Clemenza di Tito* (1752) e della festa teatrale *Le cinesi* (1754).

8. *Carlo Goldoni: verso un nuovo teatro.*

8.1. La comicità naturale.

L'esperienza comica portata al massimo livello di intensità musicale da *La serva padrona* di Pergolesi trova il suo riscontro letterario nell'ingresso di Goldoni nel mondo del melodramma di ispirazione giocosa. Il commediografo veneziano, che entra a contatto con i musicisti tra il 1733 e il '34, porta sul palcoscenico sonoro lo spirito di rinnovamento con cui tratta anche la commedia in prosa. Iniziato il lavoro di librettista per puro spirito di guadagno *(Mémoires,* I, XXIV) Goldoni si fa presto attrarre da un mondo d'arte che ha le sue particolari leggi. Con sei opere serie (scritte tra il 1736 e il '41), dodici intermezzi (1730-60) e circa sessanta drammi giocosi (1735-79) Goldoni è certamente il più fecondo poeta per musica della storia del melodramma italiano.

La riforma goldoniana avviene in maniera del tutto organica alle funzioni della musica, che non vengono mai messe in discussione. Il tono della comicità viene elevato su situazioni psicologiche che scaturiscono dall'osservazione della vita quotidiana: nobili boriosi, mercanti saggi, contadini filosofi, canterine capricciose, artigiani e viaggiatori animano le pagine e le trame goldoniane con accenti del tutto verosimili e convincenti. La commedia d'intrigo napoletana, tutta immersa nel bruciante contenitore della spontaneità popolaresca, si coniuga con la commedia dell'arte veneziana: il prodotto forgiato da Goldoni è una "commedia di caratteri", dotata di aspetti culturali propri della classe borghese. Eccezionale risulta, inoltre, la varietà metrica con cui Goldoni scrive i suoi versi: in tal modo i compositori si trovano la strada spianata per l'utilizzazione di un linguaggio ritmico molto flessibile.

Il rapporto tra Goldoni e la musica, tutto giocato su una continua alternanza di attrazione e di repulsione, è ben dipinto dallo stesso autore in alcuni versi del suo ultimo libretto buffo italiano *La bella verità* (Bologna, 1762). In esso il veneziano, dipingendo se stesso sotto le vesti del librettista Lorano Glodici afferma:

"i' aveva fissato
di mai più voler fare un dramma buffo
tant'io ne sono stomacato e stuffo". (I,8)

8.2. Il Buranello, il musicista di Goldoni.

Se tra gli autori che pongono in musica libretti di Goldoni va annoverato inizialmente anche Vivaldi (*Aristide*, 1735) gli esordi della riforma sono legati a maestri meno noti, quali Maccari, Ciampi, Marchi.

Fondamentale, per Goldoni, l'incontro con **Baldassarre Galuppi**, detto **Il Buranello**.

Musicando inizialmente due opere serie come *Gustavo Vasa, re di Svezia,* e *Oronte, re de' Sciti* (1740), il Buranello sembra voler prendere molto a cuore il nuovo assetto teatrale auspicato dal concittadino. E' tuttavia nel 1749 che, con una brusca conversione verso il genere comico, Galuppi lega indissolubilmente il suo nome a quello di Goldoni. Sono infatti di quell'anno le musiche per *L'Arcadia in Brenta,* per *Il conte Caramella*, per *Arcifanfano, re de' matti,* per *Il mondo alla rovescia, ossia le donne che comandano,* e per *Il mondo della luna.* Con *Il filosofo di campagna*, commedia strettamente legata alle teorie dei fisiocratici francesi, Goldoni e Galuppi scrivono l'opera più riuscita di un sodalizio continuo, quanto dotato di reciproca stima.

Nato nel 1706, precoce autore teatrale, collaboratore di Metastasio a Vienna dal 1737 al '45, Galuppi, dopo un periodo di permanenza a Londra, torna a Venezia, per essere nominato vicemaestro della cappella di san Marco (1748). Il prestigio conseguito come musicista d'opera consente al Buranello di portare avanti, in questo periodo, un intenso lavoro di approfondimento nel campo orchestrale che produce fecondi frutti a favore dell'evoluzione della sinfonia.

Nel 1765 l'imperatrice di Russia, Caterina II, vuole il Buranello a San Pietroburgo, come maestro di cappella e direttore del teatro italiano. Tornato a Venezia, Galuppi si spegne nel 1785.

Metastasio, che aveva pur apprezzato le musiche galuppiane di *Demetrio* e di *Artaserse* lasciò un curioso e poco obiettivo giudizio, rimproverando al Buranello di essere un ottimo compositore per orchestra, ma di non tener in alcuna considerazione le parole e i versi dei suoi libretti.

> "... ha una feconda miniera di idee, ma non tutte sue, né sempre ben ricucite insieme".

8.3. Gli altri autori goldoniani.

Sulla linea librettistica percorsa da Galuppi si inseriscono anche altri autori: fra questi Bertoni, il napoletano Fischietti, Giuseppe Scolari, Cocchi, Cordella, Perillo.

Dopo un primo apporto di E.R. Duni il libretto de *La buona figliola* (1756), desunto da un romanzo inglese (*Pamela* di S. Richardson) viene musicato nel 1760 da Piccinni sotto il titolo di *La Cecchina, o la buona figliola.* E' forse questo il successo più clamoroso mai toccato a un libretto goldoniano: la *Cecchina* prende il posto de *La serva padrona,* divenendo uno dei luoghi più cari del teatro sentimentale del settecento.

Sono presenti nell'elenco dei musicisti goldoniani anche Gassmann (*Gli uccellatori,* 1759 e *Filosofia ed amore*, 1760), Mozart (*La finta semplice*, 1769), Paisiello (*Il regno della luna*, 1774), Salieri (*La calamità de' cuori,* 1774), Cimarosa (*Il mercato di Malmantile*, 1780).

F.J. Haydn mette in musica *Lo speziale*, 1768, *Le pescatrici*, 1771 e *Il mondo della luna,* 1777.

Nel nostro secolo **E. Wolf Ferrari** ha scritto (tra il 1908 e il '36) cinque opera desunte da testi del veneziano, mentre **Gian Francesco Malipiero**, con *Tre commedie goldoniane* del 1922 (*La bottega del caffè, Sior Todaro brontolon e Le baruffe chiozzotte*) lascia un trittico teatrale che suona come uno dei più commossi omaggi di un musicista alla cifra veneziana:

> "... le tre commedie goldoniane rappresentano il viaggio tra calli, rii , campi, palazzi e nelle lagune di un musicista che si è lasciato condurre per mano da Carlo Goldoni".

9. *I musicisti verso la Riforma: Christoph Willibald Gluck.*
9.1. La vita.

Gluck è il musicista che anagraficamente e consapevolmente porta a compimento la riforma progettata e auspicata anche dagli italiani Traetta e Piccinni.

Nato nel 1714 nell'Alto Palatinato, studia a Praga, ma dal 1735 è a Vienna, ove viene protetto dal nobile italiano Melzi che lo fa trasferire a Milano. Qui studia alla scuola di Sammartini, ma nel 1741 debutta come operista al teatro Ducale con *Artaserse*, su testo di Metastasio.

Dal 1745 inizia un giro artistico europeo che da Londra lo porta a Dresda, Vienna, Copenaghen, Praga e Napoli. Stabilitosi a Vienna entra nel cenacolo del conte Durazzo, continuando a scrivere opere in stile metastasiano; tra questa *Antigono* e *Il re pastore* (1756).

Ritenendo ormai superata l' utilizzazione dei libretti metastasiani Gluck auspica la creazione di un teatro più verosimile e maggiormente dotato di caratteri autenticamente drammatici: scrive (1761) il balletto *Don Juan ou le Festine de pierre*, una coreografia d'azione realizzata in collaborazione con il poeta Calzabigi e il danzatore Angiolini.

9.2. L'incontro con Raniero de Calzabigi.

Nato a Livorno nel 1714, Calzabigi inizia nel 1743 la sua attività di autore di libretti d'opera, trasferendosi a Parigi (1756) in compagnia di Giacomo Casanova.

Nel 1755 cura la pubblicazione del primo volume delle opere di Metastasio, scrivendo una Prefazione nella quale pone in evidenza le idee di riforma e di radicale trasformazione dei libretti. Calzabigi desidera rendere la poesia il vero centro del melodramma, e auspica la collaborazione effettiva tra autore del libretto e musicista. Dal lavoro svolto in comune deve nascere un'opera dotata di caratteri unitari, di grande efficacia drammatica.

Trasferitosi a Vienna ed entrato nel circolo del conte Durazzo, direttore generale degli spettacoli di corte, Calzabigi conosce Gluck e dà inizio a un fecondo rapporto che porta ai libretti di *Orfeo ed Euridice, Alceste, Paride ed Elena.*

Lasciata l'Austria vive a Pisa, e a Napoli, ove si spegne nel 1795.

9.3. Le opere della Riforma.

Ricorrendo, come gli antichi maestri della Camerata dei Bardi al mito greco Gluck, con *Orfeo ed Euridice* (1762) realizza per la prima volta un'opera di matrice linguistico-culturale italiana in grado di spezzare ed annullare il modello scarlattiano-metastasiano. Nasce un prodotto teatrale di concezione drammatica e narrativa del tutto inedita.

I tre personaggi, Orfeo (interpretato dal contraltista Gaetano Guadagni), Euridice ed Amore (ambedue soprani) agiscono all'interno di una scena continuamente animata da cori e balli. Versi sciolti si alternano, nella stesura poetica, a versi rimati, le arie sono consapevolmente monopartite, i recitativi sono accompagnati da robusti accordi dell'orchestra. Costante è l'accento tragico che viene evidenziato da ampi ariosi nei quali i personaggi cantano con inedita varietà di accenti.

Il successo di *Orfeo* apre la strada ad *Alceste*, "tragedia per musica" che Calzabigi consegna a Gluck nel 1767. I pochi tratti convenzionali che appaiono ancora nella stesura del mito di Orfeo, qui sono del tutto cancellati: la musica è severa e grandiosa, come si addice a un'antica tragedia greca. I due autori, nell'edizione a stampa del 1769 evidenziano il loro pensiero teorico, dichiarando di aver costretto la musica al suo vero compito, che è quello di "servire la poesia" senza interrompere l'azione. La stretta coerenza con cui in *Alceste* si susseguono le situazioni musicali supera l'estetica del Rococò e si allinea con le immagini di antica grandezza che Winckelmann aveva enunciato come canone della bellezza classica (*Abhandlung von der Faehigkeit der Empfindung des Schoenen in der Kunst, Dissertazione sulla capacità del sentimento del Bello nell'Arte*, 1763).

Orfeo ed Euridice e *Alceste* hanno una pronta diffusione in Italia. *Orfeo* appare nel 1769 a Parma, nel 1771 a Bologna, *Alceste* a Bologna nel 1778, a Napoli nel 1785, a Firenze nel 1786.

9.4. Le ultime opere.

Dopo *Paride ed Elena* rappresentato al Burgtheater di Vienna nel 1770, Gluck si trasferisce a Parigi, ove approfondisce il segno anti-italiano della sua produzione con il rifacimento di *Orfeo* e di *Alceste* e la stesura di *Iphigénie ed Aulide* (1774), *Armida* (1777) e *Iphigénie en Tauride* (1779). Suo avversario, naturalmente destinato alla sconfitta, è Piccinni.

In seguito al contrastato successo di *Echo et Narcisse* (1779) Gluck si ritira a Vienna ove muore nel 1787.

Tra gli effetti più immediati dell'intervento di Gluck sull'opera in musica va annoverato il trattato *Dell'opera in musica*, pubblicato nel 1772 a Napoli da **Antonio Planelli**. In esso viene radicalizzata la posizione di critica nei confronti del melodramma di tradizione metastasiana, già espressa dal *Saggio sopra l'opera in musica* (1755) del veneziano **Francesco Algarotti**.

Per Planelli l'opera è momento di verità drammatica che può essere raggiunto solo dal "canto parlante", l'unica forma di musica vocale in grado di "dar forza alle parole" e alle "idee dello spirito".

10. *Gli italiani verso il nuovo melodramma.*
10.1. Niccolò Piccinni.

Nato a Bari nel 1728, educato a Napoli, tra il 1742 e il '54 (conservatorio di sant'Onofrio, sotto la guida di Leo e Durante) Piccinni esordisce come operista con *Le donne dispettose.*

Trasferitosi a Roma, il giovane barese ha l'occasione di muovere il primo, decisivo passo verso una nuova concezione del melodramma, abbracciando la riforma goldoniana. Con *Cecchina, o la buona figliola*, su libretto di Goldoni (1760), Piccinni firma uno dei più significativi successi del teatro settecentesco: le riprese parigine (1767) e londinese (1771) assicurano al maestro pugliese una popolarità europea.

Su invito del marchese Caracciolo, ambasciatore napoletano presso Luigi XV, Piccinni raggiunge Parigi. Qui si trova coinvolto nella *querelle* tra i fautori dello stile nazionale francese e gli "italianisti" (*Les Bouffons*). Contrapposto a Gluck, Piccinni assolve con onore al suo compito, scrivendo una *Iphigénie en Tauride* (1781) e una *Didon* (1783) degne di stare alla pari con le coeve opere gluckiane. Tornato a Napoli nel periodo rivoluzionario, Piccinni è di nuovo a Parigi solamente nel 1798, per essere nominato da Napoleone direttore del Conservatorio: muore nel 1800.

10.2. La *Cecchina* e le opere francesi.

L'approfondimento psicologico del personaggio di Cecchina, operato da Goldoni e amplificato dalla musica di Piccinni non ha precedenti nella storia del teatro italiano: la fanciulla-giardiniera è fatta oggetto di un sondaggio interiore che delinea un carattere sincero, modesto, malinconico ed innocente. La scelta del libretto goldoniano, adottato dallo stesso Piccinni dopo un'audizione della commedia originale (*Pamela*, teatro Capranica di Roma, 1758) depone a favore dell'intelligenza del barese. La particolare forma di sensibilità musicale che avvolge Cecchina, la riduzione delle convenzioni belcantistiche, la ricerca di una verità espressiva sempre più tenera e seducente, colgono un inedito successo: *La buona figliola* assicura al suo autore un posto stabile nell'evoluzione del melodramma.

Il nuovo *pathos* scaturito da *Cecchina*, il tramonto dei personaggi logori e abusati a favore di un quadro drammatico, venato di sfumature sentimentali, è presente anche in altre opere giocose del maestro: ricordiamo, tra queste *La pescatrice, o la vera erede* (Roma, 1766).

Nel periodo di permanenza a Parigi, Piccinni, rinunciando a un *cliché* che gli avrebbe assicurato un successo ripetitivo, affronta il grande palcoscenico tragico con *Iphigénie en Tauride* (1781). La vicinanza con l'omonima opera di Gluck (1779) non fa sfigurare il testo dell'italiano. Scritta nello stile della *tragédie lyrique* la *Iphigénie* piccinniana rappresenta una felice sintesi tra l'impostazione aulica francese e la sensibilità italiana. Distanziandosi da Gluck, che aveva fatto sopravvivere nella sua tragedia elementi accademici, vestendo i suoi personaggi di panni sacri e rituali, Piccinni punta ancora una volta al senso psicologico, facendo di Ifigenia una donna palpitante e vitale e trasformando gli eroi greci (in particolare Pilade) in verosimili esseri umani.

Unita a *Didon,* la *Iphigénie* fa da piedistallo alle opere che altri italiani scrivono in terra di Francia, tenendo d'occhio la sintesi gluckiana adottata da Piccinni: *Danaides* (1784) di Salieri, *Oedipe a Colono* di Sacchini (1786), *Demophoon* (1788) e *Medea* (1797) di Cherubini, *La vestale* di Spontini (1807).

10.3. Niccolò Jommelli.

Nato presso Napoli nel 1714, educato al conservatorio di sant'Onofrio, Jommelli esordisce come autore comico, ma già nel 1738 affronta il teatro serio (*Odoacre*, libretto di Zeno). Sino al 1747 Jommelli è autore metastasiano (*Ezio e Semiramide*, ambedue 1741), ma i testi del poeta cesareo sono sottoposti al vaglio di una nuova coscienza drammatica: lo sviluppo conferito all'arioso e alla declamazione, l'inserimento di cori e di coreografie rivelano un'ansia di rinnovamento che scaturisce da una personalità riflessiva. Sono assai indicative le revisioni alle quali sono soggette le opere: *Semiramide,* dopa la prima del '41 ha altre due stesure, nel 1753 e nel '62; l'*Ezio* conosce tre rifacimenti, nel 1748, nel '58 e nel '71. La *Didone*, del 1747, ha un'edizione viennese del tutto rinnovata (1749) e nuova veste a Stoccarda (1763).

Creatasi nel conservatorio napoletano, cresciuta sotto la guida di padre Martini a Bologna (1741-43) resa ancor più esperta da una permanenza a Venezia come maestro di musica nell'Ospedale degli Incurabili (1743-47) la figura di Jommelli è una delle più complesse della sua epoca. Dopo un clamoroso successo romano (*Artaserse*, 1747, libretto di Metastasio) il napoletano è invitato a Vienna ove la nuova versione di *Didone* fa scrivere al Metastasio, di solito non tenero verso i musicisti, di non aver mai ascoltato "cosa che m'abbia più persuaso".

Le conoscenze fatte nel circolo del conte Durazzo rendono Jommelli ancor più consapevole delle possibilità di evoluzione del suo linguaggio teatrale.

A Stoccarda, alla corte del duca di Wurttenberg (1753) il napoletano potenzia la sua volontà riformatrice: conosce la scuola sinfonica di Mannheim, (Stamitz e Cannabich), si confronta con il teatro francese di Rameau: nasce *Fetonte*, un' opera assai cara al suo autore che ne fornisce una seconda versione del 1768: è la risposta alle due opere gluckiane, *Orfeo* e *Alceste* che hanno sconvolto la sensibilità operistica europea.

Una *Olimpiade* metastasiana (1761) dimostra come Jommelli sia ormai lontano dal melodramma aulico: il poeta (1765) esprime palesemente le sue perplessità.

Tornato a Napoli, Jommelli tenta, con una *Armida abbandonata* (1770) di ritrovare il gusto delle antiche formule italiane: qui lo incontra Mozart adolescente, che gode dell'ospitalità della sua casa. Il musicista muore nel 1774, ignorato da tutti e non apprezzato da un ambiente che non aveva saputo cogliere nulla delle novità da lui meditate.

10.4. Jommelli: un mancato appuntamento con la storia.

La sostanza drammatico-musicale delle opere di Jommelli si avvale di un lavoro di approfondimento che risulta estraneo alla gran parte dei suoi contemporanei, Gluck e Traetta esclusi.

L'utilizzazione dell'arioso e lo spessore armonico dell'orchestra portano a sottolineare maggiormente il carattere e il livello psicologico dei personaggi; l'aria trova collocazioni più logiche e più complesse di quelle tradizionali metastasiane, il convenzionale "dramma eroico" converge verso la "tragedia di sentimenti".

L'orchestra, valendosi delle acquisizioni della scuola milanese di Sammartini, prende da Rameau la capacità di precisare i contenuti delle singole scene, grazie anche a un originale uso di strumenti solisti. Il coro, poi si erge a statura di protagonista, come in *Armida*, ove Rinaldo è affrontato da due schiere di esseri sovrannaturali, gli spiriti di Armida e i demoni.

Ma Jommelli, uomo di notevole spirito teatrale, non ha il suo Calzabigi e di conseguenza non sa portare avanti con consapevolezza una riforma che sente tuttavia imminente. I lavori scritti a Stoccarda, in particolare *Fetonte* costituiscono le soglie di una rivoluzione che il musicista non è in grado di compiere.

10.5. Tommaso Traetta.

Nato presso Bari nel 1727, educato anch'egli a Napoli (Conservatorio dei Poveri di Gesù Cristo) Traetta esordisce al teatro san Carlo (1751) con un'opera seria, *Farnace*. Immediati sono, tuttavia gli esiti comici: *I pastori felici* (1753), e *Il Buovo d'Antona* (libretto di Goldoni, 1758, Venezia, teatro san Moisè).

Ancora al teatro comico appartengono successi quali *Le serve rivali* (1766, libretto dell'abate Chiari, il grande avversario di Goldoni) e *Il cavaliere errante* (1778, libretto di Bertati). La sinfonia di quest'opera e il finale dell' atto II sono notate da Mozart che, nella sua Sinfonia K 550, offre una citazione testuale della musica di Traetta.

Tra il 1757 e il 1758 Traetta musica cinque testi metastasiani (*Ezio, Nitteti, Didone, Demofoonte, L'Olimpiade*). Nel 1759 affronta il pubblico viennese del Burgtheater con *Ifigenia in Tauride* (libretto di Coltellini). In quest'opera Traetta mostra di aver assimilato la lezione di Francesco Algarotti, il diplomatico e intellettuale italiano operante alla corte prussiana di Federico II.

Nel citato *Saggio sopra l'opera in musica* del 1755, Algarotti postula l'avvento di un teatro illuminato da nuove concezioni drammatiche: l'*Ifigenia* di Traetta potrebbe porsi come antesignana della riforma gluckiana, che prende l'avvio solo nel 1762, con *Orfeo*.

Chiamato a Parma nel 1759 il maestro pugliese trova in Guglielmo du Tillot, reggente di Filippo di Borbone, un protettore in grado di recepire le istanze di rinnovamento. Entrato in contatto con l'abate **Carlo Innocenzo Frugoni** (1692-1768), un intellettuale disposto a farsi fautore di una nuova concezione del libretto per musica, Traetta scrive *Ippolito ed Ariccia* (già musicato nel 1753 da Rameau). Algarotti, che aveva più volte tentato di trasferirsi a Parma, segue da lontano, ma con crescente interesse, le vicende musicali di Traetta, ergendosi ispiratore dell'esperimento che viene tentato nel teatro padano.

Seguono *I Tindaridi* (1760, rifacimento di *Castor et Pollux* di Rameau, 1737). L'operazione tentata da Frugoni (attenersi al "dramma italiano" introducendovi "i divertimenti del dramma francese") vede Traetta rispondere perfettamente alla richiesta di innalzamento espressivo.

Giunge allora la chiamata a Vienna, da parte del conte **Durazzo**. Il nobiluomo (1717-94), nominato nel 1754 direttore degli spettacoli di corte, si prodiga a favore dell'evoluzione del teatro in musica, scontrandosi con l'ambiente conservatore che ha il suo centro ideologico in Metastasio. La protezione accordata a Gluck e ai pochi italiani che vogliono seguirlo, fa del conte Durazzo un nuovo Bardi. Impossibile, tuttavia misurarsi contro il poeta cesareo e la schiera degli aristocratici, Imperatore in testa, che lo assecondano: Durazzo nel 1764 deve gettare la spugna e abbandonare Vienna, per tornare alla sua professione di diplomatico.

Per il conte Durazzo, dopo *Ifigenia*, Traetta scrive anche una *Armida* (1761) che il librettista Migliavacca trae da Quinault.

Dopo una parentesi italiana, Traetta accetta il prestigioso incarico di direttore del teatro di corte di San Pietroburgo. Sotto il patronato dell'imperatrice Caterina nasce *Antigona* (1772) su libretto di Coltellini, che aveva raggiunto il musicista in Russia, in compagnia della cantante Caterina Gabrielli. Alla richiesta dell'autocrate di Russia, desiderosa di conoscere un dramma musicale dai contenuti filosofici, Traetta offre una storia ove si stagliano i contrasti tra i diritti dell'uomo naturale e le leggi della società. Lasciata nel 1765 la Russia, Traetta torna a Venezia, per morire nel 1779.

10.6. Ai limiti della sensibilità mozartiana.

Partito da una concezione teatrale propria di Leo e di Hasse, Traetta opera una selezione delle nozioni stilistiche della sua epoca, compiendo un grande salto in avanti. La conoscenza del saggio dell'Algarotti, nel quale si chiede al libretto e alla musica nuova forza di sentimenti e piena coerenza narrativa, trovano Traetta disponibile alla ricerca di opzioni inedite. Gli esperimenti maturati a Parma avendo come ideale guida il teatro di Rameau, il clima spirituale respirato in casa Durazzo, vedono Traetta perfettamente consapevole dell'impegno psicologico che gli viene richiesto. In *Antigona*, il suo capolavoro, alcuni momenti, come il combattimento tra Eteocle e Polinice, l'entrata di Antigona, la festa nella reggia di Creonte, sono le sezioni magistrali che rompono il convenzionale equilibrio delle emozioni. Con quest'opera, a lieto fine, come volevano le consuetudini di corte, Traetta può dirsi più di ogni altro, il precursore italiano di Mozart e il portatore di valori stilistici europei.

11. *Il sinfonista italiano: Giovanni Battista Sammartini.*
11.1. La vita.

Figura pressoché isolata nel contesto del mondo italiano, interamente votato all' opera in musica, Sammartini (Milano, 1700-1775) è l'unico compositore che esplica la sua attività nel campo sinfonico.

Autore già nel 1732 di due lavori che si possono definire "sinfonie", il musicista è direttore, sin dal 1765, di un'orchestra di sessanta elementi che si esibisce a Pavia e a Cremona in presenza dell'arciduca Leopoldo d'Arburgo. In questa orchestra è presente, come violoncellista, anche Luigi Boccherini.

Per cinquanta anni Sammartini è l'animatore di un'attività sinfonico-orchestrale che fa di Milano un centro di attrazione per musicisti europei. Dal 1737 al '41 Gluck assimila le lezioni del musicista milanese; lo seguono J.C. Bach (a Milano dal 1752 al '62) e il boemo Myslivecek che, nel 1780, asserisce di aver trovato in Sammartini il "padre" dello stile sinfonico di Haydn. Attraverso la mediazione di Jommelli, attento seguace del sinfonismo sammartiniano, l'esempio milanese è ben meditato anche da un maestro della Scuola di Mannheim come Cannabich. Il protettore di Haydn, il principe Esterhazy, commissiona a Sammartini due sinfonie al mese: molte copie di questi lavori sono state trovate nella biblioteca di questa nobile famiglia magiara.

Dopo aver istituito una stagione di concerti sinfonici che, sotto il patrocinio del conte Pallavicino, si svolgevano nel cortile del castello Sforzesco di Milano, Sammartini fonda anche l'Accademia Filarmonica: con queste due iniziative la capitale lombarda, saldamente ancorata all'Impero Austroungarico, diviene il regno italiano della musica strumentale.

11.2. Lo stile sinfonico italiano.

Nella musica di Sammartini, tutta conservata ancora allo stato di manoscritto inedito, si riscontra la fusione delle due grandi tradizioni strumentali italiane, quella del concerto veneziano (tripartito) caratterizzato dalla chiarezza di motivi tematici e dall'energia ritmica, e quella della musica napoletana, la cui cantabilità è indissolubilmente legata ai modelli orchestrali di accompagnamento operistico. Nelle circa ottanta sinfonie conosciute il compositore milanese si discosta progressivamente dalle formule del concerto grosso per accedere a una creazione originale nella quale la "forma sonata" è trattata in tutta la sua astratta autonomia discorsiva. Particolarmente prolifico anche nel campo cameristico Sammartini scrisse una miriade di sonate e di trii (editi a Londra) che si distaccano progressivamente dallo "Stile Galante" per puntare a una più concreta presenza linguistica. Va ricordato come Mozart, nel suo viaggio in Italia del 1770, faccia tesoro della conoscenza della musica strumentale di Sammartini, tanto da scrivere il suo primo quartetto d'archi (K 80) dietro lo stimolo dell'ascolto di pagine dell'autore milanese.

Palpiti dell'antica scuola corelliana si respirano ancora nella musica per violino di **Felice Giardini** (1716-96), morto a Mosca dopo aver lasciato una ricca produzione cameristica (in particolare quartetti) nella quale lo "Stile Galante" punta progressivamente ad acquisire un inedito rigore formale.

Un altro fecondo autore di musica sinfonica e cameristica è il livornese **Giuseppe Cambini** (1746- Parigi, 1825). Allievo di padre Martini a Bologna, trasferitosi nel 1770 a Parigi, Cambini è uno dei non pochi musicisti italiani che, dedicatosi esclusivamente alla produzione per orchestra, deve emigrare per trovare un tipo di pubblico in grado di recepire il valore della sua opera. Autore di circa ottanta *sinfonie concertanti*, genere assai gradito al pubblico parigino, il livornese lascia anche circa duecento quartetti d'archi nei quali si respira un palpito preromantico.

12. *Un italiano tra Vienna e Parigi: Antonio Salieri.*
12.1. La vita.

Nato in provincia di Verona nel 1750, Salieri studia a Venezia, alla scuola della cappella basilicale di san Marco. Apprezzato da L. Gassmann, l'allievo boemo di padre Martini, in quel momento maestro della cappella imperiale, Salieri viene condotto a Vienna. Qui è introdotto dall'autorevole protettore negli ambienti di corte, ricevendo una buona educazione musicale e letteraria. Dopo un esordio operistico con *Le donne letterate* (1770) ascoltate ed apprezzate anche da Gluck, il musicista veneto succede a Gassmann (1774) quale "compositore di corte".

Inizia un'attività operistica italiana: nel 1778 la sua *Europa riconosciuta* inaugura il teatro alla Scala a Milano.

Favorito dall'imperatore Giuseppe II, Salieri si trasferisce a Parigi per raggiungere Gluck, ivi spedito per preparare l'arrivo di Maria Antonietta, sorella dell'imperatore e sposa di Luigi XVI. La conoscenza della *tragédie lyrique* favorisce la nascita di *Les Danaides* (1784). Completamente spogliata di ogni parvenza di italianità, la musica di *Les Danaides* paga il tributo a Gluck, di cui Salieri era fervente seguace. Il vasto affresco operistico si vale, comunque, degli aulici rivestimenti della drammaturgia francese, sopratutto nell'uso del coro e nella scultorea potenza dei recitativi. La solenne asciuttezza delle architetture è debitrice anche alle realizzazioni di Sacchini, *Chimène, ou le Cid* (1783) e *Dardanus* (1784). La fusione tra gluckismo e *tragédie lyrique* di *Danaides* non manca, a sua volta, di influenzare un'altra partitura di Sacchini, *Oedipe à Colono* (1786) nonché il *Demophoon* di Cherubini (1788).

12.2. A Vienna, la gloria.

Rientrato nella capitale imperiale Salieri si trova sulla sua strada il nascente astro compositivo di Mozart. Nel 1786 Giuseppe II promuove una gara tra i due musicisti: è in palio la superiorità dell'opera italiana su quella tedesca. Oggetto del contendere sono l'opera buffa in un atto di Salieri *Prima la musica e poi le parole* e il *Singspiel* di Mozart *Der Schauspiel Direktor*. Risulta vincitore Salieri.

Dopo il pensionamento di Giuseppe Bonno, Salieri ottiene l'incarico di maestro della cappella di corte (1788). E' di questo anno *Axur, re d'Ormus*, rifacimento di *Tarare*, opera in stile tragicomico, già presentata l'anno precedente a Parigi Il libretto di Beaumarchais, rifatto per il pubblico viennese da Lorenzo Da Ponte, è la classica "opera filosofica" di sfondo volteriano, nella quale si vogliono affermare valori positivi quali la libertà dell'uomo e la democrazia.

Nel 1799 Salieri scrive il suo *Falstaff*, su libretto di Defranceschi, un giurista che lavora molto intelligentemente sul testo shakesperiano.

Al colmo della sua popolarità e del suo potere Salieri ha tra i suoi allievi Beethoven, Hummel, Liszt, Meyerbeer, Schubert: nel 1817 figura tra i fondatori del Conservatorio di Vienna.

Dal 1821 il musicista dà evidenti segni di squilibrio mentale: muore nel 1825.

Fecondo autore di musica cameristica, Salieri lascia anche molte pagine di uso sinfonico come concerti per pianoforte, per oboe e per flauto e orchestra, serenate, pagine per strumenti a fiato.

La leggenda si impadronisce in senso sfavorevole della figura del musicista imperiale: nel 1830 Puskin scrive la tragedia breve *Mozart e Salieri* nella quale sono amplificate le voci secondo cui l'italiano avrebbe avvelenato il salisburghese.

13. *I maestri italiani intorno a Mozart: Bertoni, Anfossi, Gazzaniga.*

Mentre Napoli continua a sfornare dai suoi ormai decadenti Conservatori i suoi grandi operisti, da altre regioni del nord provengono musicisti che integrano la loro attività con quella dei partenopei, intrecciando altresì la propria parabola professionale con Mozart.

Ferdinando Bertoni (1725-1813) nato a Brescia, allievo di padre Martini a Bologna, succede nel 1785 a Galuppi nella carica di maestro della cappella marciana in Venezia. Nel 1776 scrive un famoso *Orfeo ed Euridice,* sul celebre libretto di Calzabigi.

Pasquale Anfossi, nato ad Imperia nel 1727, è uno degli autori che hanno più profondamente influenzato l'arte vocale del giovane Mozart. Formatosi a Napoli, nel Conservatorio di santa Maria di Loreto, avendo come maestro il quasi coetaneo Piccinni, Anfossi giunge alla popolarità nel 1771, con l'intermezzo *Il barone di Rocca antica,* scritto in collaborazione con Carlo Franchi (libretto di Petrosellini, Roma, teatro delle Dame). Con *La Giannetta, ossia l'incognita perseguitata* (Roma, 1773, libretto di Petrosellini, da Goldoni) il successo di Anfossi rimbalza in tutta Italia, designando il musicista ligure quale erede di Piccinni nel genere comico-sentimentale. Nel 1774 una *Finta giardiniera* si diffonde in Europa, superando di gran lunga l'omonima opera scritta l'anno dopo, per Monaco, dal giovanissimo Mozart.

Dopo una fortunatissima carriera europea, culminata nella direzione dell'Opera Italia a Londra (1781-86) Anfossi si ritira in Italia, a Roma, quale maestro di cappella in san Giovanni in Laterano. Lo stile aggraziato e tenero di Anfossi è di una popolarità indiscussa. Mozart stesso si trova a dover scrivere alcune arie da inserire, come varianti, nelle riprese viennesi di opere di Anfossi: *Vorrei spiegarvi, o Dio* K 418, *No, che non sei capace* K 419 e *Per pietà non ricercate* K 420 per *Il curioso indiscreto* (1783, Burgtheater), *Un bacio di mano* K 541 per *Le gelosie fortunate* (1788). Nel 1791, Mozart scrive anche la *Controdanza* K 607 su un tema de *Il trionfo delle donne,* cantata a Vienna nel 1786: la musica rimane incompiuta.

Giuseppe Gazzaniga, veronese (1743-1818) anch'egli studente a Napoli, presso il Conservatorio di sant'Onofrio, allievo di Porpora e Piccinni, è musicista di modesta attività operistica. E' autore di quaranta commedie musicali, tra le quali spicca il dramma giocoso *Il convitato di pietra* (libretto di G. Bertati. 1787) lavoro a cui si ispirano direttamente Da Ponte e Mozart per il loro *Don Giovanni.* Rappresentato il 5 febbraio del 1787 al teatro veneziano di san Moisè, il *Convitato di pietra* di Gazzaniga-Bertati è seguito, ad appena otto mesi di distanza (Praga, 29 ottobre) dal capolavoro mozartiano. Gazzaniga conclude la sua attività quale maestro di cappella nel Duomo di Crema.

14. *Un librettista per Mozart: Lorenzo Da Ponte.*

Caso più unico che raro nella storia del melodramma è la perfetta coincidenza di motivazioni che raccolgono l'attività di un librettista e di un musicista intorno a tre melodrammi che sono tutti capolavori: *Nozze di Figaro* (Vienna, 1786), *Don Giovanni* (Praga, 1787), *Così fan tutte* (Vienna, 1790).

L'accostamento di Lorenzo Da Ponte al mondo dell'opera in musica è del tutto casuale. Nato nel 1749 in Veneto, ordinato sacerdote nel 1773, esiliato dai territori della Repubblica veneziana per motivi di salute pubblica, Da Ponte ripara a Dresda (1780) dove ha il primo contatto con il palcoscenico teatrale, adattando alcuni libretti d'opera per Caterino Mazzolà, poeta dell'Elettore di Sassonia. Trasferitosi a Vienna riceve da Giuseppe II l'incarico di "poeta dei teatri imperiali". Dopo aver esordito come librettista per opere di scarso rilievo di Salieri, Martin y Soler e Gazzaniga, Da Ponte incrocia l'astro irradiante di Mozart per il quale scrive la citata trilogia.

Nel frattempo può collaborare con altri ottenendo lusinghieri successi: *Una cosa rara* (1786, musica di Martin y Soler) e *Axur* (1788, Salieri).

Gli altri libretti scritti per musicisti come Righini, Weigl, Guglielmi, Paisiello, Sarti e Winter non possono assicurare al loro autore una ulteriore fortuna. Dopo la morte dell'imperatore lo scrittore veneto raggiunge Londra, (1792) per assumere l'incarico di poeta del King's Theater: nel 1805 si trasferisce negli Stati Uniti (New York) dove si spegne nel 1838, avendo esercitato molti mestieri, dall'insegnante di italiano, all'importatore di alimenti, all'impresario teatrale. Alla sua azione si devono le esecuzioni newyorchesi di *Don Giovanni* (1825) e di *Gazza ladra* di Rossini (1833).

L'ispirazione realistica che anima i libretti di Da Ponte rende perfettamente credibili ed intellegibili le storie narrate: gli elementi musicali (aria, recitativo, concertato) sono tutti immersi nel flusso narrativo. Seguendo le fasi predisposte dal libretto un artista della qualità di Mozart può facilmente pensare una musica di azione nella quale prevalgono i contenuti psicologici di coscienza, ottenendo di conseguenza una complessità di sentimenti e di sensazioni mai ascoltate nel teatro d'opera.

Contemporaneo di Da Ponte è **Giovanni Battista Casti** (1724-1803) che inizia la sua attività di librettista a San Pietroburgo (1777-80). La permenenza a Vienna nel circolo di Giuseppe II gli consente di farsi apprezzare come letterato per musica, anche se solo nel 1792 ottiene l'ambito titolo di "poeta cesareo" concessogli da Francesco II. La singolare vivacità dei libretti di Casti deriva, secondo le parole dello stesso autore "da una lunga esperienza e cognizione del mondo". L'eccezionale senso critico, l'ironia pungente, il gusto della satira presente nei libretti viennesi valgono al letterato l'esilio dalla capitale austriaca (1797), ma gli guadagnano l'ammirazione di Goethe, Stendhal e Foscolo.

Sono da ricordare *Il re Teodoro in Venezia* (1784, Paisiello) e *La grotta di Trofonio* (1785, Salieri).

15. *Gli ultimi due grandi napoletani: Paisiello e Cimarosa.*

15.1. Giovanni Paisiello, la vita.

Nato a Taranto nel 1740, dopo gli studi nel conservatorio napoletano di s. Onofrio inizia dal 1763 una attività di operista in varie città italiane (Bologna, Modena, Venezia, Parma). La commedia per musica *L'idolo cinese* (Napoli, 1767) concede al suo autore l'attenzione del re Ferdinando IV. A partire dal 1770 si aggiunge alla regale protezione anche l'interessamento di **Ferdinando Galiani**, consigliere di stato per il commercio.

Spiccano in questa prima fase di produzione opere di libretto metastasiano (*Alessandro nelle Indie*, dramma serio, 1773 - Il *Demofoonte*, 1775) ma sono presenti anche vivaci spunti di commedia:

L'osteria di Marechiaro (1768) *Il credulo deluso* (da Goldoni, 1774) e *Socrate immaginario* (1775).

Una indicazione del ministro Galiani indirizzata a Parigi a madame D'Epinay fa acquisire a Paisiello il favore di Melchior Grimm, redattore del giornale "Correspondence littéraire". Questo periodico, dalla diffusione europea, era inviato anche a sovrani e uomini di stato. Dietro suggerimento di Grimm l'imperatrice di Russia, Caterina II, convoca Paisiello a San Pietroburgo (1776) come direttore della compagnia del teatro italiano. In qualità di maestro dei concerti da camera dell'imperatrice Paisiello ha occasione di scrivere molta musica strumentale.

Ma le maggiori difficoltà che il napoletano deve superare sono di ordine pratico. Innanzi tutto l'autocrate russa non vuole ascoltare opere la cui durata superi l'ora e mezzo. Inoltre non sono presenti in Russia librettisti italiani. Nonostante tutto Paisiello scrive più di dieci titoli, tutti rappresentati a San Pietroburgo o in altre residenze imperiali: tra questi i metastasiani *Nitteti* (1777) e *Achille in Sciro* (1778), *Lo sposo burlato* (di Casti, 1778), *I filosofi immaginari* (libretto di Bertati, 1779) e la festa comica *Il mondo della luna* (da Goldoni, 1783). Il capolavoro russo rimane *Il barbiere di Siviglia,* dramma giocoso in quattro parti (1782).

Il favorevole trattamento economico di Caterina II non riesce a trattenere il musicista oltre il 1784: congedato al colmo della sua fortuna, Paisiello, appena tornato in patria, ha da re Ferdinando l'incarico di "compositore della musica per drammi". Ma nel viaggio di ritorno, a Vienna, aveva visto la luce, su incarico dell'imperatore Giuseppe II, l'opera seria *Il re Teodoro in Venezia.*

Dopo i metastasiani ritorni di *Antigono* e *Olimpiade* (1785 e '86), giunge la nomina a "maestro di cappella della musica profana del re" e di "maestro della Real Camera" Nascono i momenti più teneri della vena creativa paisielliana: *L'amor contrastato o La Molinara* (1788) e *Nina, o sia la pazza per amore* (1789). Il passaggio delle armate francesi trova Paisiello disposto a scrivere una musica funebre per la morte del generale Hoche, ma il ritorno del Re (1799) ripristina, senza conseguenze, l'antico favore.

Nel 1801 Napoleone, per vie diplomatiche, chiede al monarca napoletano l'invio di Paisiello a Parigi. L'ammirazione dello statista francese per Paisiello era enorme: nel romanzetto giovanile redatto dal futuro Imperatore dei Francesi viene citato il nome del napoletano, la cui musica "piace solo alle anime sensibili, una melodia che trasporta e appassiona le anime fatte per sentirla intensamente..." (*Clisson et Eugénie*). Nominato direttore della musica sacra della Cappella reale di Francia, Paisiello scrive nel 1803 *Proserpine,* nello stile della *tragedie lyrique.*

Tornato a Napoli nel 1804, Paisiello lascia a Parigi le musiche da eseguire per l'incoronazione di Napoleone (Messa Solenne e *Te Deum*). Ottenuta nel 1808 una pensione dall'imperatore dei francesi, Paisiello continua ad inviare musica sacra a Parigi. Muore nel 1816.

15.2. La produzione di Paisiello: gli ultimi luoghi della tenerezza.

Partito dall'obiettiva condizione di musicista equamente diviso tra melodrammi tradizionali di ispirazione metastasiana e commedie comiche in gran parte basate sul folklore napoletano, Paisiello matura in Russia il momento di maggiore impegno intellettuale, adottando per il suo *Barbiere di Siviglia* la commedia di Beamarchais *Le barbier de Séville* (1775). Diffuso in Italia *Il barbiere* divenne uno dei luoghi teatrali intorno a cui Paisiello edificò la sua indiscussa autorità di maestro dell'antico stile napoletano. Se ne accorse, a sue spese Rossini quando osò trattare un tema analogo (1816).

Il parziale accostamento alla concezione espressiva gluckiana, ben presente nel teatro di corte russo, è responsabile della concentrazione espressiva contenuta in *Il re Teodoro* (libretto di Casti), "dramma eroicomico" nel quale viene trattato un argomento scabroso come la decadenza di un re dissoluto.

Ma l'indiscutibile respiro europeo giunge con due commedie di ispirazione sentimentale, quali *La bella molinara* e *Nina pazza per amore*.

Il duetto "Nel cor più non mi sento", intonato dalla molinara Rachelina e dallo spasimante Calloandro diviene uno dei temi preferiti di tutta la prima metà dell'ottocento: cantato in tutti i salotti europei è oggetto di variazioni strumentali di Beethoven, Paganini e Bottesini.

La Nina pazza per amore, a sua volta, con *La Cecchina* di Piccinni e *Il matrimonio segreto* di Cimarosa, costituisce la trilogia dell'opera sentimentale napoletana dotata di valori universali.

Opera prediletta dallo stesso Paisiello, scritta con recitativi parlati (come l'*opera comique* francese) la *Nina* è costruita intorno a un soggetto "lacrimevole" atto a suggerire modelli di comportamento etici. Se la storia di Nina, impazzita per un amore contrastato, è molto vicina a reali situazioni di ambientazione borghese, la sua figura di eroina "romantica", tutta raccolta in un canto emotivo, lieve ed elegiaco, commuove lo spettatore, trascinandolo su terreni di sincera partecipazione. La terapia dell'amore risulta essere una cura comprensibile per tutti, un rifugio di fronte a una realtà da cui evadere con il sogno.

15.3. Domenico Cimarosa, un rivoluzionario suo malgrado.

Aversa, la città di Jommelli dà i natali anche a Cimarosa (1749). Diplomatosi a Napoli presso il Conservatorio di santa Maria di Loreto, ove studia col celebre contrappuntista Fenaroli (1761-62), Cimarosa parte con una carriera piuttosto in sordina. Il successo arriva solo nel 1779 con *L'Italiana in Londra* (Roma). Inaspettata comunque risulta la convocazione a San Pietroburgo (1787) quale successore di Sarti: la zarina trattiene il musicista aversano sino al 1791, congedandolo piuttosto bruscamente, per la sua"scarsa" vena comica.

Nel viaggio di ritorno, transitando a Vienna, Cimarosa trova una città intristita dall'indifferenza di Leopoldo II nei confronti della musica: Mozart muore in quell'anno, Haydn è a Londra, Salieri si allontana dalla corte. Il poeta cesareo Bertati provvede tuttavia il musicista di un buon libretto e fa rappresentare al teatro Hofoper Il *matrimonio segreto*. La sera del 7 febbraio del 1792 è destinata a rimanere celebre nella storia della musica: Leopoldo, dopo aver ascoltato l'opera, offre una cena ai cantanti, dopodiché pretende la replica integrale.

Trionfale quindi il ritorno a Napoli, ove Cimarosa ottiene l'incarico di maestro di cappella di re Ferdinando. La fissazione della fama del *Matrimonio* non impedisce a Cimarosa di continuare a puntare la sua attenzione sull'opera seria, con la tragedia *Orazi e Curiazi* (Venezia, 1796, teatro la Fenice). La successiva *Artemisia, regina di Caria* (Napoli 1797) è considerata dal suo autore un capolavoro: singolari, a questo proposito le sue dichiarazioni:

> "...a ognuno piace come meglio gli aggrada e io, per me, volgarmente dicendo, me ne infischio: lascio ognuno pensare come gli piace e d'altronde sono troppo vecchio e poco mi cale dell'altrui lode o biasimo".

L'ingresso a Napoli dei francesi e la proclamazione della Repubblica Partenopea vedono Cimarosa nominato Commissario di vigilanza dei teatri: incautamente il musicista si lascia trascinare a scrivere un *Inno patriottico per il bruciamento delle immagini dei tiranni.*

Tornato re Ferdinando il maestro ripara all'offesa con la cantata "pel bramato ritorno di Ferdinando, nostro amabilissimo sovrano" *No che più lieto giorno* (1799). Inutilmente. Aggredito dalla plebaglia sanfedista, scaraventato giù dalla finestra del suo appartamento il musicista è senza riguardo alcuno imprigionato. Esiliato a Venezia, muore nel 1801.

15.4. Cimarosa, il primo amore di Stendhal.

Ultimo difensore dell'antico stile napoletano, i cui caratteri sono magnificamente descritti nell'intermezzo *Il maestro di cappella*

(1780) Cimarosa deve tutta la sua fama al *Matrimonio segreto*. Il libretto di Bertati è tratto da una commedia di Colmann e Garrick (1766) desunta, a sua volta, dal celebre ciclo pittorico di Hogart. Trasformata la tragedia originaria in storia a lieto fine, Bertati dipinge uno degli ultimi affreschi di "ingenuità" del vecchio mondo settecentesco, destinato ad essere travolto dalla rivoluzione francese e dall'incombente romanticismo.

La musica di Cimarosa trova una esaltazione senza pari nella penna di Henry Beyle, che nei suoi scritti cita a più riprese, commenta e glorifica ogni momento della partitura.

A partire dalla descrizione della celebre serata dell'anno 1800 in cui Stendhal, al seguito dell'armata napolenica, ascolta, nel teatro di Novara, il *Matrimonio*, decine sono la pagine in cui viene celebrata l'identificazione di Cimarosa con l'Italia, il paese della musica e della Bellezza.

> "La sera ebbi una sensazione che non dimenticherò mai: davano *Il matrimonio segreto* di Cimarosa... tutto fu divino in Cimarosa... vivere in Italia e ascoltare questa musica divenne la base di tutti i miei ragionamenti" (*Brulard, II*).

Rimangono famose le righe della *Vie de Haydn* in cui Stendhal dichiara:

> ".. la bellezza e il senso della felicità delle figure di Raffaello si possono riconoscere facilmente nelle melodie di Cimarosa.... nei giorni felici preferite Cimarosa...".

Il mito cimarosiano resta ben impresso nel mondo letterario di Stendhal, tanto da apparirvi anche dopo la devastante infatuazione rossiniana.

Le successive apparizioni del *Matrimonio* nel parigino Théatre Italien vennero a costituire un vero "caso Cimarosa": in pieno ottocento un critico come lo Scudo registrava ancora queste impressioni:

> "Lo spirito di Cimarosa, l'elasticità del suo brio, lo slancio e la fluidità del suo stile, la varietà, l'abbondanza, la freschezza delle sue idee... Il suo festevole riso s'irradia come la luce e si comunica con la stessa rapidità".

La fama del *Matrimonio,* mette in ombra tutto il resto della feconda produzione operistica del maestro napoletano. Tra le pagine di ispirazione drammatica, tuttavia, va almeno ricordata la tragedia *Gli Orazi e i Curiazi*, opera composta su misura per le doti vocali e sceniche di Giuseppina Grassini, la cantante che si contese il favore di Napoleone e di lord Wellington. Il culto dell'Antica Roma, rivissuto nei fasti della repubblica francese e gli intenti celebrativi della libertà, era già stato sottolineato dal quadro di Jacques David

Il giuramento degli Orazi (1784). La musica di Cimarosa, debole nei momenti epici e marziali, trova la sua strada migliore nel dipingere le tenerezze e i palpiti dei protagonisti della storia d'amore, Orazia e Curiazio, in particolare nel duetto "Ti giura il labbro e il core" (atto I, scena settima).

16. *Luigi Boccherini, il musicista dell'Infante.*

16.1. Una vita per la Spagna.

Nato a Lucca da un padre contrabbassista nel 1743, il giovane Luigi studia a Roma con G.B. Costanzi, compositore e suonatore di violoncello (1753). Tornato nella città toscana si fa notare come violoncellista da Giacomo Puccini senior: l'anno dopo è a Vienna, con il padre, accolto nell'orchestra Imperiale. Qui scrive i Trii op. 1 apprezzati da Gluck (1760). Dal 1765 padre e figlio suonano nell'orchestra di Sammartini, a Pavia e Cremona. Nel 1766 nasce il "Quartetto Toscano" formato da quattro formidabili compositori-esecutori: Nardini e il suo allievo Manfredi ai violini, Cambini alla viola, Boccherini al violoncello. Due anni di soggiorno a Parigi (1767-68) e frequenti esecuzioni ai Concerts-Spirituels non assicurano a Boccherini il successo previsto.

Viceversa, su designazione di esponenti dell'ambiente diplomatico spagnolo, il lucchese viene invitato a Madrid (1768) dove entra al servizio dell'Infante don Luis, fratello del re Carlo III.

Nascono i Quartetti op. 8 (1769. E' utile ricordare che Haydn, nello stesso anno, pubblica la sua terza raccolta di Quartetti per archi, l'opera 9).

Nel suo nuovo incarico di maestro della musica da camera dell'Infante, Boccherini scrive i Quintetti per archi op. 10 e 11 (1771). Nello stesso anno vedono la luce le prime Sinfonie dell'opera 12; Haydn era giunto alla sua quarantaduesima sinfonia, mentre Mozart scrive la Sinfonia K 75.

Seguendo l'Infante nell'esilio di Arenas (in Vecchia Castiglia) Boccherini si isola di fatto dalla platea internazionale: i suoi contatti con l'Europa Illuminista, da questo momento sono tenuti vivi solo dalla fitta corrispondenza con gli editori parigini.

Tra il 1776 e il 1780 vengono scritti i Quartetti opera 24 e opera 32: inizia una relazione epistolare con Haydn. Nel 1783 il musicista viene sollecitato a scrivere musica da Federico Guglielmo, principe ereditario di Prussia, dilettante di violoncello. Continua il processo di maturazione della produzione sinfonica: tutte le musiche, sia orchestrali che cameristiche sono scritte per esclusivo ascolto dell'Infante e solo dietro sua concessione inviate, in tempi successivi, agli editori parigini e viennesi.

Morto don Luis (1785) la relativa pensione concessagli da re Carlo III non impedisce a Boccherini di cadere in difficoltà finanziarie: la nomina di compositore di musica da camera concessagli da Federico Guglielmo, divenuto re di Prussia (1786) rimane un puro incarico onorifico, perché il nuovo sovrano non lo assume direttamente al suo servizio.

Nel 1788 Boccherini licenzia la sua Sinfonia in do minore op. 41, mentre Mozart scrive la sua K 551, *Jupiter*. Sono del 1791 le ultime sinfonie op. 45: Haydn lavora, nel frattempo, alle sue sinfonie "londinesi".

Prosegue instancabile l'attività editoriale di Pleyel che pubblica tutte le opere cameristiche del periodo di Arenas. La morte del re di Prussia fa perdere a Boccherini tutti gli appannaggi finanziari concessigli.

Le ultime fasi della produzione di Boccherini sono legate all'invasione francese della Spagna: nel 1799 scrive i Quintetti op. 57 con dedica "alla Nazione Francese": nel 1802 i Quintetti op., 62 sono offerti a Luciano Bonaparte. La morte coglie Boccherini nel 1805: trova un musicista dimenticato dagli uomini e dalla fortuna.

16.2. Boccherini nel contesto sinfonico europeo.

Erede della grande tradizione strumentale di Tartini, di Geminiani e Locatelli, provetto suonatore di violoncello (strumento per il quale lascia una notevole quantità di concerti con orchestra e di sonate) Boccherini scrive un imponente corpo di sinfonie che costituiscono uno dei più razionali e meditati contributi all'evoluzione di questa nascente forma.

Notevole era stato il contributo offerto dagli italiani alla sinfonia: la lezione di Sammartini, ben appresa da Jommelli e sviluppata in senso autonomo da Galuppi, si trasferisce, con la mediazione di J.C. Bach, nelle prime produzioni del giovane Mozart.

Mentre la Scuola di Mannheim segue il suo cammino grazie all'opera degli Stamitz, di Richter, Cannabich e dell'italiano Toeschi, a Vienna agiscono maestri come Fux, Monn, Wagensiel, Leopold Mozart, Michael Haydn, Dittersdorf e Vanhal.

Il soggiorno viennese e la permanenza nell'orchestra di Sammartini consentono al giovane Boccherini di raccogliere nella sua personale esperienza i contributi italiani e viennesi: nasce un tipo di sinfonia dai caratteri internazionali nel quale l'astratto gioco intellettuale, la combinazione dei temi, il concatenamento degli sviluppi sono all'altezza dei modelli haydniani.

Spicca nel contesto orchestrale la sinfonia op. 12 n. 4, detta "la casa del diavolo". Nel movimento finale viene citato il tema del balletto di Gluck *Le festin de pierre*: lo stile patetico adottato, la tensione drammatica esercitata, la pressione espressiva raggiunta sono uno dei più bei contributi offerti da un italiano allo *Sturm und Drang* preromantico.

La vastissima produzione sinfonica e cameristica, abilmente fatta filtrare per le vie editoriali parigine, pone Boccherini in gara per il titolo di "padre" della sinfonia. Ma mentre Haydn, nella Vienna degli Esterhazy sa indirizzare le proprie scelte su modelli evolutivi sempre in continuo aggiornamento, Boccherini, nell'esilio spagnolo, deve adattare la sua fantasia alle richieste dell'Infante. Con il risultato che tutti sappiamo: mentre Haydn consegna a Beethoven un organismo sinfonico pressoché perfetto, il lucchese non riesce a superare gli ambiti di un raffinato stile tardo-rococò. Condannato ad essere conosciuto per il lezioso *Minuetto* op. 11 n. 5, Boccherini lascia invece circa cinquecento pagine cameristiche (trii, quartetti, quintetti, sestetti) equamente destinate all'esecuzione di dilettanti (in questo caso l'autore le definisce "opere piccole") e di professionisti ("opere grandi"). Una scientifica operazione editoriale su questo imponente materiale è cominciata solo nel 1969, ad opera di Yves Gerard.

Quadro riassuntivo.

Nasce la produzione strumentale: il **violino** di Corelli, di Vivaldi, di Locatelli è il protagonista strumentale del secolo.

Si diffonde in Europa il **concerto grosso**: trionfo della produzione di **Corelli** e dei suoi seguaci, "**corellismo**". Il nuovo senso strumentale veneziano incrementato da Vivaldi e favorito dalla diffusione delle teorie filosofiche Razionalistiche, porta verso uno stile strumentale di descrizione naturalistica (i concerti de **Le quattro stagioni**). A Napoli si sviluppa l'opera: Alessandro Scarlatti ne codifica le strutture musicali (**opera napoletana**).

Metastasio, a Vienna, realizza il modello del perfetto libretto di opera seria ("opera aulica").

A Napoli cresce l'**intermezzo**. Pergolesi, *La serva padrona*.

Goldoni porta al teatro comico sentimentale nuove energie. Piccinni, *La Cecchina*. A Vienna Gluck inaugura la **Riforma**. Lo affiancano Jommelli e Traetta. Primi passi del sinfonismo italiano. Luogo di eleborazione è **Milano**, la città di Sammartini.

Ancora a Vienna, Salieri, in antagonismo a Mozart, scrive l'ultimo capitolo di egemonia musicale italiana.

Si spegne la grande **scuola napoletana**: brilla l'ultimo capolavoro, *Il matrimonio segreto* di Cimarosa.

In assoluto isolamento storico **Boccherini** progetta una "via italiana" alla sinfonia europea.

BIBLIOGRAFIA

Antonio Vivaldi, da Venezia, all'Europa (a c. di F. Degrada e M.T. Muraro), Milano, 1978.
F. ALGAROTTI, *Saggio sopra l'opera in musica (1755-1763),* Pisa, 1988.
R.ALLORTO, *Gli anni milanesi di J.C. Bach,* Milano, 1992.
P. BARBIER, *Gli evirati cantori*, Milano, 1989.
W. BINNI, *L'Arcadia e Metastasio,* Firenze, 1963.
N. BONAPARTE, *Clisson et Eugénie,* Palermo, 1980.
C. BURNEY, *Viaggio musicale in Italia,* Torino, 1979.
A. CETRANGOLO, *Esordi del melodramma in Spagna, Portogallo e America,* Firenze, 1992.
R. COLI, *Luigi Boccherini,* Lucca, 1988.
B. CROCE, *I teatri di Napoli (1891)*, Milano, 1992.
C. DE BROSSES, *Viaggio in Italia,* 1992.
R. DE CALZABIGI, *La Lulliade, o I buffi italiani scacciati da Parigi,* Roma, 1977.
L. DELLA CROCE, *Il divino Boccherini,* Padova, 1988.
F. DEGRADA, *Il palazzo incantato,* Fiesole, 1979.
A. DUNNING, *P.A. Locatelli,* Torino, 1983.
M. FABBRI, *Alessandro Scarlatti e il principe Fernando de' Medici*, Firenze, 1961.
S. FERRONE, *Carlo Goldoni*, Firenze, 1990.
C. FERTONANI, *A. Vivaldi, la simbologia musicale,* Pordenone, 1992.
F. FIDO, *Guida a Goldoni,* Torino, 1977.
D. FORESIO, *Paisiello*, Taranto, 1985.
E. FUBINI, *Gli Enciclopedisti e la musica*, Torino, 1971.
P. GALLARATI, *Musica e maschera, Il libretto del settecento,* Torino, 1971.
BRUNO GALLO, *Forme del melodrammatico,* Milano, 1988.
F. GALIANI, *Socrate immaginario,* Roma, 1986.
Galuppiana (a c. di M.T. Muraro), Firenze, 1986.
R. GIAZOTTO, *Vivaldi,* Milano, 1965.
R. GIAZOTTO, *Invito all'ascolto di Vivaldi,* Milano, 1984.
Gli Scarlatti. Note e documenti sulla vita e sulle opere, Siena, 1940.
C. GOLDONI, *Memorie,* Torino, 1993.
G. GRONDA, *La carriera di un librettista. Pietro Pariati da Reggio di Lombardia,* Bologna, 1990.
K. HELLER, *Vivaldi, cronologia della vita e dell'opera*, Firenze, 1991.
R. IOVINO, *Domenico Cimarosa, operista napoletano,* Milano, 1992.
R. KIRKPATRICK, *Domenico Scarlatti,* Torino, 1984.
W. KOLNEDER, *Vivaldi,* Milano, 1978.
V. LEE, *Vita musicale nel '700 italiano,* Firenze, 1994.
L'invenzione del gusto. Corelli e Vivaldi (a c. di G. Morelli), Milano, 1982.
L'opera italiana a Vienna prima di Metastasio (a c. di M.T. Muraro), Firenze, 1990.
L'opera in Italia, in "Storia dell'opera", I,1, Torino, 1977.
A. LUNAPOPPI, *Lorenzo Da Ponte,* Venezia, 1992.
L'uomo dell'Illuminisno (a c. di M. Vovelle), Bari, 1992.
G.F. MALIPIERO, *Antonio Vivaldi*, Milano, 1958.
B. MARCELLO, *Il teatro alla moda*, Milano, 1959.
F. MARRI, *La figura e l'opera di Ranieri de' Calzabigi*, Firenze, 1989.
S. MATTEI, *Memorie per servire alla vita del Metastasio ed Elogio di N. Jommelli* (1735), Sala Bolognese, 1987.
Metastasio e il mondo musicale (a c. di M.T. Muraro), Firenze, 1986.
G. MORELLI, *Il morbo di Rameau,* Bologna, 1989.
Musica e cultura a Napoli, dal XV al XIX secolo (a c. di L. Bianconi e R. Bossa), Firenze, 1983.

R. PAGANO, *Scarlatti, Alessandro e Domenico,* Milano, 1985.
P. PETROBELLI, *Tartini e la musica popolare,* Firenze, 1971.
P. PETROBELLI, *Tartini, le sue idee e il suo tempo,* Lucca, 1992.
A. PLANELLI, *Dell'opera in musica* (1772), Fiesole, 1981.
A. POMPILIO, *Padre Martini, musica e cultura nel settecento europeo,* Firenze, 1987.
M. RINALDI, *Corelli,* Milano, 1953.
M. ROBINSON, *L'opera napoletana,* Venezia, 1984.
E. SALA DI FELICE, *Metastasio. Ideologia, drammaturgia, spettacolo*, Milano, 1983.
M. SCHERILLO, *L'opera napoletana* (1916), 1975.
F. SCHLITZER, *Antonio Sacchini,* Siena, 1955.
F. SCHLITZER, *Goethe e Cimarosa*, Firenze, 1950.
A. SEMERARO, *Celeste Coltellini, un amore di Ignazio Ciaia,* Fasano, 1991.
STENDHAL, *Vita di Metastasio,* Firenze, 1987.
STENDHAL, *Vita di Haydn,* Firenze, 1983.
Storia dell'opera, 6, *Teorie e tecniche, immagini e fantasmi*, Torino, 1988.
Studi corelliani IV, Atti del Quarto Congresso Internazionale, (a c. di P. Petrobelli e G. Staffieri), Firenze, 1990.
M. TALBOT, *Vivaldi*, Torino, 1978.
M. TALBOT, *Vivaldi, fonti e letteratura critica*, Firenze, 1991.
G. TARTINI, *Trattato di musica secondo la vera scienza dell'armonia* (1744), Padova, 1973.
Tartini, il tempo e le opere (a c. di A. Bombi e M. Nevilla Massaro), Bologna, 1994.
G. TINTORI, *L'opera napoletana*, Milano 1988.
L. TORCHI, *La musica strumentale in Italia nei secoli XVI, XVII e XVIII* (1901), Sala Bolognese, 1980.
F. TORREFRANCA, *Le origini italiane del Romanticismo musicale* (1930), Sala Bolognese, 1969.
F. TORREFRANCA, *Giovanni Benedetto Platti e la sonata moderna*, Milano, 1963.
Venezia e il melodramma nel Settecento (a c. di M.T. Muraro), Firenze, 1978.
C. VALABREGA, *Domenico Scarlatti,* Modena, 1934.
J.J. Winckelmann tra letteratura e archeologia, (a c. di M. Fancelli), Venezia, 1993.
R. ZANETTI, *La musica italiana nel settecento,* Busto Arsizio, 1978.
Zipoli. Itinerari iberoamericani della musica italiana nel settecento, (a c. M. De Sanctis), Firenze, 1994.

CAPITOLO NONO

L'OTTOCENTO

1. *I musicisti della diaspora: Cherubini e Spontini.*

Il passaggio dal Settecento all'Ottocento è contrassegnato da una dispersione del patrimonio musicale italiano: i compositori più geniali non trovano in Italia le condizioni per esercitare un mestiere che si discosti dalla tradizione. Si preferisce, nei teatri della penisola, la continuità dello stile neo-napoletano. Occorre allora emigrare, cercare altrove, in Francia, naturalmente, le migliori opportunità per un messaggio artistico troppo sofisticato ed innovativo per il pubblico italiano.

Risulta esemplare, a questo proposito, la parabola artistica ed esistenziale di Cherubini.

1.1. Luigi Cherubini, una vita coerente.

Fiorentino, nato nel 1760, discepolo a Bologna di Giuseppe Sarti, il giovane Cherubini raggiunge inizialmente Londra per cercare il favore di re Giorgio III. Disattese le sue speranze, con un *Giulio Sabino* che non produce gli effetti desiderati, Cherubini si trasferisce a Parigi (1786), già percorsa dai fremiti rivoluzionari. Il contatto con il clima gluckiano a cui si sono uniformati anche Sacchini e Salieri provoca efficaci conseguenze: nel 1788 vede la luce la *tragédie lyrique Demophoon* (libretto di Marmontel). Il trionfo giunge però con *Lodoiska,* "commedia eroica" rappresentata nel teatro Feydeau, nel luglio del 1791.

Gli eccessi della Rivoluzione, il trauma del terrore vedono Cherubini, cattolicissimo e devotamente monarchico, costretto ad indossare la divisa della Guardia Repubblicana in qualità di "suonatore" di triangolo. Nascono musiche di occasione come *Hymne à la victoire* (1796) e l'*Hymne et marche funèbre* per la morte del generale Hoche (1797).

Il capolavoro vede la luce nel 1797: è *Médée*, dramma in tre atti, commissionata dal teatro Feydeau come *opéra-comique*, ovvero con parti recitate. Se nelle opere precedentemente concepite in Francia Cherubini si era mostrato disponibile a sostituire i vecchi concetti del teatro italiano con nuove formule musicali nelle quali potevano agitarsi affetti e passioni vive e fluttuanti, con *Médée* il musicista fiorentino trova una strada del tutto nuova. Il dolore di fronte alle storiche stragi ordinate da Robespierre è realmente vissuto. Il libretto di F.B. Hoffmann, rievoca le vicende mitologiche della regina della Colchide, ma nella protagonista albergano i principi della luce e delle tenebre, del bene e del male. La favola del mondo classico, pervasa di amor patrio, fedeltà coniugale, pietà verso gli Dei, diventa la vicenda di quanti, di fronte agli orrori della violenza rivoluzionaria, si trovano coinvolti, per la potenza ineluttabile del destino, nel sangue e nella morte.

Se il successo di *Médée* assicura al suo autore una enorme popolarità in Germania, a Parigi cominciano le difficoltà con il nuovo ordine instaurato da Napoleone. Il dispotico padrone della Francia non tollera il legittimismo monarchico di Cherubini e trova eccessivamente violenta la sua musica: preferisce di gran lunga la tenera vena melodica di Paisiello e le ugole dell'evirato Crescentini e del contralto Giuseppina Grassini. Indesiderato a Parigi, il fiorentino deve scegliere l'esilio a Vienna. Qui trova la incondizionata ammirazione di Haydn e di Beethoven che lo riveriscono come il più importante musicista del momento. La risposta di Cherubini è *Faniska* opera in tre atti rappresentata allo Hofoper nel febbraio del 1806.

Il provvidenziale invito di un aristocratico francese sottrae il musicista alla ribalta internazionale: da un periodo di riflessione e di riposo nasce la *Messa di Chimay* (1808).

1.2 Cherubini, musicista di corte.

Ottenuto il favore di Napoleone con *Pigmalione* (1809) Cherubini può tuttavia salutare con un respiro di sollievo il ritorno dei vecchi monarchi. La sua fedeltà ideologica viene premiata con la nomina a Sovrintendente della musica di re Luigi XVIII (1815). Viene composto allora il *Requiem in do minore*, una poderosa struttura religiosa nella quale la dedica alla memoria di Luigi XVI non cela il cordoglio per tutte le vittime innocenti della Rivoluzione. La musica che Cherubini scrive per i restaurati re di Francia si ispira tutta alla "pace sociale" invocata dal nuovo corso politico: vede la luce una cospicua serie di pagine di pagine sacre tra le quali spicca la *Messa Solenne* per l'incoronazione di Carlo X (1825).

Al culmine ormai della sua fortuna, Cherubini viene invitato nel 1815 dalla Società Filarmonica di Londra, la stessa che aveva accolto Haydn. Cherubini risponde con la Sinfonia in re maggiore, che rimane tuttora un reperto praticamente unico del classicismo italiano. Nella capitale britannica il fiorentino trova la solidale amicizia di altri due italiani lontani dalla patria, Viotti e Clementi.

La nomina a direttore del Conservatorio di Parigi (1822) vede Cherubini arroccato su posizioni sempre più conservatrici. Un'opera come *Ali Babà ou Les quarante voleurs*, (1833) oscillante tra serio e comico, è la testimonianza del ristagno della fase creativa. Meglio si esprime il musicista nel genere religioso, scrivendo un altro solido *Requiem in re minore* per sole voci virili, destinato alle proprie esequie (1834).

1.3. Cherubini e i contemporanei.

Praticamente ignorato dall'ambiente italiano, che conoscerà *Médée* solo nel 1909 (Milano, teatro alla Scala), Cherubini trova le giuste ragioni della sua popolarità nei paesi di lingua tedesca. Rimane famosa la lettera che il 15 marzo del 1823 Beethoven indirizza a Cherubini:

> "In spirito Le sono spesso vicino, perché valuto le sue opere superiori a tutte le altre composizioni teatrali [...] rimango incantato ogni volta che sento parlare di una sua nuova composizione e mi interesso alle sue opere non meno che alle mie. In breve io L'amo e La venero".

Di rilievo risulta infatti la citata *Lodoiska* nella formulazione della beethoveniana *Léonore, où l'amour coniugal* (1803-4), più tardi trasformata in *Fidelio* (1814).

Oltre che essere autore dell'unica Sinfonia italiana Cherubini scrive sei Quartetti per archi, organicamente redatti tra il 1814 e il 1837. Dopo l'ascolto del primo Quartetto in mi bemolle Schumann definisce Cherubini "italiano fine ed erudito, diventato vecchio nella più alta aristocrazia dell'arte, uomo che vorrei raffrontare a Dante".

Un Quintetto per archi, scritto nel 1837 completa la produzione cameristica di un autore che, distaccandosi dalla media dei musicisti italiani, pensa in termini artistici del tutto estranei alla cultura nazionale.

Si spiega così il favore incontrato, in terra tedesca, dal *Requiem in do minore*. Eseguito a Vienna nel 1827 per commemorare la morte di Beethoven l'affresco religioso dalle campiture michelangiolesche venne adottato come musica funebre dei sovrani tedeschi: in tal veste accompagnò le esequie di Federico Guglielmo IV di Prussia a Colonia, di Guglielmo I a Gottingen, di Luigi III a Monaco. Nel 1909 fu eseguito anche nella colonia tedesca di Tsing-Tao, in Cina.

La "potenza tragica" del *Requiem* viene esemplarmente descritta da Gabriele D'Annunzio in una sua recensione giornalistica del gennaio del 1885.

La Sinfonia in re maggiore, completamente caduta nell'oblio, è ritornata agli onori del palcoscenico solo ai nostri giorni, grazie alle attenzioni di Arturo Toscanini.

2. *Gaspare Spontini, il musicista dell'Imperatrice.*
2.1. La fortuna all'ombra di Giuseppina.

Cresciuto musicalmente nel Conservatorio napoletano della Pietà dei Turchini, Spontini, che era nato nelle Marche nel 1774, inizia un'attività di autore operistico tra Napoli, Roma e Venezia. Nel 1795, a Milano, scrive una *Marcia* per l'ingresso di Napoleone alla testa dell'Armata d'Italia. Nel 1803 è già a Parigi, ove esordisce l'anno seguente all'Opéra-Comique con *La petite-maison*: un fiasco, anche se Berlioz parla in termini entusiastici di una partitura oggi perduta. Il successo invece viene nello stesso 1804 con *Milton*, libretto di E. De Jouy, rappresentato al teatro Feydeau. Nel 1805 inizia la carriera cortigiana, con la nomina a "Compositeur particulier de la chambre" dell'Imperatrice Giuseppina.

Spontini si prodiga, allora nella stesura di una serie di pagine celebrative, come la cantata *L'eccelsa gara per il ritorno trionfale del gran Napoleone* (1806).

Si deve al personale intervento dell'Imperatrice se *La vestale* (libretto di Jouy) bocciata dalla commissione della Académie Impériale de Musique viene rappresentata sulle scene dell'Opéra. È un vero trionfo. Il tributo cortigiano alle grandezze dell'Impero Francese trova nella musica di Spontini un gesto teatrale degno della più solenne celebrazione: architetture grandiose, forme di ampia articolazione caratterizzano ogni pagina. La risposta del pubblico fu costante, se nel 1830 si potevano contare, all'Opéra, già trecento repliche.

Tratta da un episodio riportato da Winckelmann nei suoi *Monumenti inediti antichi* (1767) la storia della vestale romana Gorgia che infrange il proprio voto religioso per amore segna la rottura del classico equilibrio narrativo: il sangue irrompe sulla scena, portando al culmine il processo di violenta drammatizzazione già adottato da Salieri in *Danaides* e da Cherubini in *Medea*.

Musicalmente le componenti adottate da Spontini sono il risultato della fusione di molti modelli, a cominciare dal linguaggio neonapoletano presente nel personaggio di Cinna, che, non a caso, è il più regressivo. Se nel canto è presente il "declamato", eredità della *tragédie-lyrique*, nell'orchestra si sente l'influenza dei moduli sinfonici di Viotti e di Clementi, maestri ben conosciuti da Spontini. Appare anche il tessuto strumentale beethoveniano: del grande di Bonn Spontini aveva analizzato la Sonata op. 2 e i Quartetti op. 18. L'orchestra di Spontini acquista pertanto un particolare colore polposo e brunito più volte elogiato da Berlioz e positivamente commentato, nei suoi romanzi e racconti, da E.T.A. Hoffmann. In *Vestale* la grandezza imperiale è impersonata da Licinius, alter-ego musicale di Napoleone.

Il favore della coppia regnante viene ulteriormente ricercato da Spontini con la sua nuova opera *Fernand Cortez, ou la Conquète du Mexique*. Basata ancora su un libretto di Jouy, rappresentata davanti a Napoleone nel 1809, la partitura teatrale è un altro successo. La frequenza dei pezzi d'insieme, la costruzione complessa di *Fernand* non saranno estranei all'imminente esplosione del *Grand-Opéra*. Nel 1810 l'italiano diventata direttore del teatro dell'Imperatrice e direttore dell'Opera Italiana, incarico conservato sino al 1812.

2.2 A Berlino, verso l'opera romantica tedesca.

La caduta di Napoleone vuole Spontini ben disponibile ad accodarsi al nuovo regime. Nasce nel 1819 *Olympie*. L'enfasi "imperiale" non risulta attenuata: la grandiosità monumentale, lo sfarzo orchestrale sono sempre più ampliati. Il testo originale di Voltaire viene piegato verso una situazione pseudostorica nella quale, ad onta dei mutamenti politici avvenuti in Francia, Spontini vuole sottolineare la componente antico-romana propria della sua concezione dello Stato.

Chiamato nel 1820 a Berlino quale Generalmusikdirektor del re di Prussia Federico Guglielmo III, Spontini presenta una riedizione di *Olympie*, valendosi della collaborazione letteraria di E.T.A. Hoffmann. Pochi sono tuttavia i cambiamenti a un'opera che continua a celebrare il fasto di un mondo cortigiano ottimistico, di ottusa retorica. Ma la potenza sonora di *Olympie* non doveva passare invano: Wagner l'avrebbe tenuta ben presente nella sua redazione di *Rienzi*.

Spontini rimane a Berlino sino al 1842, quando viene congedato da Federico Guglielmo IV. Nel frattempo aveva scritto *Agnese von Hoenstaufen* (1829), opera romantica in tre atti, su libretto di Ernst Raupach. La mastodontica tragedia narra una storia cavalleresca medievale, ambientata a Magonza nel 1194. Nel ricordo delle lotta tra Guelfi e Ghibellini sorta intorno al re Enrico IV, la musica crea la tensione propria delle successive opere romantiche tedesche. Una lezione che è comune a quella storico-fiabesca di Weber (*Euryanthe*, 1823), di Marschner (*Der Templar und die Juedin*, 1829) e di Spohr (*Der Alchymist*, 1830).

Ritiratosi a morire nella città natale, Spontini lascia tutti i suoi averi a un istituto benefico, tuttora esistente. Il maestro marchigiano, che è uno degli operisti meno "italiani" usciti dalla penisola, ha il vanto di aver trapiantato, in Francia e in Germania, frutti destinati a produrre robusti e prolifici innesti.

3. *La scuola strumentale italiana*.
3.1. Un maestro del pianoforte: Muzio Clementi.

Educato negli ambienti ecclesiastici romani Clementi (nato nella città papale nel 1752) ha la fortuna di essere adottato da un ricco viaggiatore inglese, sir Peter Beckford, che lo fa studiare per sette anni nella sua residenza nel Dorsetshire.

Qui il giovane romano sa miscelare la lezione della tradizione clavicembalistica italiana (in particolare Scarlatti) con il classicismo di Haydn e lo stile galante di J.C. Bach (il londinese).

Si precisa subito la netta differenza dal coevo stile pianistico beethoveniano: mentre Clementi viene influenzato dallo spirito strumentale di J.C. Bach, il più "italiano" dei figli di Bach, Beethoven cresce sotto le attenzioni di Neefe, a sua volta allievo di C.P.E. Bach il più "sentimentale" ed inquieto dei rampolli del Cantor.

Ormai maturo per l'ingresso nella professione, Clementi raggiunge Londra (1778), la cui vita musicale è animata dal citato Bach e da Giardini. Nel 1780 Clementi dà inizio alla prima delle frequenti tournées europee: come pianista si esibisce di fronte ai monarchi. A Vienna, davanti a Giuseppe II sfida a un "duello" pianistico Mozart (1781) risultando però sconfitto.

Rientrato a Londra nel 1788 inizia l'attività di insegnante: avrà tra i suoi allievi i padri del pianismo moderno, Field, Bertini e Cramer. In concomitanza con il soggiorno britannico di Haydn, Clementi comincia anche a comporre sinfonie. Nello stesso periodo il maestro romano, ormai naturalizzano inglese, diventa editore musicale e di costruttore di pianoforti: l'esercizio del commercio e il conseguente ingresso nella borghesia imprenditoriale fanno di Clementi uno dei pochi musicisti ricchi e ben affermati.

Nel 1802-10 e nel 1817-27 compie altri due giri artistici europei (sino a San Pietroburgo): suoi occasionali allievi sono Meyerbeer, Kalkbrenner, Moscheles e Czerny.

E' del 1828 il suo ultimo concerto alla Royal Philarmonic Society, da lui fondata nel 1813 insieme a Viotti. Muore nel 1832.

3.2. Il nuovo pianoforte.

Il pianoforte è lo strumento che, dopo le intuizioni maturate da **Bartolomeo Cristofori** alla corte fiorentina dei Medici (inizi del 1700) aveva conosciuto un rapido sviluppo e una crescente affermazione. Clementi vi compie una ricerca che ha riscontri analoghi solo nella concomitante produzione beethoveniana. Esplorando tutte le risorse timbriche della tastiera il musicista anglo-romano allarga l'ambito delle risonanze e crea nuovi, inediti contrasti sonori.

Attivo nei concerti londinesi come esecutore di proprie musiche (Covent Garden e Hannover Square, Grand Professional Concerts) Clementi è il didatta preferito dalle famiglie londinesi facoltose. Il terzo soggiorno inglese di Haydn mette a dura prova la popolarità di Clementi, inducendolo a scrivere un Concerto per pianoforte e orchestra (1796) e a perfezionare i modelli di pianoforte da lui costruiti.

Autore di circa centocinquanta sonate solistiche, tra cui, celeberrima è l'opera 50 numero 2, detta *Didone abbandonata* (dedicata a Cherubini) Clementi lascia un imponente corpo scolastico raccolto nei tre volumi del *Gradus ad Parnassum*, ovvero l'arte di suonare il pianoforte mediante esercizi nello stile libero e severo. Il titolo del metodo, desunto dall'omonima opera di J.J. Fux esce in tre progressivi volumi nel 1817, nel '19 e nel '26. La mentalità razionale, lo studio astratto delle formule tecniche rende ancor oggi indispensabile la conoscenza di questi esercizi clementini.

Il musicista risulta anche essere autore di sei Sinfonie, due delle quali pubblicate nel 1787 come op. 18. Le altre quattro, posteriori al 1810, vengono distrutte dallo stesso musicista dopo l'ascolto delle sinfonie beethoveniane. Conservate allo stato di frammento nel British Museum e nella Library of Congress di Washington le sinfonie sono state recentemente ricostruite, rivelando un'insospettabile vitalità sonora.

3.3. Un violinista dalle prospettive europee: Giovanni Battista Viotti.

Piemontese di Vercelli (1755) Viotti studia il violino con Gaetano Pugnani (1731-98). Questi, a sua volta, era stato discepolo di G.B. Somis (1686-1763), allievo diretto di Corelli. Pertanto Viotti è l'ultimo discendente della grande scuola violinistica di Corelli.

Presente a Parigi nel 1789, travolto dai fatti della Rivoluzione, Viotti si trasferisce a Londra (1793) come impresario del King's Theatre. Esiliato per sospetto giacobinismo, il musicista può rientrare a Londra solo nel 1801. Commerciante di vini, coinvolto nel fallimento dell'impresa, Viotti si trasferisce a Parigi, ove assume di nuovo funzioni di organizzatore teatrale (Théatre Italien). Trascorre a Londra gli ultimi anni della sua vita, spegnendosi nel 1824.

Oscillante tra Illuminismo e Romanticismo Viotti lascia circa trenta concerti per violino. Tra questi brilla il numero 22, in la minore, scritto nel 1793 e dedicato a Cherubini.

Il musicista piemontese è importante per gli allievi usciti dal suo magistero: Rode (1774-1830) e De Bériot (1802-70) iniziatore della scuola belga, da cui uscirà Vieuxtemps.

In concomitanza temporale con Viotti opera, in Italia, **Alessandro Rolla** (1757-1841).

Virtuoso di violino e di viola, Rolla è "spalla" e direttore dell'orchestra del teatro alla Scala di Milano dal 1803 al '33. Dal 1808 è anche insegnante di violino al Conservatorio di Milano.

Autore di Concerti e di molta musica strumentale, Rolla è, con Viotti, l'ultimo esemplare di uno stile violinistico classico, destinato ad essere spazzato via dal "ciclone" Paganini.

3.4. La chitarra di Mauro Giuliani.

Nato a Bisceglie, in Puglia, nel 1781, Giuliani emigra a Vienna ove, tra il 1806 e il '16 entra in relazione con Haydn, Hummel, Moscheles e Diabelli. Provetto violoncellista suona nella Settima Sinfonia di Beethoven, guadagnandosi la stima del grande musicista.

Nel frattempo si fa apprezzare come virtuoso di chitarra. Ritornato in Italia nel 1819 conosce a Roma Paganini e Rossini e crea con loro un duraturo rapporto di amicizia. Tra il 1822 e il '29 Giuliani fa pubblicare a Vienna, da Artaria, le sue *Rossiniane*, sei raccolte di pezzi per chitarra (opere 119- 124) scritte su temi di opere del pesarese. A prescindere dall'evidente valore di diffusione operistica, le *Rossiniane* sono una magistrale prova di responsabilità didattica e di virtuosismo che eleva la chitarra a strumento di piena dignità concertistica.

Si devono pertanto a Giuliani anche cinque Concerti per chitarra e orchestra, il primo dei quali, contrassegnato dall'opera 30, è eseguito dallo stesso autore a Vienna nel 1808. Notevole, in questo concerto, dedicato ad Eugenio di Beauharnais, è l'esposizione orchestrale che risente dei modelli beethoveniani.

Un musicista a cui la chitarra deve molto del suo repertorio è **Ferdinando Carulli** (Napoli 1770 - Parigi 1841) autore di oltre quattrocento composizioni.

Grazie all'opera di questi due autori e alla vasta produzione lasciata da Paganini la chitarra entra nei salotti borghesi europei, diventando lo strumento prediletto per serate mondane o per momenti di intima, personale meditazione musicale. Tra i più attenti e devoti cultori della chitarra figura, insospettabilmente, anche un uomo politico della statura di **Giuseppe Mazzini**.

3.5 Un patto con il diavolo: Niccolò Paganini.

Nato nel 1782 a Genova, avviato precocissimo alla musica, Paganini studia il violino da autodidatta. Quando si presenta a Rolla per prendere lezioni, questi lo consiglia di studiare il contrappunto e la composizione con Paer.

Nascono tra il 1802 e il 1809 i *Capricci* opera 1, dedicati "agli artisti": saranno pubblicati soltanto nel 1820. Paganini suona sempre più frequentemente in pubblico: l'impressione è enorme. Si fissa subito l'immagine di un musicista la cui sovrumana bravura ha origini diaboliche: il genovese, uomo di fiuto pubblicitario di sorprendente modernità, non fa nulla per smentire questa sinistra fama.

Dal 1806 è pertanto al servizio di Elisa Baciocchi, sorella di Napoleone, a Lucca. Scrive la *Sonata Napoleone* (sulla quarta corda), dedicandola al giorno onomastico dell'Imperatore dei Francesi (1807). Congedatosi dalla regnante lucchese, circondato da un'aura di artista "fatale" Paganini inizia nel 1809 la sua libera attività di concertista. L'Italia viene percorsa in lungo e in largo: il pubblico è in delirio, Paganini è uno dei primi uomini dei suoi giorni.

Nel 1819 a Roma si solidifica l'amicizia con Giuliani e Rossini: Paganini suona per il principe von Metternich. Al culmine del successo (1828) giunge una chiamata da Vienna: l'Imperatore Francesco lo nomina "virtuoso da camera"; il musicista risponde con la *Maestosa sonata sentimentale*, contenente una serie di variazioni sul tema dell'Inno Imperiale austriaco.

Ha iniziato la lunga tournée europea: a Francoforte (1830) Goethe rimane impressionato dal *faustiano* virtuosismo del violinista: a Praga J.M. Schottky redige una biografia dai contorni fantastici ed encomiastici (*Paganini: Leben und Treiben*). Schumann si esalta all'ascolto dei *Capricci* e ne trae una versione pianistica.

Nel 1831 è a Parigi e a Londra, ma la salute è in pericolo. Torna nel 1834 in Italia: dissesti finanziari e lutti familiari sconvolgono la vita del musicista. Nettamente in declino Paganini non rinuncia ai panni del personaggio da lui creato, ma un lungo processo per il fallimento di un'impresa commerciale a Parigi rovina i suoi ultimi giorni. Muore nel 1840, prigioniero della sua leggenda. Già nel 1851 Baudelaire consegna Paganini alla letteratura facendone un personaggio emblematico del suo scritto *Du vin et du hachisch*.

3.6. L'inventore del virtuosismo stupefacente.

A prescindere dalle invenzioni e dalle iperboli create intorno alla sua diabolica bravura, Paganini è l'inventore del "virtuosismo brillante e acrobatico", ovvero di un'arte esecutiva talmente strabiliante da diventare essa stessa oggetto di esaltazione e di ammirazione. In tal senso il genovese porta a compimento il processo di identificazione del violino come "principe degli strumenti", coronando la lunga parabola dei compositori-violinisti italiani, iniziata da Corelli e proseguita con Locatelli e Tartini. E' proprio all'omonima opera strumentale di Locatelli che Paganini si ispira per redigere i suoi *Capricci*, pagine in grado di emulare, se non addirittura superare, le più incredibili invenzioni dei cantanti d'opera. Un pezzo come la *Introduzione e tema* sul tema *Di tanti palpiti*, dal *Tancredi* di Rossini (1819) può essere preso ad emblema della totale identificazione tra virtuosismo belcantistico di stampo operistico e funambolico senso di padronanza del violino: una sovrapposizione che colloca il maestro genovese all'interno della cultura di quel melodramma che influenza, almeno in Italia, tutte le forme di espressione musicale. La trasposizione, sulle corde, delle cabalette di agilità delle "primedonne" del palcoscenico crea un genere del tutto nuovo: "la "cantabilità" della "cavata" strumentale si anima progressivamente di ritmi sempre più veloci. L'esecutore, seguendo gli schemi della variazione, è trascinato verso la più vertiginosa emissione di note: l'arco scoppietta, come impazzito, le dita pizzicano le corde e le sfiorano, creando gli algidi "armonici". Al momento culminante dell'emozione il solista, sulla quarta corda, ritrova il tocco della più intensa cantabilità.

I cinque Concerti per violino e orchestra, - celeberrimi, il primo del 1817 e il secondo, in si minore del 1827 (contenente la *Campanella*, ripresa anche da Liszt), - raccolgono l'alto magistero compositivo di Paganini. Un pezzo con accompagnamento orchestrale come la *Sonata per la gran viola* (Londra, 1834) ricorda la consuetudine di Paganini anche con questo strumento. Singolare, nel contesto di una produzione che, pur cercando gli effetti più emozionanti, non dimentica mai le ragioni della musica, è *Perpetuela, Sonata in movimento perpetuo* per violino e orchestra (Parigi, 1832). Essa veniva eseguita dal compositore in tre minuti e tre secondi, ovvero alla vertiginosa velocità di dodici note al secondo.

Attento alle esigenze di un mercato editoriale desideroso di musica cameristica, Paganini lascia anche una serie di Quartetti per chitarra e archi. Alla chitarra, poi, strumento dal quale era in grado di trarre "effetti inauditi", Paganini ha destinato circa centoquaranta composizioni.

Con la produzione del musicista ligure il violinismo italiano irrompe sul nascente Romanticismo europeo, lasciando un'impronta destinata a rimanere ben impressa nell'opera di maestri quali Schumann, Liszt, Chopin, Berlioz.

4. *Un fulmine a ciel sereno: Gioachino Rossini.*

L'ingresso di Rossini nel mondo musicale europeo ha qualcosa di miracoloso. Dalle rovine della Restaurazione postnapoleonica e dai rimasugli dell'eredità neonapoletana scaturisce un genio capace di riassumere tutta la tradizione operistica italiana, di fissare nel *Barbiere di Siviglia* i caratteri buffi e di additare, con *Guglielmo Tell*, la strada del romanticismo.

I passaggi della riforma rossiniana, portati alle estreme conseguenze letterarie da Stendhal, sono ben compresi da un filosofo e un uomo politico della statura di **Mazzini** che, pur definendo Rossini "il Napoleone dell'epoca sua" indica nel carattere "compendiatore", più che in quello "innovatore" il valore della testimonianza artistica del pesarese (*Filosofia della musica*, Parigi, 1836).

Il filosofo **Hegel**, nel suo *Vorlesungen uber die Aestetik* (1836-38) colloca Rossini nella Sezione III, capitolo II, definendo la sua musica "estremamente ricca di sentimento e di spirito".

4.1. Dagli studi alla "follia organizzata".

Figlio di un suonatore di tromba e di una modesta cantante, Anna Guidarini, Rossini nasce nel 1792 a Pesaro, nello Stato della Chiesa.

Trasferitosi a Lugo di Romagna per seguire il padre, perseguitato dalla polizia papalina, Gioachino inizia a studiare sotto la cura dei canonici Malerbi: nelle sue mani vengono poste partiture cameristiche di Haydn, Mozart e dei maestri boemi.

Nascono, nel 1804, le *Sonate a quattro* per archi, primo tentativo accademico perseguito più con l'intuizione che con la dottrina. La famiglia è ora a Bologna: il giovanissimo aspirante compositore viene iscritto al Liceo Filarmonico. Nel frattempo la singolare miscela di studi da autodidatta e le esperienze teatrali, compiute seguendo la madre negli spettacoli d'opera, danno il primo frutto, con *Demetrio e Polibio* (1806), un dramma serio che rimane nel cassetto sino al 1816. Nel 1807 Gioachino entra nella classe di contrappunto di padre Mattei, depositario della tradizione erudita di padre Martini. Si imprime nella scrittura di Rossini il sigillo di una indimenticabile lezione di pulizia formale.

Il teatro di san Moisè nel 1810 applaude la prima opera "ufficiale" del pesarese, la farsa in un atto *La cambiale di matrimonio*. Il 1812 è l'anno di tre riuscite pagine giocose: *L'inganno felice, La scala di seta* e *La pietra di paragone*. Con quest'ultima opera Rossini conquista il pubblico milanese del teatro alla Scala. Il senso astratto della comicità rossiniana, tutto basato sulla più dinamica effervescenza ritmica, annulla ogni implicazione sentimentale ed innesca situazioni di vorticosa e trascinante partecipazione. Secondo Stendhal la *Pietra di paragone* crea a Milano "un'epoca di entusiasmo e di gioia" e Rossini diviene "il primo personaggio del paese". Tutta la Lombardia canta la magica (e inesistente) parola di "Sigillara" che percorre la esilarante scena del finto esproprio operato da un personaggio travestito da Turco. L'arietta di Pacuvio, "Ombretta sdegnosa del Missipipì", passata di bocca in bocca per generazioni, ricompare nel romanzo di Fogazzaro "Piccolo mondo antico" (1895).

Il 1813 è l'anno di due capolavori, il primo dei quali è il melodramma eroico *Tancredi* (Venezia, teatro La Fenice). Adattato da Gaetano Rossi dall'omonima tragedia di Voltaire anche il *Tancredi* è un trionfo. "Opera incantevole che in quattro anni ha fatto il giro d'Europa", come asserisce Stendhal, che scrive la sua *Vie de Rossini* nel 1823-24. Il melodramma, che narra vicende d'amore e di morte nella Sicilia dei Normanni, vanta l'aria "Di tanti palpiti", intonata per la prima volta dal mezzosoprano Adelaide Malanotte. I "palpiti" rossiniani sono l'emblema sonoro della serenità subentrata alla bufera napoleonica: gli eserciti della Restaurazione rimettono sul trono i vecchi tiranni al suono di questa gioiosa e incosciente marcetta.

E' ancora il pubblico veneziano (teatro san Benedetto) ad applaudire, appena tre mesi dopo, il dramma giocoso *L'Italiana in Algeri*. "E' la musica più fisica che io conosca, è la follia organizzata e completa" dichiara Stendhal: mentre l'esercito di Gioacchino Murat si fa massacrare a Tolentino, spegnendo per decenni il sogno della libertà italiana, Isabella canta agli ignari veneziani "Vedi per tutta Italia / rinascere esempi d'ardire e di valor".

Il contralto Maria Marcolini, propiziatrice dei successi rossiniani, compie prodigi di valore belcantistico, ma la chiave del successo de *L'Italiana* sta nelle scene di insieme, nel finale del primo atto innanzi tutto, ove i personaggi, di fronte a una situazione di sconcerto, reagiscono con puri fonemi: "bum- bum, cra-cra, din-din, ta, ta". Il motore ritmico innescato dal pesarere si inarca su frequenze frenetiche nel finale dell'opera, in cui si consuma l'irresistibile beffa del "Kaiamakàn Pappataci". E' una delle insuperabili "trovate" rossiniane che, quando la scrive è, secondo Stendhal "nel fiore del genio e della giovinezza".

4.2. Gli anni napoletani.

Al culmine della sua fama Rossini accetta il principesco contratto offertogli dall'impresario Barbaja e si trasferisce a Napoli. Lascia Milano con *Il Turco in Italia* (1814), primo incontro con la penna del librettista Felice Romani. L'occasione che si presenta nella capitale del Regno di Napoli è delle più allettanti: entrare in contatto con quello che si considerava allora il migliore teatro d'Italia, il san Carlo, diretta emanazione del gusto e del favore regale. Questo voleva dire avere a disposizione cantanti e orchestra di prim'ordine. L'ideale per tentare nuove strade e per dare vita a un nuovo stile, drammaturgicamente più avanzato.

Al teatro napoletano Rossini riserva nove opere serie: in ognuna di esse vengono superati i limiti delle convenzioni, alla ricerca di un'approfondimento narrativo che trae dalla letteratura europea spunti per ardite creazioni musicali.

Alla base dei primi successi partenopei di Rossini vi è ancora una cantante, Isabella Colbran, bellezza ardente di spagnola, contralto sopranile, per la quale viene scritto il dramma in due atti *Elisabetta, Regina d'Inghilterra*.

Il 1816 vede il musicista impegnato su due fronti. In una sortina romana sboccia il fiore del *Barbiere di Siviglia*, sul tagliente libretto di Cesare Sterbini. Al teatro Argentina è guerra: i seguaci di Paisiello fanno di tutto per ostacolare un successo che, nel giro di poche serate, si profila senza eguali. Ma Rossini, a Napoli, persegue l'obiettivo di potenziare il teatro serio: pagato il tributo al genere comico con una fulminante *Gazzetta* (opera buffa in due atti) è la volta di *Otello, ossia il Moro di Venezia*, dramma in tre atti. Il libretto si deve al marchese Francesco Berio de Salsa, un erudito appassionato di teatro antico, pessimo versificatore, che traduce Shakeaspeare dal francese. Per il pesarese, comunque, è l'occasione buona per dare un'occhiata a quel Romanticismo di cui si comincia tanto a parlare. E "romantica" in tutti i sensi è l'opera culminante nella potenza drammatica del terzo atto: in assenza di "anticlimax" *Otello* compie il suo destino di morte caratterizzandosi come un personaggio "negativo". La Colbran, in questo affresco di delirante passione amorosa, era affiancata da una prestigiosa, e forse irripetibile, pattuglia di tenori: Andrea Nozzari (Otello), tenore di forza baritonale, Giovanni David, (Rodrigo) tenore contraltino, adatto alle parti di "coloratura", e Manuel Garcia (Jago), tenore grave, quasi baritono acuto. Passato nell'ugola di Maria Malibran l'*Otello* rossiniano resterà in repertorio sino al 1875. Oltre Stendhal, ne rimarranno affascinati Byron e Mazzini.

Mentre per le "piazze" forestiere brilla la maschera comica (*Cenerentola*, per i romani del teatro Valle, con libretto di Jacopo Ferretti) ai napoletani sono destinate le cose più raffinate. Dalla *Gerusalemme liberata* di Tasso scaturisce una *Armida*, dramma in tre atti (teatro san Carlo, novembre 1817).

Armida costituisce lo spettacolo di riapertura del teatro san Carlo, andato distrutto in un incendio. L'impresario Barbaja lo ricostruiva a sue spese e la serata di inaugurazione doveva essere fastosa e ricca di componenti. Cantanti, coro, corpo di ballo, scenografie e macchine fantastiche rievocano l'incanto dell'antico teatro barocco delle "meraviglie". Ma i napoletani, stavolta, non seguono Rossini e giudicano l'opera "di barbari modi". La strategia rossiniana deve, almeno per questa occasione, fermare il passo.

L'occasione si ripresenta nel 1818 con l'azione tragico-sacra *Mosè in Egitto*, la prima opera destinata, ad onta delle opinioni del suo autore, a suscitare entusiasmi risorgimentali. La potenza delle scene corali, la scultorea bellezza del personaggio biblico, l'utilizzazione dell'orchestra in senso "coloristico" (mirabile l'esplosione della luce nella iniziale "scena delle tenebre") sono di una forza rivoluzionaria per l'epoca.

Adottando uno stile che Mazzini giudica "sublime", Rossini supera tutti i modelli di teatro tragico noti al pubblico napoletano, in particolare *Ecuba* di Manfroce (1812) e *Medea in Corinto* di Mayr (1813). La preghiera del terzo atto, "Dal tuo stellato soglio" diviene di lì a poco il primo coro a carattere di riscossa nazionale intonato dagli italiani.

Dopo un momento di ritorno alla grecità neoclassica (*Ermione*, 1819, da Racine) è il momento dello slancio verso il Romanticismo europeo: Rossini scopre i laghi celtici di Walter Scott, popolati di sognanti eroine, di sacerdoti druidici, di guerrieri scozzesi, di cacciatori, di personaggi cavallereschi. E' tutto l'armamentario dei *Poemi ossianici* diffusi in Italia, da Melchiorre Cesarotti, sin dal 1772. Il pubblico del san Carlo applaude *La donna del lago*, libretto di Leone Tottola, tratto da *The Lady of the Lake* di Scott. E' il primo passo di un musicista italiano verso il Romanticismo di matrice nordica. Giacomo Leopardi, che ascolta una ripresa di *Donna del lago*, nel 1823, a Roma, parla di "cosa stupenda".

4.3. Il distacco dall'Italia.

Continuano i tentativi di Rossini di allacciarsi alle grandi correnti letterarie della sua epoca: *Bianca e Faliero* (1819, teatro alla Scala di Milano) viene tratto da Felice Romani dal *Conte di Carmagnola* di Manzoni; *Matilde di Shabran* discende direttamente da *Euphrosine und Conradin* di E.T.A. Hoffmann (Roma, 1821).

Per il prediletto pubblico napoletano Rossini scrive *Zelmira*, dramma in due atti (1822). Lo stile da antica tragedia greca, a cui appartiene il dramma, si traduce in un'alta accademia musicale ove l'autore pone accanto a un coro, che canta grandi affreschi pervasi di accenti dolorosi, i prediletti tenori Nozzari e David, lanciati nelle più scintillanti prodezze belcantistiche.

Eppure il pesarese con *Zelmira* vuole dire qualcosa di nuovo: non a caso quest'opera, insieme alla *Matilde di Shabran* e all'immancabile *Barbiere* costituisce il pacchetto di proposte che nell'aprile del 1822 viene presentato al pubblico viennese del Kaertnertortheater, il teatro di cui Barbaja è impresario. La consapevolezza di finire sotto le orecchie di Beethoven costringe Rossini a scrivere nuovi pezzi e a curare in maniera meticolosa l'orchestrazione. Con poca generosità Beethoven non si accosta alla musica rossiniana, ignorando anche lo sforzo compiuto dal musicista italiano nella scena settima dell'atto secondo, una pagina degna di stare accanto alla "scena della prigione" di *Fidelio*. Anche il filosofo Hegel, occasionale ascoltatore di *Zelmira* confessa la sua noia, mentre si eccita ai prodigi comici di *Barbiere*.

Con Zelmira Rossini si congeda dai napoletani: in sette anni di generosi tentativi di aprire una nuova strada del melodramma, il pesarese si è condannato ad essere "solo" l'autore del *Barbiere*. E' la prima consapevolezza di un insuccesso ideologico ed artistico.

Resta l'ultima carta, quella di *Semiramide*, melodramma tragico in due atti tratto da Gaetano Rossi dalla tragedia di Voltaire (1748). Sono ora i veneziani del teatro La Fenice a mostrare nel 1823 scarso entusiasmo per un'opera in cui accanto al barocchismo vocale legato alla voce della Colbran (nel frattempo sposa del musicista) vengono dipinte scene sonore dall'atmosfera cupa e allucinata.

L'Italia, ormai, è stretta per Rossini.

4.4. In Francia. La maschera del silenzio.

E' a Parigi, nella Académie Royale de musique che nell'agosto del 1829 Rossini apre la porta al romanticismo musicale europeo. Il melodramma tragico in quattro atti *Guglielmo Tell*, tratto da Jouy e Bis dal *Wilhelm Tell* di Schiller (1804) è qualcosa che supera le stesse intenzioni del musicista.

Partito dall'idea di ricreare il clima idilliaco-pastorale de *La donna del lago*, Rossini nel corso della stesura, vede l'elemento epico-storico prendere il sopravvento. Il quadro ossianico si trasforma in un grande affresco di lotta politica e gli uomini del Cantone svizzero di Uri, ribelli di fronte all'autorità asburgica diventano il simbolo degli oppressi di tutta Europa. E' un atto rivoluzionario che sgomenta lo stesso Rossini.

Se i potenti mezzi adottati nel *Tell* (masse corali, balletto, dispiegamento di personaggi) aprono la strada al *Grand-Opéra* francese, Rossini si mostra incapace di proseguire nel cammino da lui indicato. Depone la penna e inizia un lungo periodo di vicissitudini legate alla sua fragile salute fisica e mentale.

Stabilitosi a Parigi il pesarese passa anni infernali, funestati da una gravissima forma di esaurimento nervoso. Riacquistato un pur precario equilibrio emotivo grazie alla sua ultima compagna, Olimpia Pélissier, Rossini apre il suo salotto parigino agli artisti e ai musicisti: lo frequentano tra gli altri, Chopin, Liszt, Balzac, Saint-Saens, Verdi.

Il *salon* di Chaussé d'Antin, dimora parigina dell'illustre esule, diviene un luogo di osservazione privilegiata per studiare questo "Romanticismo" che il maestro ha sfiorato, ma dal cui abbraccio sulfureo si è sottratto: Rossini è un uomo del Settecento, un esponente dell'*Ancien Régime*: non capisce la democrazia, odia il progresso, si infastidisce per gli eccessi sonori di Berlioz, rimpiange la bellezza neoclassica di cui è stato emblema il suo amico Antonio Canova.

4.5. Gli enigmi dei *Péchés de vieillesse*.

Quattordici fascicoli di pezzi per voce, per coro e per pianoforte costituiscono la mole di composizioni cameristiche che Rossini scrive nell'arco di trent'anni. Possono ascoltare questa musica solo gli amici invitati nel suo salotto e l'autore li intitola, con molto senso di umorismo, *Peccati di vecchiaia*. Sono tutti arguti colpi d'occhio sulla realtà musicale in evoluzione: è quanto del Romanticismo Rossini recepisce e fa filtrare attraverso la sua acutissima sensibilità.

Ma non mancano, in queste aforistiche pagine, anche eccezionali anticipazioni su ciò che i musicisti tenteranno solo nel nostro secolo, a partire da Satie e Stravinski.

Nell'operoso "silenzio" Rossini scrive anche due grandi pagine religiose. Nel 1841 lo *Stabat Mater*, ove alterna momenti di spirito contrappuntistico a spasimanti squarci di esaltazione corale. Il tutto condito con l'immancabile "leggerezza" delle arie belcantistiche.

Nel 1863 un'audizione privata fa conoscere a pochi invitati la straordinaria partitura della *Petite Messe Solennelle*, una musica "dedicata al Buon Dio" in cui Rossini mostra le sue profetiche visioni di un senso timbrico che sarà scoperto nel secolo seguente, in pieno Neoclassicismo.

Il musicista, olimpico dominatore della musica europea dei suoi giorni si spegne longevo, nel 1868. Ha caratterizzato tutta la sua epoca. Con la psicanalitica follia dei suoi "concertati" di opera buffa, con la grandezza delle sue eroine vocali, con gli accenti religiosi, con le invocazioni di libertà.

Il mondo lo venera per il *Barbiere*: lui sogna di passare alla storia con il terzo atto di *Otello* e con il secondo di *Guglielmo Tell*. E' una personalità scissa, protesa verso il Nuovo, attaccata con tenacia e con senso di sicurezza all'Antico. Ha conosciuto la voce umana come pochi e ad essa ha consegnato tutti i tesori accumulati dall'antica Scuola Napoletana: ha presentito il Romanticismo e lo ha accreditato ai suoi contemporanei con la saga della libertà svizzera.

La Storia ho ha castigato per l'eccesso di doni ricevuti dalla natura. Ancora in vita Rossini vede nascere la leggenda che lo vuole uomo gioviale, faceto, attento ai piaceri della vita e della gola. Nessuno capisce il suo dramma, nessuno cerca di interpretare il suo silenzio.

Il teatro si impadronisce di poche sue opere, sopratutto di quelle buffe e lascia nell'oblio tutto il resto. Solo nella seconda metà del nostro secolo si fa strada una *Rossini Rénaissance* in grado di valutare esattamente i crediti che il pesarese vanta verso l'evoluzione musicale.

Intorno agli anni '70 a Pesaro, la Fondazione Rossini e il Rossini-Opera-Festival iniziano la pubblicazione critica e la rappresentazione di tutte le opere: il processo è ancora in corso, i risultati sono eccezionali. Rossini è un uomo che, con il suo culto della Bellezza, rappresenta la esperienza riassuntiva del Settecento e si salda direttamente al Novecento, superando d'un balzo, per costituzionale incompatibilità, tutto il Romanticismo.

5. *Gli ultimi sussulti del Neoclassicismo: Saverio Mercadante.*

Personalità di transizione è quella di Mercadante (nato in Puglia nel 1792), la cui longeva produzione artistica, che si estende per l'arco di un cinquantennio, affonda le sue radici nella tradizione napoletana, ma conosce anche le suggestioni del romanticismo transalpino.

Gli studi, compiuti a Napoli sotto il magistero di Zingarelli, portano Mercadante ad esordire con una serie di opere neonapoletane, alcune delle quali (*Didone abbandonata*, 1823) su testi di Metastasio.

Il successo giunge già nel 1821 con *Elisa e Claudio*, rappresentata a Milano. E' un testo di linguaggio affine a quello rossiniano, ma la derivazione ideologica illuministica lo rende tipologicamente affine al *Matrimonio segreto* cimarosiano.

In *Donna Caritea*, del 1826, è presente la prima pagina esplicitamente risorgimentale: il coro "Chi per la patria muore" è intonato da tutti i giovani democratici italiani. Nel 1844 lo cantano anche i fratelli Bandiera, i primi martiri dell'Unità italiana, poco prima della fucilazione.

Nel 1837 il primo tuffo verso il Romanticismo con *Il giuramento*, tratto da *Angélo, tyran de Padoue* di Victor Hugo. Segue, nel 1838, *Le due illustri rivali* (Venezia): Liszt, che assite alla rappresentazione, ne parla come dell'opera "meglio pensata dell'attuale repertorio".

Con *Elena da Feltre* (sempre 1838) Mercadante ribadisce la sua volontà di attuare una "rivoluzione" già messa in atto nel *Giuramento*: si tratta di rendere più unitario l'apparato drammaturgico, attraverso l'eliminazione delle formule convenzionali e l'arricchimento del ruolo dell'orchestra.

Con *Il bravo* (1839) il maestro pugliese fornisce una sorta di cartello preparatorio del verdiano *Rigoletto*: il libretto, tratto dall'omonimo romanzo di F. Cooper (1831) offre l'illustrazione musicale di una Venezia oscura e violenta, percorsa da sicari armati di pugnale e da feroci Inquisitori.

Nel frattempo la fama e la popolarità di Mercadante crescono al punto di farne il primo musicista d'Italia: giunge nel 1840 la nomina a direttore del Conservatorio di Napoli.

Senza varcare i confini nazionali il compositore pugliese gode dei frutti di un intelligente lavoro artigianale: coltivando l'inestinguibile "favola melodrammatica" italiana, Mercadante si trincera ormai su posizioni "conservatrici". Non mancano, tuttavia, obiettivi di grande suggestione, come in *La vestale* (1840).

Artista colto ed aggiornato, capace di elevare il linguaggio melodrammatico italiano a livelli europei, Mercadante fornisce anche una copiosa produzione strumentale, con sei Concerti per flauto, due per clarinetto e uno per corno e orchestra. Spicca, curiosamente, una *Sinfonia Garibaldi*, del 1858.

6. Gaetano Donizetti, il primo Romantico.

6.1. Gli esordi febbrili.

La formazione culturale di Donizetti, nato a Bergamo da una famiglia poverissima (1797) avviene sotto le lezioni di Simone Mayr, fondatore di una Scuola di musica "caritatevole".

Johann Symon Mayr, bavarese (1763-1845) fecondo autore di oltre settanta opere di stampo neoclassico è il portatore di uno stile musicale improntato alla conoscenza di Gluck, Piccinni, Mozart e Cherubini: la permanenza a Bergamo, come maestro di cappella in santa Maria Maggiore, rende possibile la perfetta "italianizzazione" della figura di questo musicista, la cui impronta didattica è molto importante per la sua generazione.

Ma Donizetti va presto a dissetarsi a un'altra fonte del sapere musicale della sua epoca: per due anni (1815-17) studia al Liceo Filarmonico di Bologna, nella classe di padre Mattei. Qui, al pari di Rossini, si esercita attentamente sulla analisi delle grandi opere corali del secondo Settecento, esaminando, in particolare, gli "stretti" delle fughe.

Tornato a Bergamo inizia a scrivere pagine strumentali per la buona borghesia austriacante: nascono, oltre a molte sonate, i sedici Quartetti per archi (1818-21).

Se il frutto degli studi con padre Mattei è già riscontrabile nel *Miserere* (1820) tutto improntato a una classica severità formale, poco si può dire delle molte operette e farse scritte a partire dal 1818 per i teatri veneziani.

Sono questi gli anni in cui divampa in Italia la polemica sul Romanticismo: ne sono autorevoli testimonianze la *Lettera semiseria di Grisostomo* di Berchet (1817), la poesia di Leopardi, *L'infinito* (1819) e il primo numero della rivista "L'Antologia" edita, a Firenze, da P. Viesseux (1821). Si inserisce, nel fervente dibattito, anche Mazzini, con i suoi scritti di critica letteraria.

Si giura sul nome **Victor Hugo**, ma i musicisti, come sempre, precedono i "letterati" e forniscono prove di spiazzante aggiornamento.

Il nome di Donizetti sale agli onori della cronaca nel 1822, allorché viene rappresentata, a Roma, *Zoraide di Granata*, soggetto romanzesco spagnolo di schietto sapore romantico.

Dal 1822 al '30 sono anni di convulsa produzione operistica: ventisette titoli per i teatri romani e napoletani. Si deve tuttavia attendere proprio il 1830 per avere un'*Anna Bolena* al teatro Carcano di Milano. Giuditta Pasta e Giovanni Battista Rubini portano al successo il libretto di Felice Romani.

6.2. Tra sorriso e delirio.

Decisiva, per la maturazione artistica del bergamasco, la collaborazione con **Felice Romani**.

Dopo aver fornito, nel 1813, il suo primo libretto a Mayr, Romani (1788-1865) inizia un'attività di poeta per musica che lo porta a collaborare con i grandi dell'Ottocento (Rossini, Donizetti, Bellini e Mercadante) ma anche con i minori (Orlandi, Coccia, Nicolini, Soliva, Generali, Carafa, Morlacchi, Pacini).

Romani nobilita il linguaggio librettistico, regolando l'afflusso degli impeti verbali romantici verso la compostezza delle formule classiche. Se innegabili sono i rapporti e le concordanze con la poesia di Manzoni e di Leopardi, si debbono ascrivere interamente a

Romani la semplificazione delle trame e la calibratura delle strutture drammatiche. Condizioni queste che rendono molto comprensibili i suoi libretti. Lo sforzo di aggiornamento con le correnti letterarie della nuova Europa è testimoniato dalle fonti adottate: Shakespeare, Voltaire, Scott, Byron, Dumas, Hugo, Chateaubriand, Pellico, Monti, Foscolo.

Titolare di una lunga collaborazione con il teatro alla Scala, Romani rifiuta l'incarico di Poeta Cesareo alla corte di Vienna, per non dover assumere la cittadinanza austriaca. Dal 1834 è direttore della Gazzetta Ufficiale Piemontese.

Il fecondo rapporto instaurato tra Donizetti e Romani si arricchisce nel 1831 del gustosissimo *Gianni di Parigi*, opera scritta per Rubini.

Ma il 1832 è l'anno di *Elisir d'amore*, idillio sentimentale tra i più freschi e sorgivi prodotti del romanticismo italiano, una "favola d'amore" destinata a rimanere un'oasi di intatta serenità tra i fiumi di sangue versati dagli amanti romantici.

Ecco infatti (1833, teatro alla Scala) *Lucrezia Borgia* che Romani trae dal dramma di Hugo. Le vicissitudini e le traversie sollevate dall'argomento scabroso pongono i due autori in polemica con la censura asburgica.

Un provvidenziale invito a Parigi, rivoltogli da Rossini, (1835) vede Donizetti trionfare con *Marin Faliero*, dramma tratto da Byron. La congiura popolare contro il Doge e il Consiglio dei Dieci di una Venezia medioevale diventa la metafora degli aneliti italiani a una lotta rivoluzionaria: Mazzini scorge in *Marin Faliero* i caratteri di un dramma nazionale democratico (*Filosofia della musica*). Con la musica del *Faliero* sulle labbra i Martiri di Belfiore, cospiratori mazziniani impiccati dagli Austriaci a Mantova nel 1852-53 affontano dignitosamente la morte.

Il 1835 è anche l'anno di *Lucia di Lammermoor*, dramma tragico che Salvatore Cammarano trae dal romanzo *The bride of Lammermoor* di Scott. Il pubblico napoletano può così vantare l'ascolto del capolavoro del primo romanticismo italiano, una storia di amore e di morte in cui il potenziamento psicologico dei personaggi fa da sfondo alla creazione del "tenore eroico". Edgardo diventa banco di prova di tutti i tenori di impostazione "lirica". La sua figura misteriosa, l'aureola di perseguitato, di vendicatore di torti, il senso cavalleresco dei rapporti umani, la fine tragicamente nobile ne fanno il prototipo dell'Eroe Romantico. Accanto ad Edgardo, Lucia sublima la lucentezza siderale del "soprano angelicato", creatura asessuata, delirante, destinata alla follia come suprema rinuncia d'amore.

6.3. Lontano, ormai, dal mondo.

Un tragico destino attende Donizetti, quello di venir stroncato da una lenta e sfibrante malattia mentale. Ma gli anni trascorsi a Parigi sono tra i più ricchi toccati a un musicista. Dopo aver salutato per sempre l'amico Bellini con un *Requiem* (1835) il bergamasco scrive, in collaborazione con E. Scribe, *Il duca d'Alba*. L'anno successivo, ancora per l'Opéra parigina è la volta di *Favorita*.

A Vienna, nel 1842, trionfa *Linda di Chamonix* e Donizetti viene nominato compositore di corte e maestro dei concerti privati dell'Imperatore: delusione degli irredentisti italiani, in particolare di Mazzini.

Proprio un esule mazziniano, Giovanni Ruffini, è invece l'autore del libretto di *Don Pasquale* rappresentato a Parigi nel 1843: il dramma buffo, ambientato in un modernissimo ambiente borghese, perpetua la storia dell'amante giovane e del vecchio pretendente, con l'immancabile vittoria della prima.

Prima di entrare nel travaglio della malattia che lo porta alla morte, Donizetti ha il tempo di scrivere un'altra opera di rilievo come *Maria di Rohan* (Vienna, 1843) desunta da *Marion Delorme* di Hugo. E' l'ultimo canto di un musicista che, con settantacinque spartiti d'opera, produce sia capolavori che lavori mediocri. Operando sul piano del puro pragmatismo, Donizetti è il primo autore romantico italiano: tenendosi lontano da dichiarazioni di metodo e da programmi estetici, attento alla bellezza della linea vocale, il bergamasco rappresenta, con Bellini, ciò che l'Italia offre al Romanticismo europeo.

Il musicista si spegne a Bergamo, nel 1848, demente, dimentico di sé e della sua grandezza.

7. *La purezza della melodia: Vincenzo Bellini.*
7.1. La vocazione alla cantabilità.

Siciliano di Catania, cresciuto in una famiglia di musicisti (era nato nel 1801), Bellini compie i suoi studi a Napoli, nel Real Collegio di san Sebastiano. Il suo maestro, Zingarelli, insiste molto sulla costruzione delle "melodie" vocali, il cui gusto, secondo lui, era stato corrotto da Rossini.

Come saggio di diploma Bellini scrive *Aldelson e Salvini* (1825), opera semiseria. Lo stile dell'*Opéra-comique*, coi dialoghi parlati, rende piuttosto ibrida una partitura che, pur portando le impronte di una inconfondibile assimilazione dei modelli rossiniani, fa riferimento alla dolcezza melodica di Pergolesi.

Dopo *Bianca e Gernando*, rappresentata al san Carlo, Bellini conosce l'impresaario Barbaja, che ora controlla anche la società del teatro alla Scala di Milano. Questi lo invita a scrivere un'opera in collaborazione con Felice Romani. Nasce, nel 1827, *Il pirata*: cronologicamente è la "prima" opera romantica italiana, anteriore di due anni al *Guglielmo* rossiniano.

Il Pirata Gualtiero, un partigiano degli Aragonesi che combatte, in Sicilia, contro gli Angioini, non è un eroe bellicoso. Al contrario è un amante inappagato, malato di nostalgia: incarna la figura del guerriero infelice, vittima predestinata di un triste e nefasto destino. All'ugola d'oro del tenore Rubini tocca la sorte di portare al successo un personaggio che muore tra incredibili prodigi vocali.

Il 1829 vede due opere belliniane incontrare il favore del pubblico: *La straniera* viene applaudita alla Scala di Milano, mentre alla Fenice di Venezia si festeggia *I Capuleti e i Montecchi*. La vicenda di Romeo e Giulietta non viene desunta da Shakespeare: al contrario, Felice Romani attinge alla novellistica medievale italiana, operando una trasfigurazione da poeta Stilnovista.

7.2. Verso atmosfere vaghe e lunari.

Al Teatro Carcano di Milano, nel 1831, trionfa *La sonnambula*. Il libretto di Romani, desunto da Scribe, eleva ai massimi livelli intellettuali l'idillio sentimentale: torna la favola di *Nina pazza per amore*, ma stavolta il passare degli anni fa scoprire inquietudini sommerse. La sottile psicologia verbale adottata da Romani trascina Bellini verso quel "declamato ornato" che è l'essenza della sua vocalità. Melodie purissime, sospese nel cielo, si succedono una dopo l'altra: si respira aria di *Ricordanze* leopardiane, aleggia il suono delle ornamentazioni pianistiche chopiniane. Il delirio di Amina, "Ah, non credea mirarti" è uno dei vertici emozionali della musica operistica italiana.

A distanza di pochi mesi i milanesi si tuffano nella mitologia celtica: al teatro alla Scala si rappresenta *Norma*, tragedia lirica desunta, dal solito Romani, da Chateubriand. Il senso della "romanità", così raro al Neoclassicismo, viene rivisitato in chiave romantica. Stavolta i protagonisti non sono gli antichi quiriti, ma i loro nemici, i Celti, i Galli, i sacerdoti druidici, i cultori delle foreste e del chiarore lunare. Sotto le volte delle ombrose querce si consuma la tragica storia d'amore della sacerdotessa infedele e dell'incauto romano Pollione. Tutta romantica è l'invocazione alla luna, "Casta Diva", che si accosta alle intuizioni leopardiane dell'idillio "Alla luna" (1819).

Ma in *Norma* pulsa anche il cuore della riscossa italiana: il coro "Guerra ai Romani" viene interpretato dal pubblico milanese per quello che è, cioè un invito alla rivolta antiasburgica. In una ripresa del 1859 in teatro fu tumulto per le grida di "guerra!" che si alzarono dalla platea e dai palchi.

Invitato a Parigi da Rossini (1833) Bellini frequenta il salotto della principessa di Belgioioso, illustre esule. Vi conosce Chopin, Hugo, De Musset, Heine. Si fa strada nel giovane musicista l'idea di scrivere qualcosa che tenga alto il nome dell'Italia. Viene scritta *I Puritani*, un'opera "ove si amano pensieri di libertà" (lettera di Bellini a C. Pepoli).

E' un successo straordinario, grazie anche alla partecipazione di cantanti quali Rubini, Lablache, Tamburini. Il Théatre Italien, applaudendo una partitura tratta da un romanzo di W. Scott, conosce scene di entusiasmo, sopratutto allorché viene intonato il finale dell'atto II, il duetto "Suoni la tromba intrepida". La consapevolezza patriottica di Bellini, alimentata dal suo librettista, l'esule bolognese conte Pepoli, è espressa da uno stralcio epistolare: "... lo squillo della tromba farà tremare di gioia i cuori liberi che si troveranno in teatro. Addio e viva la libertà".

Il musicista catanese muore nello stesso anno, dopo aver lasciato, in *Puritani*, pagine di insuperabile estasi belcantistica, in particolare "A te o cara" del primo atto e il quartetto finale, "Credeasi misera".

8. *Tra musicisti minori e "minimi".*

Il primo Ottocento italiano non è fatto soltanto dei nomi fulgenti di Rossini, Donizetti e Bellini, ma è costellato dalla presenza di operisti molto apprezzati ai loro giorni, ma presto dimenticati dallo scorrere della storia.

Tra i tanti autori che hanno esercitato un'attività minore, va citato innanzi tutto **Francesco Morlacchi**.

Nato nel 1784 a Perugia, allievo a Loreto di Zingarelli e a Bologna di padre Mattei, Morlacchi è compagno di studi di Rossini e da lui più volte apprezzato. Chiamato nel 1810 alla corte di Dresda come direttore del teatro Italiano e della Cappella Reale, il maestro perugino vive nella capitale sassone trent'anni. Ai sovrani Wettin Morlacchi offre musica di celebrazione e di intrattenimento, mentre all'Italia riserva opere che non di rado rivaleggiano con le coeve creazioni rossiniane. Autore di un *Barbiere di Siviglia* di sapore paisielliano (1816) con *La Boadicea* (1818) Morlacchi contende a Rossini il favore dei teatri napoletani. Si vede nel maestro dei re di Sassonia il difensore dell'antico stile napoletano, e come tale lo si contrappone all'innovatore Rossini.

Stendhal, pur considerando Morlacchi un "imitatore" di Rossini, non esita a riconoscere il valore di un'opera come *Tebaldo e*

Isolina (1820), la cui romanza "Caro suono lusinghiero" è diffusa in tutta Italia dal sopranista Velluti. Morendo nel 1841 a Innsbruck, Morlacchi lascia incompiuta una *Francesca da Rimini* (libretto di Romani).

Il maestro perugino, con la sua trentennale permanenza a Dresda, rappresenta l'ultima fase di integralismo musicale italiano: la contrapposizione a Weber, fautore dell'opera romantica tedesca, vede Morlacchi operare su posizioni di acceso conservatorismo. Depone a favore della sua lungimiranza l'allestimento e la concertazione, a Dresda, della *Passione secondo Matteo* di Bach (1833): è la seconda ripresa che segue la prima "storica" diretta da Mendelssohn nel 1829.

Dopo la sua morte, Wagner cancella accuratamente ogni traccia della presenza di Morlacchi a Dresda.

La galassia dei "minori" rappresenta le fasi di trasformazione del linguaggio musicale che, dallo stile napoletano, attraverso le acquisizioni rossiniane, approda al romanticismo donizettiano. E' proprio grazie alla ricognizione sulla produzione dei "minori" che oggi siamo in grado di ricostruire il livello medio della fruizione musicale, con l'esatta consapevolezza di quale fosse il reale tasso di preparazione culturale.

Tra i maestri che vivono all'ombra di Rossini è da ricordare innanzi tutto il vecchio **Nicola Zingarelli** (1752-1837) ferocissimo nemico del pesarese.

Autore di un *Romeo e Giulietta* (1796) con cui conquista il favore del pubblico, Zingarelli, esercita una grintosa difesa dello stile accademico da una posizione di prestigio come la direzione del Real Collegio di musica di Napoli.

Allievo di Paisiello è **Carlo Coccia** (1782-1873), a cui trentasette partiture d'opera non valgono più dell'incarico di maestro di cappella nel Duomo di Novara. Meno fortunato ancora **Pietro Generali** (1773-1832) che cade nell'anonimato, nonostante i suoi cinquanta titoli.

Michele Carafa (1787-1872) finisce la sua carriera come insegnante di composizione presso il Conservatorio di Parigi. **Nicola Vaccaj** (1790-1848), anch'egli allievo di Paisiello, è reso celebre da un *Romeo e Giulietta* (libretto di Romani) che incontra il favore del grande soprano Maria Malibran. A lui si deve il *Metodo pratico di canto italiano da camera* (1833), prezioso reperto didattico di gusto vocale belcantistico.

Dopo aver colto il successo con *Ines de Castro* (1835) **Giuseppe Persiani**, marito del prestigioso soprano Fanny Tacchinardi, non trova niente di meglio che farsi invischiare nei disastri finanziari dell'Opera Italiana a Londra.

Singolari figure di compositori sono i fratelli **Ricci**, Federico (1809-1871) e Luigi (1805-1859). Ambedue allievi di Zingarelli, attivi come operisti autonomi, scrivono, a quattro mani *Crispino e la comare* (1850), opera buffa di enorme diffusione.

9. *Giuseppe Verdi, l'Italiano.*

Radicato nell'inconscio collettivo e nella memoria culturale degli italiani, Verdi rappresenta il musicista "nazionale", un personaggio di riferimento la cui importanza è pari a quella di Dante e di Manzoni. Le sue opere, veicolo di riscatto nazionale in epoca Risorgimentale, hanno costituito l'alimento emozionale ed estetico per decine di generazioni di intellettuali e di uomini di cultura.

Ma anche l'uomo della strada, l'uomo "comune" ha amato Verdi, ricevendo dalla sua musica ammonimenti morali e modelli di comportamento. In una parola la musica di Verdi ha svolto, nei confronti degli Italiani dell'Unità una funzione formativa pari, forse, a quella dell'alfabetizzazione o del suffragio universale. In un'Italia disgiunta ancora in statarelli e regnucoli Verdi ha rappresentato il collante, il cemento, la lingua comune a tutti.

9.1. La formazione culturale e le prime opere.

Non sorprende quindi, esaminando le origini del "fenomeno" Verdi, constatare le sue estrazioni piccolo-borghesi. Anche l'avviamento alla musica avviene nel più umile e modesto dei modi. Figlio di piccoli commercianti di Roncole di Busseto, minuscolo centro in prossimità di Parma in cui nasce nel 1813, suddito della napoleonide Maria Luigia, Verdi riceve le prime lezioni dall'organista del villaggio e scrive musica per la banda del paese.

La protezione di un facoltoso commerciante, Barezzi (da notare come sia cambiata la classe "mecenate") lo avvia al conservatorio di Milano. Respinto all'esame di ammissione, sopratutto perché suddito di "paese forestiero", Verdi si affida al contrappuntista di scuola napoletana Lavigna: costui suggerisce lo studio di partiture contemporanee e l'assidua frequentazione del teatro, unica e insostituibile scuola di realtà sonora.

A Milano nasce la prima opera verdiana, *Oberto, conte di san Bonifacio* (1839, teatro alla Scala). Il libretto (scritto in collaborazione dal giornalista Piazza e da Temistocle Solera) narra dell'Italia delle feroci Signorie medievali. La musica, schietta e risoluta, porta impresse già le future orme verdiane: la Sinfonia è innervata di fanfare bandistiche, i pezzi d'insieme sono drammaticamente tesi, le arie pulsano di intensità sempre crescente.

Il successo giunge, inaspettato, con *Nabucco* (1842, teatro alla Scala). Nello stesso anno in cui Manzoni consegna alle stampe la redazione definitiva dei "Promessi sposi", Verdi dà inizio, con il libretto di Solera, a un processo di allineamento con le aspirazioni degli artefici del Risorgimento e dell'Unità d'Italia. Un cammino che dura sino al 1849, anno de *La battaglia di Legnano*.

Nabucco è un dramma corale, erede del *Mosè* rossiniano. L'innesto dell'amor di patria sul tema della libertà di un intero popolo, quello degli Ebrei in cattività, conferisce a *Nabucco* il carattere "morale" che ne fa una partitura-spartiacque del secolo. Il coro degli Ebrei "Và pensiero, sull'ali dorate" diventa il canto di tutti gli Italiani che si riconoscono fratelli nel comune anelito alla libertà.

9.2. Risorgimento e "Anni di galera" (1842-49).

"Anni di galera" definisce Verdi il periodo tra *Nabucco* e *Aroldo* (1857). All'interno di questi quindici anni in cui il musicista produce melodrammi a ritmi vertiginosi avviene, nella fase 1842-48, l'identificazione con la politica nazionale. Verdi accetta di farsi portatore degli ideali unitari che, più tardi, sono sintetizzati dal motto "Viva V.E.R.D.I.", ovvero "Viva Vittorio Emanuele Re d'Italia".

E' tuttavia appurato ormai come il musicista parmense sia entrato con una certa riluttanza nell'agone politico, restio al coinvolgimento pratico, disposto, più che altro, a utilizzare la chiave risorgimentale come accesso privilegiato verso il pubblico più evoluto. Insomma il Risorgimento a disposizione di Verdi, e non il contrario.

Decisivo, per l'ingresso nel pulsante terreno del dibattito risorgimentale, è l'apporto del librettista **Temistocle Solera** (1817-78), l'autore di *Nabucco, Lombardi alla prima Crociata, Giovanna d'Arco* e *Attila*. Figlio di un patriota imprigionato dagli austriaci nella fortezza dello Spielberg, probabile agente segreto al servizio di Napoleone III e di Cavour, Solera finisce la sua vita in miseria, dopo aver fatto il poliziotto in Egitto, il trafficante d'armi, l'avventuriero. Uomo di focoso temperamento consente a Verdi di "cavalcare" il Risorgimento attraverso i suoi libretti. Accese emozioni e momenti di sensibilità aperti alle urgenze politiche del momento improntano i suoi versi, al punto che il pubblico crede spesso di scorgere riferimenti politici anche dove non ci sono. Un periodico milanese così commenta la miscela Verdi- Solera:

> "I forestieri non potranno mai comprendere l'influenza esercitata in un certo periodo dalle melodie ardenti di passione che Verdi adattava a situazioni, anche a singoli versi i quali potessero richiamare alla mente lo stato infelice d'Italia, le sue memorie, le sue speranze.

Il pubblico trovava allusioni dappertutto, ma Verdi, per primo, le aveva scoperte e musicate con note ispirate che spesso scatenavano la rivoluzione in teatro".

Ecco quindi, clamoroso, il trionfo de *I Lombardi alla prima Crociata* (teatro alla Scala, febbraio 1843). Il libretto di Solera si rifà all'omonimo poema di Tommaso Grossi (1826), ma tiene conto anche del "Primato morale e civile degli Italiani" che, proprio nello stesso anno viene pubblicato da **Vincenzo Gioberti**. In esso l'esule mazziniano ribadisce la certezza storica e l'orgoglio civile della borghesia italiana portatrice di un riformismo politico improntato alla religione cattolica.

Nei crociati lombardi, ovviamente, si vogliono vedere i patrioti italiani e l'identificazione è totale nel coro del quarto atto "O Signor, che dal tetto natio". Il coro viene citato dal poeta **Giuseppe Giusti** nella sua poesia "Sant'Ambrogio". E' la testimonianza dello stato d'animo dei democratici milanesi poco prima dell'insurrezione delle Cinque Giornate (18-22 marzo 1848).

Inebriato dal calore irredentista dei *Lombardi*, Verdi opera subito una delle prime conversioni verso gli autori che lo portano nel cuore del romanticismo europeo. Da *Hernani, ou l'Honneur Castillan* di Victor Hugo (1830) nasce *Ernani* (Venezia, La Fenice, 1844).

Nella storia, ambientata in un cupo e fatale Cinquecento spagnolo si staglia la figura di Ernani, il primo dei grandi "proscritti" verdiani. Unica opera giovanile rimasta in circolazione vivente l'autore. Ancora nel 1892 *Ernani* fa scrivere a G.B. Shaw "... grande opera italiana in cui l'arte si cela in una stupenda esibizione di eroi".

Dal corrusco Rinascimento veneziano emerge la partitura de *I due Foscari* (Roma, 1844). Tratta dal dramma di Byron (1821) la tragedia lirica firmata da F.M. Piave è un'opera plumbea, sintetica, quasi cameristica: Jacopo Foscari, un altro "proscritto", è il portatore del tema della libertà mentre il padre, il Doge Francesco, condannando all'esilio il figlio, rappresenta la voce del Dovere, dell'Autorità sovrapersonale.

Tornato a collaborare con Solera, Verdi scrive, nel 1845 *Giovanna d'Arco*. Il libretto è tratto da "Die Jungfrau vou Orléans" di Schiller. Il contrasto tra sensualità e amore spirituale impersonato dalla Pulzella, non mette in secondo piano gli aspetti più clamorosi della partitura, quelli legati alle invocazioni e alle scene di guerra. Nel Prologo Verdi affida al coro e all'orchestra la descrizione dell'atmosfera di notturno terrore che regna nella foresta di Domremy.

Nel 1846 Verdi sfiora Beethoven adottando per il suo *Attila* un soggetto di Zacharias Werner già esplorato dal grande di Bonn. La prima al teatro La Fenice di Venezia (marzo 1846) è preceduta da un editto di polizia nel quale si proibiscono eccessive manifestazioni di entusiasmo. Ma il grande affresco storico del re degli Unni che si arresta di fronte al Pontefice Leone contiene nella quinta scena del Prologo l'esclamazione "L'Italia a me!" messa in bocca al condottiero romano Ezio. Efficace anche il sospiro dell'esule Foresto che, di fronte al Rio Alto, laguna sulla quale sorgerà Venezia, canta "Cara patria".

Il teatro Alla Pergola di Firenze ospita, nel marzo del 1847 *Macbeth,* desunto, dal librettista Piave, da Shakespeare. E' la prima opera verdiana di grande respiro europeo: l'epopea nazionale viene posta da parte per far posto all'elemento fantastico. Verdi inizia l'esplorazione delle abissali profondità dell'animo umano, scavando nella psicologia dei personaggi diabolici. Il musicista, lettore di Shakespeare fin dall'adolescenza, afferma l'autonomia dell'atto creativo: la sua opera, oltre che un dramma sul destino e sulla fatalità, è anche una metafora della coscienza colpevole. Ne è emblema sonoro il cromatismo che pervade tutto lo spartito, a partire dall'intervallo di semitono che acquista un valore quasi microstrutturale.

La successiva opera *I masnadieri*, commissionata dall'impresario Lumley per Londra (1846) in Italia ha scarsa diffusione. Il soggetto di Schiller ("Die Rauber", 1781, già musicato da Mercadante con *I Briganti*) cade in un momento di assoluta tensione politica e bellica (la prima italiana è del 1848, nella Roma del Triumvirato).

Anche *Il corsaro* (Trieste, gennaio 1848) coincide con una vertiginosa marcia verso la guerra: le rivolte di Palermo, Milano, Vienna e Budapest, fanno passare sotto silenzio le vicende di Corrado, uomo ribelle e preda della fatalità, tratte dal poemetto *The Corsair* di Byron (1814).

Verdi, contattato da Mazzini, scrive per i patrioti romani un inno su poesia di **Goffredo Mameli** "Suona la tromba". I tempi sono maturi per l'ultima grande tela risorgimentale. In piena Repubblica Romana al teatro Apollo, nel gennaio del 1849 viene rappresentata *La battaglia di Legnano.* L'epoca storica delle lotte medievali tra Comuni lombardi e Imperatori germanici, culminata nello scontro di Legnano (1176) viene rivissuta e reinterpretata come momento di glorificazione e di santificazione della vocazione italiana alla libertà.

Verdi, tuttavia, pur esaudendo le richieste di Mazzini, non lascia l'ospitale Parigi: nel biennio 1847-49 il musicista torna per un attimo a Busseto solo per acquistarvi una casa. Vi va ad abitare dal 1849, a situazione insurrezionale ormai calmata.

9.3. Continuano gli "anni di galera": i capolavori della Trilogia popolare.

Ancora Schiller per *Luisa Miller* (Napoli, 1849). Salvatore Cammarano appronta per Verdi un libretto tratto da "Kabale und Liebe", dramma di ambientazione borghese, storia dell'amore assoluto. Il melodramma tragico inaugura la seconda stagione della drammaturgia verdiana. Dismessi i panni del capopopolo, Verdi reclina verso atmosfere donizettiane, addentrandosi in uno sfondo di passioni personalizzate. La musica assume già i caratteri di approfondimento emotivo e di commento morale.

Con *Stiffelio* (Trieste, 1849) Verdi tenta la carta dell'argomento contemporaneo. Sono gli anni della riflessione manzoniana sulla "legge del perdono" e Stiffelio, pastore di una setta protestante, è il simbolo della ricerca dell'irrangiungibile perfezione. La censura bolla la storia di un ministro religioso coniugato e disposto, per di più, a concedere il divorzio: Verdi deve distruggere la sua partitura e trasformarla, nel 1857, in un innocuo *Aroldo*.

Rigoletto (Venezia, La Fenice, 1851) apre la cosidetta Trilogia Popolare. Il dramma di Victor Hugo "Le Roi s'amuse" (1832) è adattato da Piave secondo quella particolare "tinta musicale" che da questo momento Verdi utilizza come movente della sua ispirazione. Si afferma il teatro psicologico: l'estrema sintesi compositiva elimina tutto ciò che di ornamentale interseca la vicenda narrata. I fatti sono tutti lì, nel loro cinismo e nella loro impersonale crudezza: arie e duetti rinunciano all'esteriorità e divengono palpitanti dialoghi intrisi di valori drammatici.

L'atmosfera stregonesca e notturna di *Trovatore* (Roma, 1853), il carattere leggendario che impronta la vicenda non toglie nulla alla stringente modernità della musica. Il tema della vendetta, culminante nell'involontario fratricidio rientra perfettamente in quei soggetti forti, "nuovi, grandi, belli, variati, arditi" che Verdi chiede ai suoi librettisti. I toni rozzi e truculenti di *Trovatore* vengono mitigati nella sottile e raffinata *Traviata* (marzo 1853).

Una storia preziosa quella tratta da Piave da "La Dame aux camélias" di A. Dumas figlio (1848). Il pubblico, tuttavia, non apprezza. Al Teatro La Fenice *Traviata* cade. Ma solo l'anno dopo, sempre a Venezia, l'opera riappare al teatro san Benedetto per iniziare il suo trionfale cammino nel mondo. In *Traviata* la scabrosità dell'argomento si trasfigura nella lotta tra la felicità individuale e la sua negazione da parte delle istituzioni sociali. La musica, modernissima nel suo svincolamento da formule tradizionali, passa quasi in secondo piano rispetto alla capacità dei personaggi, e in particolare di Violetta, di occupare un proprio spazio teatrale. Palpita, in tutto il lavoro musicale, la "parola scenica", ovvero il motto verbale e sonoro che rende nette ed evidenti le situazioni narrate. La vicenda viene condensata in nuclei sempre più stretti e sempre più intensi. L'orchestra, mai come in *Traviata*, reclama il ruolo di protagonista, con una scrittura dal sapore cameristico.

9.4. Verso la sintesi europea.

Pronto per il balzo verso il palcoscenico internazionale, Verdi scrive per l'Expo Universale di Parigi del 1855 *Les Vêpres Siciliennes*. Accettando la collaborazione del poeta Eugène Scribe, il musicista padano affronta un impegno decisivo per la sua maturazione. Da questo momento i suoi personaggi non parlano più "italiano", ma si aprono a una forma di linguaggio musicale ricco di sfumature interiori.

Il primo frutto dell'arricchimento drammaturgico è *Simon Boccanegra*, desolante quadro di storia medievale genovese. Dopo la prima versione del 1857 (Venezia), l'autore si vale della collaborazione di **Arrigo Boito** per una revisione presentata al teatro alla Scala nel 1881. Opera di baritoni e di bassi, di tinta scura ed uniforme, *Simone*, nelle accorte mani di Boito diventa una vicenda in cui la componente storica si trasforma in un cosciente "dramma" musicale. Il canto si scioglie in un arioso, mentre l'azione va avanti senza ostacoli grazie a strutture narrative logicamente connesse tra loro.

Dal libretto di Scribe "Gustave III, où Le Bal masqué" già musicato da Auber (1833) e da Mercadante (*Il Reggente*, 1843) nasce il verdiano *Ballo in maschera*. L'adattamento di Somma incontra le difficoltà della censura napoletana, e Verdi deve trasformare la vicenda, trasportandola dalla Svezia a Boston dell'epoca coloniale. Il debole movente politico presente nel racconto non mette in secondo piano la compattezza di un'opera che si rivela come una delle più profonde riflessioni sull'amore mai affrontate da Verdi. La scrittura musicale è rivoluzionaria: spariscono totalmente le forme chiuse e il canto si snoda libero e fluttuante attraverso le maglie di strutture aperte. Il melodramma, in tre atti, viene infine rappresentato al teatro Apollo di Roma nel 1859.

La Spagna di *Ernani* e di *Trovatore* riemerge, sanguigna, in *Forza del destino*. Lontana dall'Italia è la sede della prima rappresentazione, il teatro Imperiale di San Pietroburgo (1862). I personaggi si inseguono in un cieco e fatale gioco delle sorti che porta tutti alla tomba: niente di eroico in una musica totalmente introspettiva. Verdi, tuttavia, non soddisfatto della prima stesura affida a Ghislanzoni un rifacimento, che viene presentato al teatro alla Scala nel 1869.

Quarta opera esplicitamente schilleriana, *Don Carlos* viene scritta per l'Esposizione Universale di Parigi del 1867. Il libretto di Mery e Du Locle è in cinque atti. Gli ideali Illuministici esposti dal marchese di Posa si scontrano con l'intolleranza religiosa e politica del Re di Spagna, Filippo II, e del Grande Inquisitore. Verdi affonda a piene mani nel dolore dei deboli e degli oppressi, e tributa uno dei più commossi omaggi alle vittime della lotta per la libertà. Senza clamori, ma con una manzoniana accettazione della sofferenza.

Il grande apparato sonoro destinato ai parigini non è tuttavia del tutto congeniale al pubblico italiano. Verdi propone un *Don Carlo* in quattro atti (teatro alla Scala, 1884). Successivamente l'autore ripristina l'opera in cinque atti (1887) salvando anche le modifiche della seconda versione. La ormai completa maturità consente a Verdi di tornare al *Grand-Opéra* francese con naturalezza. Il canto si fa "strumentale", non obbedisce alla disposizione dei versi, ma si articola in frammenti che si inseriscono con perfetta logica nel sempre più rarefatto discorso orchestrale.

In occasione dell'apertura del Canale di Suez, Verdi accetta di scrivere un'opera sul solco storico dell'antico Egitto. *Aida* (1871) è il frutto delle sottigliezze vocali verdiane. Al di là di certi momenti di spiccato clamore, in tutta la partitura vige un raffinato controllo della dimensione sonora che si frantuma in luci e ombre. La drammaturgia verdiana, ormai tutta concentrata sul rapporto tra individuo e Potere, avvolge i suoi protagonisti in un velo di pietà: l'anticlericalismo, larvatamente presente in molte altre partiture, qui tocca vertici di violenza verbale. La crudezza degli accenti si stempera solo di fronte al miracolo della natura, fatta respirare in tutta la sua fragranza notturna. Dopo la prima egiziana, gli italiani conoscono *Aida* al teatro alla Scala nel gennaio del 1872.

La fase della maturità verdiana si chiude con il grandioso, michelangiolesco, *Requiem* scritto per la morte di Manzoni (1874).

9.5. L'operosa vecchiaia.

L'ultima fase creativa di Verdi è illuminata dal rapporto con il poeta e musicista Boito. Si ritorna all'amato Shakespeare con *Otello* (teatro alla Scala, 1887).

Wagner è morto nel 1883: il musicista emiliano può riporre la sua polemica antitedesca ed esortare le generazioni più giovani a riscoprire l'antico patrimonio musicale italiano, a cominciare da Palestrina.

La straordinaria cultura di Boito fa scoprire a Verdi un Otello diverso: non una storia di uxoricidio per gelosia, ma la crisi di identità di un personaggio, del suo estraniamento da se stesso, della sua progressiva autodistruzione. E' il germe del decadentismo europeo di Musil, di Kafka, di Svevo quello che si comincia a respirare in *Otello*.

Verdi reagisce con una inedita gamma di possibilità vocali che vanno dal canto chiuso al "parlato", attraverso il cantabile, il declamato melodico e il recitativo. Mai la penna verdiana è stata così gentile, così fresca, così pronta a scalfire la materia musicale.

A settantasei anni, come un giovanotto, Verdi si imbarca per il suo ultimo viaggio musicale. Inizia a lavorare, sempre con Boito, alla storia delle "Allegre comari di Widsor". Ancora Shakespeare, con un progetto inedito. "Sono cinquanta anni che desidero scrivere un'opera comica e sono cinquanta anni che conosco le *Allegre comari di Windsor*" dichiara Verdi in una sua lettera. E, altrove, asserisce:

> "Dopo aver ammazzato tanti eroi ed eroine ho il diritto, giunto all'estremo della mia carriera, di ridere un pochino!"

Germoglia, sull'albero del cupo e drammatico pessimismo verdiano, l'ironia disincantata: il musicista si allontana, per la prima volta, dalla sua responsabilità morale e scrive per la sua gioia.

Opera cameristica e aristocratica, pensata nel solco dell'antica opera buffa napoletana, *Falstaff* (1893), adotta i più acuminati processi contrappuntistici dello stile fugato. Totale è la eliminazione delle forme chiuse, mentre si afferma l'uso integrale del "parlato". L'orchestra anticipa e realizza, con grande mossa strategica, quell'allineamento europeo tanto postulato dai sinfonisti italiani, Martucci, Bossi e Sgambati in testa.

Verdi muore nel 1901. In *Simon Boccanegra* il personaggio di Fiesco aveva gridato: "Ogni letizia, in terra, è menzognero incanto". Ora, pacificato con il mondo dei suoi personaggi, Verdi può asserire, con Sir John Falstaff:

> "Tutto nel mondo è burla".

10. *Dopo Verdi: Ponchielli e Catalani.*

L'unico musicista in grado di raccogliere l'eredità di Verdi, il cremonese **Amilcare Ponchielli** si spegne prematuramente a Milano nel 1886. Nato nel 1834, dopo gli studi compiuti nel capoluogo lombardo, riscuote un certo successo con *I promessi sposi* (libretto di Ghislanzoni, più tardi - 1872 - rielaborato da Emilio Praga). Dopo un altro felice esito ottenuto con *I Lituani* (1874, teatro alla Scala) Ponchielli scrive una formidabile *Gioconda* (1876, teatro alla Scala).

Il libretto, tratto dal medesimo "Angelus, où Le Tyran de Padoue" già musicato da Mercadante (*Il giuramento*, 1837), porta la firma di Arrigo Boito. In una Venezia rinascimentale funesta, percorsa dal popolo in rivolta e atterrita dalla repressione dogale, la storia d'amore di Gioconda si immerge in atmosfere passionali, cariche di tinte sanguigne. Costruito secondo il modello del *Grand-Opéra*, il dramma lirico in quattro atti utilizza con efficace realismo scene di insieme e sfondi popolari, al punto di costituire un coerente avamposto verso l'imminente Verismo.

Nominato professore di composizione nel Conservatorio milanese, Ponchielli ha tra i suoi allievi Puccini e Mascagni. La morte precoce impedisce a un musicista minato da inquietudini caratteriali e provvisorio nelle scelte stilistiche, di usufruire della grande lezione verdiana.

La longevità verdiana sacrifica anche un altro talento, quello di **Alfredo Catalani**.

Il suo è un posto particolare all'interno della **Scapigliatura** milanese: Catalani ne respinge gli aspetti più clamorosi, grotteschi e velleitari, interpretandone, invece, i sotterranei timbri.

Analogamente a Verdi, il musicista medita sulla fragilità delle cose umane, sulla sofferenza concreta, sulla tragica precarietà di ogni sentimento. La corda della sua sensibilità esasperata è ben effigiata dal pittore Tranquillo Cremona, che lo raffigura nel suo quadro "L'edera".

Catalani e Boito costituiscono i due poli della Scapigliatura, agguerrito e irriducibile il secondo, per quanto disarmato e prossimo al Decadentismo il primo.

Nato a Lucca nel 1854, studente a Parigi (1872-73), Catalani prosegue la sua formazione musicale a Milano, con Bazzini. Introdotto nel salotto della contessa Maffei, vi conosce l'editore Giovannina Lucca, la rappresentante in Italia degli interessi wagneriani. Costei gli acquista la prima opera, l'egloga *La falce* (libretto di Boito). Dopo *Dejanice* (1883) e *Edmea* (1886) Catalani compone l'azione romantica in tre atti *Loreley* (teatro Regio di Torino, 1890).

Sulle rive del Reno Loreley, creatura fantastica e sanguinaria, consuma la sua allucinatoria danza macabra: la tematica, desunta in parte dal *Lohengrin* wagneriano, è ancora fuori posto nella cultura italiana, ma il pubblico rimane affascinato.

Il successo conseguito consente all'editore Lucca di suggerire la scelta di un altro soggetto forte: *Wally*. La stesura letteraria di Luigi Illica dispone un dramma in quattro atti che trionfa al teatro alla Scala (1892). Ambientata nel Tirolo la storia della montanara refrattaria all'amore ha come vero protagonista l'ambiente naturale, selvaggio e ostile. Il sostanziale wagnerismo di Catalani ha modo di evidenziarsi in una scrittura orchestrale di grandi capacità descrittive. La fusione della casa editrice Lucca con casa Ricordi (gli editori di Verdi) lascia Catalani spiazzato sul mercato operistico. Il musicista muore nel 1893 dopo aver assistito all'affermazione del nuovo astro nascente, Puccini.

Con la costante tensione al sogno e all'evasione fantastica Catalani si allontana sia dalla letteratura musicale piccolo-borghese, appannaggio di Puccini, che dalla retorica popolare propria del Verismo. L'arte di Catalani ha senso compiuto, ed è arricchita di stimoli culturali provenienti dai salotti intellettuali milanesi. Verdi, alla sua morte, scrive: "Buon uomo ed eccellente musicista". Il grande direttore d'orchestra Arturo Toscanini è stato il più fedele diffusore delle opere di Catalani, tanto da chiamare la figlia Wally e da riprendere quest'opera sia alla Scala (1905) che al Metropolitan di New York (1909).

In posizione marginale, va ricordata anche la figura di **Giovanni Bottesini** (1821-1889) contrabbassista virtuoso le cui innovazioni, sul suo strumento, sono pari a quelle di Paganini.

Autore di molta musica concertistica, oscillante tra le suggestioni sinfoniche tedesche e il brillante gusto delle variazioni su temi del melodramma italiano, Bottesini lascia un'interessante opera teatrale *Ero e Leandro* (1879).

11. *La fine del secolo: correnti e tendenze.*

11.1 L'organizzazione culturale e i meccanismi di diffusione.

Negli anni tra il 1860 e il '90, mentre Verdi si accinge a compiere l'ultimo balzo in avanti verso la perfezione altri musicisti elaborano nuovi ideali artistici.

E' innanzi tutto presente, nel paese, un vasto dibattito sulla rinascita della musica sinfonica e cameristica: a Firenze (1861) e a Milano (1864) nascono le **Società del Quartetto**, esclusivamente dedicate alla diffusione e alla conoscenza della musica cameristica.

Il romanzo **Giovanni Sgambati** (1841-1914) allievo di Liszt è tra i primi ad adoperarsi, come esecutore e come autore, alla definizione di una musica sinfonica italiana. Lo segue **Giuseppe Martucci** (1856-1909) autore di due poderose Sinfonie e di un granitico Concerto per pianoforte e orchestra (1885). **Marco Enrico Bossi** (1861-1925) si impegna anche sul versante della composizione per organo.

Le tre più importanti case editrici italiane, **Ricordi, Sonzogno** e **Lucca** fondano testate giornalistiche atte a ravvisare il dibattito artistico. Si pubblica "La gazzetta musicale di Milano", (Ricordi), con ampia libertà di schieramento, ma un profondo rispetto per il nume tutelare di Verdi. Sonzogno cura la diffusione de "Il Secolo", di tendenza repubblicana, aperto alle novità della musica operistica francese (Massenet e Bizet). Un fortunato concorso di composizione bandito dalla casa milanese vede affermarsi (1890) *Cavalleria rusticana* di Mascagni.

L'editrice Giovannina Lucca porta avanti l'eredità del marito Francesco, pubblicando la rivista "L'Italia musicale", un periodico di dichiarato spirito mazziniano. La vedova Lucca cerca anche di costituire un fronte di musicisti da contrapporre allo strapotere verdiano gestito da casa Ricordi. Vengono scelti, a tale scopo, Marchetti, Gomez, Catalani e Petrella. Si acquistano anche i diritti delle opere wagneriane.

La musica di Wagner arriva in Italia nel 1871, a Bologna. In chiave antimilanese la città felsinea ospita dapprima *Lohengrin* e successivamente (1872) *Tannhauser*.

Ma già intorno al 1860, come reazione antiverdiana, inizia la lettura delle opere di Meyerbeer. Con Meyerbeer si pensa anche di poter fermare l'avanzata dei wagneriani, ma poco successo ottengono sia *Le Prophète* (1860, Bologna, 1861 teatro alla Scala) che il *Faust* di Gounod (1862, teatro alla Scala) e *Mignon* di Thomas (1872, Roma, teatro Apollo).

11.2. La Scapigliatura.

Nei cenacoli letterari di Milano (e in certa misura, anche di Torino) cresce l'esigenza di accostarsi agli esiti più maturi del romanticismo europeo, aprendosi inoltre alle innovazioni del Positivismo e dello Scientismo. Nasce una miscela eterogenea che comincia a vagare verso il Simbolismo e l'Espressionismo. Manifesto del nuovo movimento pittorico, musicale e letterario è il romanzo di Cletto Arrighi "La Scapigliatura e il 6 febbraio" (1861).

"Scapigliati" sono i nuovi artisti, una categoria di "spostati" in incandescente protesta verso la società borghese e i suoi valori: Praga, Rovani, Arrigo e Camillo Boito, Tarchetti, Ghislanzoni. In tutte le loro opere letterarie si afferma la necessità di superare gli ideali del Risorgimento e di prendere coscienza degli orientamenti europei che hanno come indicatori l'intramontabile Hugo, e Murger, Sue, Balzac, Zola, Baudelaire.

Il musicista della Scapigliatura è Arrigo Boito.

11.3. Arrigo Boito, da Scapigliato a librettista verdiano.

Nato nel 1841 a Padova da padre pittore e da madre polacca, Boito studia nel Conservatorio di Milano. Dal 1861 è a Parigi, con una borsa di studio. Qui conosce Verdi e scrive per lui il testo dell'*Inno delle Nazioni*. L'anno dopo, leggendo le *Storie* del grande storico romano Tacito, medita la stesusa letteraria e musicale di un dramma sulla cristianità delle origini: *Nerone*.

Rientrato a Milano, immerso nell'ambiente della Scapigliatura, inizia un'attività di scrittore che lo vede impegnato sia sul versante teatrale (*Le madri galanti*, in collaborazione con Praga) che su quello librettistico (*Ero e Leandro*, testo ceduto a Bottesini).

Tra il 1862 e il '67 vede la luce la raccolta poetica *Il libro dei versi*, una delle sue cose migliori accanto all'*Alfiere nero* e a *Re Orso*.

Nel 1886 combatte accanto ai volontari garibaldini nella Terza Guerra d'Indipendenza. Due anni dopo fa rappresentare al teatro alla Scala la prima versione di *Mefistofele*. Ne prepara una seconda nel 1875 (Bologna), ma soltanto la terza stesura (1881) sarà quella definitiva.

Nel frattempo Boito passa a un culto quasi devozionale per la figura di Verdi: si pone interamente a sua disposizione per la revisione del libretto di *Simon Boccanegra* (1881) e per la stesura di *Otello* (1887) e *Falstaff* (1893).

Nel 1901 pubblica finalmente il libretto di *Nerone*. Nominato senatore del Regno muore nel 1918 lasciando incompleta la parte musicale della sua monumentale opera che sarà rappresentata solo nel 1924.

11.4 La poetica del "No eterno".

Artista portato a concepire la musica come coronamento assoluto della poesia, Boito configura nella sua produzione il dualismo cosmico della lotta tra Bene e Male. Il carattere illusorio degli ideali umani si manifesta concretamente nell'accettazione della subalternità di fronte a Verdi e nella rassegnazione dinanzi alla incompletezza di quello che Boito considera il suo massimo sforzo creativo, *Nerone*. L'accentuazione del lato sarcastico della vita trova la piena realizzazione in *Mefistofele*, una partitura mista di innovazioni e di tradizionalismo.

Mefistofele, al pari di Jago di *Otello*, è la rappresentazione del "No eterno" è la negazione del Bene, è il Male. Il ruolo di Mefistofele, scritto per la voce di basso, è il brutto musicale, con caratteristiche spiccatamente antivocali. Sulla traccia di Baudelaire il diabolico scivola verso il grottesco.

La consapevolezza del Male e la sua indistruttibile potenza trovano svolgimento anche in *Nerone*.

Opera di incredibile coerenza, tutta raccolta intorno alla nobiltà del declamato melodico, la storia del crudele imperatore romano è un momento letterario molto prezioso che accetta anche il contributo di elementi musicali wagneriani. La partitura viene completata, dopo la morte dell'autore, da Vincenzo Tommasini e da Arturo Toscanini.

Quadro riassuntivo.

Il secolo si apre su un'Italia ancora immersa nelle delizie dello stile operistico napoletano. Chi vuole trovare nuove strade linguistiche (**Cherubini** e **Spontini**) deve emigrare in Francia.

Situazione difficile per i cultori della musica strumentale: anch'essi devono fissare le proprie sedi operative all'estero: **Clementi** e **Viotti** a Londra, **Giuliani** a Vienna. Solo **Paganini**, l'inventore del virtuosismo assoluto, padroneggia per tutta Europa.

L'avvento di **Rossini** è crepitante come un fulmine a ciel sereno. Il pesarese pigia l'accelleratore sugli ultimi sussulti dell'opera napoletana e la conduce, nel suo aspetto comico, ai confini del surrealismo. Ma è nell'opera seria che Rossini cerca il coerente superamento delle convenzioni teatrali, tanto da sfidare i tempi con *Guglielmo Tell*, la prima opera romantica di respiro europeo.

Nel frattempo si organizzano le file dei giovani autori romantici: preceduti da **Mercadante**, l'ultimo dei neoclassici, ecco **Donizetti** e **Bellini** a creare nuovi sfondi musicali su cui ambientare storie di inaudita tensione. Il palcoscenico si anima di eroine lunari e di cavalieri sfortunati e infelici. L'opera si carica di valori simbolici e rompe i consolidati equilibri razionali: il Romanticismo italiano si realizza pienamente solo in musica.

L'ingresso di **Verdi** nell'agone culturale nazionale avviene, inizialmente, sotto il segno delle idealità Risorgimentali. Solo in una seconda fase il musicista padano indirizza la sua creatività verso le espressioni più alte della letteratura europea ("Trilogia popolare", *Ballo in maschera, Forza del destino*). La sintesi artistica della vecchiaia è di sorprendente modernità (*Aida, Otello, Falsfaff*).

L'eredità verdiana sfugge dalle mani di **Ponchielli** e di **Catalani**, ambedue morti prematuramente, proprio nel momento in cui si manifesta la loro capacità di raccogliere le voci della dissoluzione della cultura borghese.

A fine secolo l'Italia è scossa dai fremiti della **Scapigliatura** e mostra la volontà di uscire dal dorato isolamento del melodramma. Arroccato su posizioni nichiliste, **Boito** è l'emblema dell'incapacità di leggere la nuova realtà storica e sociale servendosi di vecchi strumenti artistici.

BIBLIOGRAFIA

M.R. ADAMO - F. LIPPMANN, *Vincenzo Bellini*, Torino, 1981.
A. ANIANTE, *Vita di Bellini*, Torino, 1925.
W. ASHBROOCK, *Donizetti*, Torino, 1986.
R. BACCHELLI, *Rossini*, Milano, 1959.
L. BALDACCI, *Libretti d'opera*, Firenze, 1974.
G. BALDINI, *Abitare la battaglia. La storia di Giuseppe Verdi*, Milano, 1983.
G. BARBLAND - G. ZANOLINI, *Gaetano Donizetti, vita e opere di un musicista romantico*, Bergamo, 1983.
A. BARICCO, *Il genio in fuga. Saggi sul teatro musicale di Rossini*, Genova, 1988.
G. BARIGAZZI, *La Scala racconta*, Milano, 1984.
M. BARONI, *Il declino del Patriarca. Verdi e le contraddizioni della famiglia borghese,* Bologna, 1979.
A. BASSI, *Gioacchino Rossini*, Padova, 1992.
C. BAUDELAIRE, *Paradisi artificiali*, Milano, 1988.
C. BELLAIGUE, *Verdi*, Milano, 1956.
P. BERRI, *Paganini, la vita e le opere*, Milano, 1982.
A. BOITO, *Poesie e racconti*, Milano, 1981.
J. BUDDEN, *Le opere di Verdi*, Torino, 1985.
G. CARLI BALLOLA, *Rossini*, 1992.
G. CARPANI, *Le Rossiniane*, Ristampa anastatica, Bologna, 1969.
Catalogo tematico delle musiche di Niccolò Paganini, Genova, 1982.
Catalogo delle composizioni di Francesco Morlacchi, Firenze, 1987.
R. CELLETTI, *Storia del Belcanto*, Firenze, 1983.
G. CESARI - A. LUZIO, *I copialettere di Giuseppe Verdi*, Milano, 1913.
P. CIARLANTINI, *Giuseppe Persiani e Fanny Tacchinardi*, Ancona, 1988.
V. CISOTTI, *Schiller e il melodramma verdiano*, Firenze, 1975.
M. CONATI, *Rigoletto, un'analisi drammatico-musicale*, Venezia, 1982.
G. CONFALONIERI, *Prigionia di un artista. Il romanzo di Luigi Cherubini*, Milano, 1948.
F. D'AMICO, *Il teatro di Rossini*, Bologna, 1992.
M. DE ANGELIS, *La musica del Granduca. Vita musicale e correnti artistiche a Firenze, 1880-1855*, Firenze, 1978.
M. DE ANGELIS, *Le carte dell'impresario. Melodramma e costume teatrale nell'Ottocento*, Firenze, 1982.
M. DE ANGELIS, *Leopardi e la musica*, Milano, 1987.
V. DELLA CROCE, *Una giacobina piemontese alla Scala. La primadonna Teresa Belloc*, Torino, 1978.
V. DELLA CROCE, *Cherubini e i musicisti italiani del suo tempo*, Torino, 1983.
G. DES FERRES RICCI CANCANI, *Francesco Morlacchi. Un maestro Italiano alla corte di Sassonia*, Firenze, 1957.
F. FANO, *Giuseppe Martucci*, Milano, 1950.
P. FRAGAPANE, *Spontini*, Firenze, 1954.
P. GARGANO - G. CESARINI, *Caruso*, Milano, 1990.
C. GATTI, *Verdi*, Milano, 1981.
G. GAVAZZENI, *Diario d'Edimburgo e d'America*, Milano, 1960.
G. GAVAZZANI, *Le campane di Bergamo*, Milano, 1963.
R. GIAZOTTO, *Maria Malibran*, Torino, 1986.
R. GIAZOTTO, *Viotti*, Milano, 1956.
D. GOLDIN, *La vera fenice. Libretti e librettisti tra Settecento e Ottocento*, Torino, 1985.
Il libretto del melodramma dell'Ottocento, in "Il teatro italiano", V, Torino, 1985.

Il melodramma italiano dell'Ottocento. Studi e ricerche per Massimo Mila, Torino, 1977.
P. ISOTTA, *I diamanti della corona. Grammatica del Rossini napoletano*, Torino, 1974.
J. KERMANN, *L'opera come dramma*, Torino, 1990.
G. LONARDI, *Ermengarda e il pirata. Manzoni, dramma epico e melodramma,* Bologna, 1991.
L'opera tra Venezia e Parigi (a c. di M.T. Muraro), Firenze, 1988.
L'opera in Italia, in "Storia dell'opera", I, 2, Torino, 1977.
G. MARCHESI, *Verdi*, Torino, 1970.
S. MARTINOTTI, *Ottocento strumentale italiano*, Bologna, 1972.
O. MATTEINI, *Stendhal e la musica*, Torino, 1981.
G. MAZZINI, *Filosofia della musica*, Firenze, 1977.
F. MENARDI NOGUERRA, *Camillo Sivori*, Genova, 1991.
M. MILA, *L'arte di Verdi*, Torino, 1980.
M. MILA, *I costumi della Traviata*, Pordenone, 1984.
P. MIOLI, *Donizetti, settanta melodrammi*, Torino, 1988.
G. MONALDI, *Verdi*, Milano, 1925.
E. MONTAZIO, *Gioacchino Rossini*, Torino, 1862.
R. MONTEROSSO, *La musica nel Risorgimento*, Milano, 1948.
P. NARDI, *Boito*, Milano, 144 (3)
E. NEILL, *Paganini, Epistolario*, Genova, 1982.
E. NEILL, *Niccolò Paganini, Cavaliere Filarmonico*, Genova, 1990.
E. NEILL, *Paganini,* Genova, 1994.
G. PADUANO, *Noi facemmo ambedue uno strano sogno. Il disagio amoroso sulla scena d'opera*, Palermo, 1982.
G. PADUANO, *Il giro di vite. Percorsi dell'opera lirica,* Firenze, 1992.
S. PAGANI, *Alfredo Catalani*, Milano, 1987.
S. PALERMO, *Saverio Mercadante*, Fasano, 1985.
V. PALIOTTI, *Maria Malibran*, Napoli, 1992.
F. PERRINO, *Giuseppe Martucci*, Novara, 1992.
M. PIERI, *Viaggio da Verdi*, Parma, 1977.
S. PERNA, *La Vestale di Mercadante,* Fasano, 1990.
P. PINAGLI, *Romanticismo di Verdi*, Firenze, 1967.
L. PLATINGA, *Clementi*, Milano, 1980.
F. PORTINARI, *Pari siamo. Storia del melodramma ottocentesco attraverso i suoi libretti*, Torino, 1981.
A. POUGIN, *Vita anedottica di Verdi*, Firenze, 1989.
D. PREFUMO - A. CANTU, *Le opere di Paganini*, Genova, 1982.
G. RADICIOTTI, *Gioacchino Rossini; vita documentata, opere e influenza sull'arte*, Tivoli, 1927-29.
Raffaello, Rossini e il bello stile, Urbino, 1993.
S. RAGNI, *Giuseppe Mazzini e Giulia Grisi*, Pisa, 1989.
S. RAGNI, *I violinisti romantici italiani: Paganini e Sivori nell'epistolario mazziniano*, Perugia, 1990.
S. RAGNI, *Liszt e Mazzini*, Perugia, 1991.
S. RAGNI, *La musica di Rossini nel pensiero filosofico e politico di Mazzini*, Perugia, 1992.
M. RINALDI, *Felice Romani*, Roma, 1965.
M. RINALDI, *Le opere meno note di Giuseppe Verdi*, Firenze, 1975.
L. ROGNONI, *Gioacchino Rossini*, Torino, 1968.
J. ROSSELLI, *L'impresario d'opera. Arte e affari nel teatro italiano dell'Ottocento*, Torino, 1985.

J. ROSSELLI, *Sull'ali dorate. Il mondo musicale italiano dell'Ottocento*, Bologna, 1992.
G. Rossini, Lettere e documenti, Pesaro, 1992.
R. SABATINI, *Francesco Morlacchi*, Perugia, 1977.
STENDHAL, *Vita di Rossini*, Torino, 1983.
P.J. SMITH, *La decima musa. Storia del libretto d'opera*, Firenze, 1981.
Storia dell'opera italiana, 4, "Il sistema produttivo e le sue competenze", Torino, 1987.
Storia dell'opera italiana, 5, "La spettacolarità", Torino, 1988.
G. TAROZZI, *Il grande vecchio. Vita e opere di Verdi dal 1862 al 1901*, Milano, 1978.
G. TAROZZI, *Di quell'amor. Vita e opere di Verdi dal 1813 al 1858*, Milano, 1980.
V. TERENZIO, *La musica italiana nell'Ottocento*, Milano, 1976.
G. TINTORI, *Bellini*, Milano, 1983.
G. TINTORI, *Ponchielli*, Milano, 1985.
G. TORREFRANCA, *Le origini italiane del Romanticismo*, Torino, 1930.
Tutti i libretti di Bellini, Milano, 1994.
Tutti i libretti di Donizetti, Milano, 1993.
Tutti i libretti di Rossinii, Milano, 1991.
Tutti i libretti di Verdi, Milano, 1975.
G.N. VETRO, *Giovanni Bottesini*, Parma, 1989.
F. WERFEL, *Verdi. Il romanzo dell'opera*, Firenze, 1989.
M. ZURLETTI, *Catalani*, Torino, 1982.
L. ZOPPELLI, *L'opera come racconto,* Bologna, 1994.

CAPITOLO DECIMO

IL NOVECENTO

Il Novecento italiano è suddiviso in due frasi.

La prima, il **Novecento storico**, nasce nell'ultimo decennio dell'Ottocento e si protrae all'incirca sino agli anni della seconda guerra mondiale. In questo cinquantennio i movimenti artistici che affondano le radici nel **Verismo** e nel **Neoclassicismo** portano avanti un discorso musicale inizialmente dotato di caratteri innovatori, solo in seguito trasformatosi in tendenza regressiva.

La seconda parte del nostro secolo è occupata dalla cosidetta **Avanguardia**, ampiamente improntata allo **Sperimentalismo**. Cambiano bruscamente le regole del gioco e in un sol giorno invecchia ciò che prima si consumava lentamente nell'arco di generazioni.

La bruciante esperienza della **Nuova Musica** dura dal 1950 agli anni Ottanta.

Oggi, l'Avanguardia brancola nel labirinto di Neolinguaggi.

1. *Un musicista profetico: Ferruccio Busoni.*

Idealmente inserito in quella corrente di musicisti "morali" che da Frescobaldi passa attraverso Cherubini per approdare a Casella, Busoni rappresenta ciò che di meno mediterraneo è scaturito dall'Italia. Poco attratto dal facile successo del melodramma, cultore della musica di Bach, Busoni sogna un'Italia al primo posto nel rinnovamento degli schemi musicali tardoromantici. Nella sua posizione pressoché unica di artista italiano che vive la maggior parte della sua esistenza in Germania, l'autore vagheggia ciò che anche Mazzini aveva intravisto: una sintesi tra cultura settentrionale e tradizioni meridionali sotto il segno del cambiamento di linguaggio. Un'utopia prematura, destinata all'insuccesso.

1.1. La vita, una lunga nostalgia per l'Italia.

Figlio di un clarinettista e di una pianista Ferruccio Busoni nasce nel 1866. Dal 1873 è un fanciullo prodigio che suona il pianoforte in pubblico. Nel 1876, a Vienna, viene notato da Hanslick che gli dedica un importante articolo. Nel 1882, dopo che è cresciuto ampiamente il suo valore di pianista e di compositore, l'Accademia Filarmonica di Bologna gli conferisce un diploma. Stabilitosi a Graz il musicista conosce, a Vienna, Brahms, che accetta la dedica degli Studi opera 16 e 17. Trasferitosi a Lipsia, Busoni avvicina Ciaikovski, Grieg, Delius e Mahler. Nel 1889 ottiene una cattedra di pianoforte al Conservatorio di Helsinki e frequenta Jan Sibelius.

Nel 1890 è a Mosca, come docente di pianoforte al Conservatorio. Sposa la svedese Gerda Sjostrand. Dopo un triennio di insegnamento a Boston (1891-94) si stabilisce a Berlino. Dal 1902 al 1909 dirige l'Orchestra Filarmonica, inserendo nei suoi programmi opere nuove di Bartok, e Schoenberg. Una brevissima parentesi in Italia, come direttore del Conservatorio di Bologna (1913) è contrassegnata dall'ostilità e dall'incomprensione dell'ambiente accademico. Scoppia la guerra e Busoni, considerato un "estraneo" sia dagli italiani che dai tedeschi, ripara in esilio in Svizzera (1915-20). Ritornato a Berlino, muore nel 1924.

Per tutta la vita Busoni si fa conoscere dal mondo musicale come formidabile esecutore pianistico, dotato di un virtuosismo poderoso e dominatore. L'insegnamento dello strumento si accompagna comunque a quello della composizione (Accademia delle Arti di Berlino).

1.2. La Nuova Classicità.

Come autore Busoni progetta il ripristino della eredità sinfonica italiana di Sammartini e di Cherubini. In tal senso si inserisce nella linea che da Sgambati-Martucci-Bossi porta agli esponenti della Generazione dell'80 (Casella, Malipiero, Pizzetti, Respighi).

In più, rispetto ai contemporanei italiani, Busoni ha dalla sua una profonda conoscenza della cultura tedesca e una straordinaria congenialità con le fonti spirituali della musica di Bach.

Prende vita da questa piattaforma di motivi estetici ed ideologici il progetto della fondazione di una **Nuova classicità**, una sintesi di Bach, di Romanticismo tedesco, di tradizioni italiane.

Nella Sonata opera 36 per violino e pianoforte (1901) Busoni annuncia il nuovo cammino intrapreso, sino al punto di ripudiare tutta la sua precedente produzione.

Dal 1901 al 1904 nasce, a Berlino, il Concerto opera 39 per pianoforte e orchestra. Articolato in quattro movimenti il monumentale lavoro, che comprende anche una vorticosa "Tarantella", si chiude con un "Cantico" per voci virili, su testo del poeta danese Oehlenschlaeger.

Accolto con molta ostilità, il Concerto è un'opera di ricapitolazione autobiografica. Nelle aspirazioni dell'autore palpita il sogno di fondere, in questa musica, elementi italiani e correnti tedesche romantiche (Brahms, Liszt).

Nel 1906 Busoni scrive un opuscolo teorico, "Abbozzo di una nuova estetica della musica". Qui, profeticamente, il maestro postula una inedita struttura dodecafonica del sistema temperato: l'ottava, base acustico-sonora su cui si fonda tutta la musica occidentale, viene suddivisa in suoni collegati tra loro senza gerarchie di valori, ma con funzionalità equivalenti. E' la base di quanto poco dopo Schoenberg otterrà con la formulazione della **Dodecafonia** (Metodo di composizione con i dodici suoni). Dal caleidoscopio di sonorità intuito da Busoni può scaturire una nuova armonia, più ampia, aperta a tutte le nuove combinazioni di intervalli possibili. La mancanza di cognizioni scientifiche lascia il compositore toscano sull'uscio della riforma acustico-sonora: il suo linguaggio è ancora di matrice romantica e fa intravedere l'inestinguibile sogno di Novalis, la ricerca del "fiore azzurro". Così, infatti si esprime Busoni:

"Mi sforzo di attingere qualcosa all'infinito che circonda l'umanità e di ridarlo in forme ben definite ... cogliere il raggio di mistero che circonda l'umanità".

Nel campo del teatro Busoni si comporta come un tedesco, attestato sulla linea fantastica di Hoffmann, da cui trae il libretto per *Die Brautwahl (La sposa sorteggiata*, 1906-11). Dopo una *Turandot* ispirata alla fiaba di Carlo Gozzi (1917), il musicista italiano affronta la irrisolta fatica di *Faust*.

Già nel 1914 inizia la scrittura del libretto, tratto da *Faustbuch* del 1587 e dal poema di Marlowe (1592). Edito come "poema per musica" nel 1920 il testo letterario vede crescere lentamente, dal 1918, anche la scrittura musicale. Evitando il linguaggio wagneriano, lontanissimo dalla strada italiana della Scapigliatura e del Verismo, Busoni adotta una vocalità mista di declamato e di melodia, ricca di dissonanze, cosparsa di tensioni timbriche. Profondi sono i legami tra questo *Faust* e l'**Espressionismo**, anche se l'opera non mostra la esasperazione della realtà e la violenta dilatazione dell'Io. Piuttosto la corda espressiva di questo *Faust* mediterraneo sembra essere la intuizione magico-irrazionale romantica: il Dottore di Wittenberg infatti, va a cercare la Bellezza non nella mitica Grecia, ma alla corte dei Duchi di Parma.

Mentre l'Europa è scossa dalla musica di Bartok, di Schoenberg e di Stravinski, Busoni lascia incompiuto il suo capolavoro che viene ultimato dal discepolo Jarnach e rappresentato nel 1925 a Dresda. L'Italia lo conoscerà solo nel 1942 (Maggio Musicale Fiorentino).

2. Giacomo Puccini e l'idillio piccolo-borghese.

2.1. La poetica del Realismo.

L'Italia post-Risorgimentale che vive lontana dai pronunciamenti teoretici e dai grandi ideali artistici trova nella musica di Puccini un veicolo teatrale capace di eccitare passioni, sogni e speranze. Il linguaggio musicale del musicista lucchese è molto complesso, ma si presenta sotto un'apparente semplicità. La sua comprensione è immediata. Le storie, i libretti, i personaggi scaturiscono dalla vita quotidiana, escono dalla piccola borghesia imprenditoriale post-unitaria e rispecchiano le aspettative dell'uomo medio. Sempre con "il pianto in tasca", le eroine pucciniane che sacrificano la propria vita per l'uomo amato sono il *long-seller* del teatro lirico: difficile immaginare qualcosa di più intramontabile di Mimì, la gaia fioraia, o di Floria Tosca. Ancor oggi il melodramma pucciniano naviga col vento in poppa, ignaro di crisi linguistiche e di ricorsi storici.

Spettatore ideale di questo teatro è l'uomo della strada di fine Ottocento, un individuo "anti-eroico" che ha capacità di soffrire, di amare, di sperare in un futuro migliore, ma che non ha alcuna possibilità-facoltà di partecipare alla organizzazione della vita sociale. Puccini si rivolge con la sua musica a un cittadino che vive una situazione di assoluta frustrazione: interpreta il suo scacco, dà viva voce al suo dolore, fornisce "grandi passioni" a "piccole anime".

Con un brillante eclettismo che sfrutta al massimo il criterio della "verosimiglianza", Puccini scrive una mitologia per l'uomo comune. I suoi libretti inquadrano una situazione reale, imitano la vita quotidiana, ma la rendono abilmente "simbolica". E' il **Realismo idealizzante**, la formula vincente del lucchese, quella che gli assicura la più alta popolarità toccata forse a un musicista.

Con la proiezione sul teatro dei sogni e delle tensioni psicologiche dei suoi contemporaei, Puccini inventa quello che Gramsci ha definito un "romanzo popolare musicato".

Inserito nel filone più tradizionale della librettistica italiana, si tiene lontano dalle tentazioni del Decadentismo, ignorando D'Annunzio, Wilde, Wedekind. Il suo dinamismo e la sostanziale lucidità mentale gli fanno eludere anche la sirena del Simbolismo. L'Espressionismo lo attrae, ma lo spaventa. Se nella grande parabola storica dell'Ottocento il nome di Verdi si può associare a quello di Manzoni, per Puccini si deve chiamare in causa Giovanni Pascoli, il cantore delle "piccole cose".

2.2. Dalla Scapigliatura alla vita di Bohème.

Ultimo discendente di una famiglia di musicisti attivi per cinque generazioni a Lucca (dal 1712) Giacomo, nato nel 1858, rinuncia al posto trasmessogli per eredità dal padre. L'incarico di organista in San Martino, la funzione di maestro di cappella di una città di provincia è ormai al declino. Meglio tentare l'avventura della grande città.

Dal 1880 è al conservatorio di Milano per studiare con Bazzini e Ponchielli. Si diploma nel 1883 con un *Capriccio sinfonico* che diventa, più tardi, la introduzione orchestrale di *Bohème*. Partecipa, senza esito, al concorso di composizione indetto dall'editore Sonzogno, ma la sua partitura, *Le Villi*, viene acquistata da Ricordi. Gli viene commissionata l'opera *Edgar* (tratta da un soggetto di de Musset). Crolla un progetto di collaborazione con Verga (musiche per *La lupa*), ma nel 1893 trionfa al teatro Regio di Torino *Manon Lescaut*.

La *Histoire du chevalier Des Grieux et de Manon Lescaut* dell'abate Prévost (1731) letta ai suoi tempi con scandalo, aveva attraversato con prevedibile popolarità tutto il periodo Romantico. Nel 1884 una *Manon* di Massenet va a costituire l'evento "fin du siécle" del pubblico europeo. Puccini si pone sul terreno della sfida e fa stendere un tormentato libretto a una fitta schiera di amici e di colleghi: Leoncavallo, Marco Praga, Oliva, Illica, Giacosa e Giulio Ricordi.

La *Manon Lescaut* pucciniana è la storia di una peccatrice senza malizia. Entra sul palcoscenico italiano in un momento storico in cui i valori morali sono sospesi: dall'eroismo popolare si è passati al quotidiano borghese. Grazie a Puccini la malattia della "sensualità", estranea alle tendenze artistiche italiane, si scava una nicchia all'interno delle passioni mediterranee: gli italiani cominciano a pensare all'amore in "francese".

G.B. Shaw, nel 1894, assistendo alla prima londinese (Covent Garden) in qualità di critico musicale di "The World", esprime la sua ammirazione per quest'opera, parlando di ampliamenti verso il "territorio germanico". Per il III atto Shaw nota analogie col wagneriano *Tristano*.

Ancora il teatro Regio di Torino ospita nel 1896 *Bohème*, dramma lirico in quattro atti.

Il libretto di Illica e Giacosa è tratto da *Scènes de vie de Bohème* di Henri Murger, romanzo pubblicato nel 1851. La storia di studenti e di giovani artisti riecheggia gli anni vissuti a Milano da Giacomo Puccini in compagnia del fratello Michele e dell'amico Pietro Mascagni. Periodo di Scapigliatura, ma anche di spensieratezza, di camere per studenti, di ristrettezze economiche, di penuria di riscaldamento, di affitti da pagare, di cene saltate, di pranzi soltanto sognati ...

Diretta da Arturo Toscanini la prima di *Bohème* vede il pubblico in trionfo e la critica divisa tra fautori e stroncatori. Per tutti, Hanslik esprime il suo disappunto dichiarando, a proposito dei protagonisti: "Sembra che parlino, invece di cantare". E il segreto di *Bohème* è proprio questo, un dialogo realistico trasformato, in certi momenti, in lancinanti melodie. Operando una riduzione sui temi del romanzo di Murger, eliminando cioè i toni di critica sociale, Puccini chiede ai suoi librettisti una commedia elegiaca, una vicenda popolata di personaggi comuni: un aspirante pittore, uno scrittore senza fortuna, un poeta senza editori, un filosofo disperato, una sartina, una *grisette*. La visione della giovinezza come epoca di irripetibile ingenuità muore con Mimì, ma nel corso della partitura Puccini ha modo di delineare momenti di crepuscolare bellezza. Non senza mordere il pubblico con anticipazioni di sconcertante modernità sonora, come nel Finale del II atto, percorso dagli accordi di quinte parallele utilizzati in funzione strutturale. Con questi sorprendenti effetti, miscelati all'interno di una scena di movimento che ammorbidisce l'impatto con la novità, Puccini prepara quello che Stravinski realizza, nel 1911, con *Petrouchka*.

2.3. Tra soggetti storici ed esotismo: da Tosca a Butterfly.

Dopo aver acquistato già nel 1889 i diritti su *Tosca*, dramma di Victorien Sardou, Puccini, dieci anni dopo, affida a Illica e Giacosa il compito di trarne un libretto. Nel gennaio del 1900, in un paese reso inquieto dai moti sociali stroncati (nel 1898) dalle cannonate del generale Bava Beccaris, la Regina Margherita assiste, al teatro Costanzi di Roma, alla prima rappresentazione di *Tosca*, trasformata da Puccini in opera lirica in tre atti. E' un successo contrastato. Migliore è l'accoglienza del pubblico milanese, nel marzo successivo, con Toscanini che la dirige al teatro alla Scala. Ambientata nella Roma papale del 1800, *Tosca* è immersa nella luce rosseggiante dei tramonti barocchi: la storia narrata, di natura violenta, è trattata da Puccini con molta aristocrazia, in particolare nel ruolo dell'orchestra. Manca tuttavia un preciso carattere eroico e morale.

La stessa epopea napoleonica è vista solo come un pretesto per innescare uno stupendo *Te Deum* (I atto). Cavaradossi, pittore e aspirante rivoluzionario muore quasi senza sapere il perché. Mahler, a proposito di *Tosca* parla di opera d'arte mancata": l'accumularsi dei fatti stordisce l'ascoltatore, lo sommerge di belle arie, ma gli sottrae lo sviluppo interiore dei personaggi.

La ricchezza sonora della partitura, comunque, è enorme. René Leibowitz trova analogie con *Trois Nocturnes* di Debussy (1899) e con *Kammersymphonie* opera 9 di Schoenberg (1906).

Un soggetto di Pierre Loty, *Madame Crysanthème*, una novella di J. Luther Long e il dramma scritto da David Belasco sono il lungo percorso letterario della successiva opera pucciniana, *Butterfly*. Grande l'apparato pubblicitario che precede la scrittura di questo nuovo impegno lirico: Puccini comincia a diventare soggetto prediletto della stampa internazionale.

Nonostante la sollecitazione dell'opinione pubblica l'opera cade alle prima del febbraio del 1904 al teatro alla Scala. La seconda versione in tre atti, andata in scena a Brescia due mesi dopo è invece un successo.

Sulle colonne de "Il Giornale d'Italia" Giovanni Pascoli, in attesa della rappresentazione di Brescia, così scrive:

> "Caro nostro e grande maestro,
> la farfallina volerà:
> ha le ali sparse di polvere,
> con qualche goccia quà e là,
> gocce di sangue, gocce di pianto ..." (20 aprile 1904)

Se la costruzione di una vicenda che ruota intorno alla geisha Cio Cio San è effettivamente molto fragile, la sensualità pucciniana è matura per la ricerca di sonorità orchestrali dall'ampia gamma descrittiva. Busoni dichiara, senza mezzi termini, che quest'opera "è un'indecenza". Puccini, invece considera *Butterfly* la sua musica "più sincera e più sentitamente scritta". Tra profumi notturni ed esotismi corali che inventano un clima sonoro giapponese di incredibile efficacia, Cio Cio San è l'unico personaggio femminile pucciniano che, nel suo passaggio da sposa-bambina a eroina tragica, mostri di possedere uno spessore profondamente tragico.

Ancora da David Belasco proviene il soggetto per un fumettone come *La fanciulla del West*. La prima rappresentazione dell'opera in tre atti avviene nel 1910 al teatro Metropolitan di New York, allora diretto da Giulio Gatti Casazza. Il concertatore è, ancora un volta, Toscanini.

Ambientata nella California degli anni della "Febbre dell'oro" (1849-50) la storia di Minnie e di Dick Johnson, alias bandito Ramerrez, è una partitura "di svolta". Puccini abbandona il suo manierismo: Minnie è la sua prima donna che non muore, ma viene condannata a un destino peggiore, "vivere il quotidiano".

In *Fanciulla del West* trionfa l'orchestra: Ravel la fa studiare ai suoi allievi. Se il clima rimane pur sempre sentimentale e zuccheroso, la musica è certamente la più ricca e la più elaborata di Puccini.

Per il grosso pubblico italiano, comunque, *La fanciulla del West* è portatrice di un messaggio di libertà e di vita avventurosa analogo a quello trasmesso, venti anni dopo, da Vittorini e da Pavese. L'America è un mito. E' un paese nel quale si può giocare tutto il proprio destino nel corso di una partita a poker (atto II). Stravinski, che nello stesso 1910 scrive *Oiseau de feu*, non nasconde, anni più tardi, la sua ostilità e dichiara: "E' un'opera da televisione, con finti indiani come nelle parate degli alberghi di Santa Fè".

Al successo de *La fanciulla del West* corrispondono i primi violenti attacchi sferrati contro Puccini dall'ambiente intellettuale italiano. Nel 1911 Ildebrando Pizzetti pubblica tre articoli su "La Voce", nel 1912 Fausto Torrefranca scrive *Giacomo Puccini e l'opera internazionale*. Musicisti e scrittori denunciano il disagio nei confronti dell'internazionalismo piccolo-borghese dell'opera pucciniana, dando inizio a quella inutile azione di smantellamento dei veri valori artistici presenti nella produzione del maestro lucchese. Un processo che oggi trova gli intellettuali divisa tra l'ammirazione e la detrazione del messaggio umano e storico pucciniano. Ancora una volta la cultura italiana di matrice "idealistica" arretra inorridita di fronte alla bellezza e alla forza comunicativa della musica.

2.4. Verso il capolavoro incompiuto.

La Rondine è l'unica opera che Puccini cede all'editore Sanzogno. Tito Ricordi, infatti, dopo la morte di Giulio (1912) comincia a puntare sull'astro nascente di Zandonai, nella convinzione che Puccini abbia già dato il meglio di sé. L'occasione per un nuovo lavoro viene offerta dai teatri viennesi che richiedono al maestro lucchese un'operetta. Puccini risponde che non vuole scrivere un'operetta, ma un'opera comica, "nello stile di *Rosernkavalier*, ma più divertente e organica". Il confronto con Richard Strauss che ha scritto il suo capolavoro di nostalgia sentimentale nel 1911 è stimolante.

Puccini compone *La rondine* nel 1914 in una situazione di particolare travaglio. E' ostile alla guerra contro gli Imperi Centrali sia per convinzioni politiche, che per convenienza economica, dato che proprio dai teatri Austrotedeschi proviene la più cospicua parte dei suoi guadagni. Il musicista lavora allo spartito nel 1914, ma deve attendere il 1917 prima di vedere la sua opera rappresentata a Montecarlo. Osteggiata dai nazionalisti francesi *La rondine*, definita dal suo autore "la mia opera austriaca" è in realtà costellata di valzer, ma comprende anche ballabili come il tango e il fox-trot.

Tenendo certamente presente la lezione strumentale di *La valse* di Ravel (1919) Puccini opera con disincantata ironia all'interno di una commedia elegiaca che di fatto chiude il clima della *Belle-Epoque*.

Il ripiegamento intellettuale di Puccini, un vero ripensamento creativo, avviene nel cosidetto *Trittico*. Si tratta di tre opere in un atto concepite come facce di un unico quadro.

Il primo pannello, *Il tabarro*, scritto tra il 1915 e il '16 è una sordida storia di amori clandestini culminanti in un cieco omicidio. Un fluviale ambiente tenebroso è lo sfondo su cui si consuma la vicenda che sfiora l'urlo espressionistico. *Suor Angelica*, il secondo elemento, è scritto su un libretto di Giovacchino Forzano. La collocazione in un monastero secentesco, la cupa crudeltà della storia narrata, la totalità femminile dei personaggi coinvolti costituiscono un vertice insuperato di sadismo.

Ritorna il sorriso con il terzo momento, *Gianni Schicchi*. Il popolano dantesco evocato da Forzano è un mini-Falstaff dotato di una notevole forza di penetrazione nel **Novecentismo**, intendendo con tale termine tutto ciò che di moderno e di "europeo" viene maturato nella musica degli inizi del secolo. *Il Trittico* è rappresentato a New York, (teatro Metropolitan), nel dicembre del 1918.

Sulla linea già tentata da Busoni, Puccini, adotta, per quella che sarà la sua ultima opera, un soggetto di Carlo Gozzi, la fiaba teatrale *Turandot*. Storia ancestrale, arcana, enigmatica quella della principessa di Pechino che immola i suoi pretendenti. Oltre a Busoni altri musicisti, tra cui Weber, si erano accostati alla fanciulla lunare. La narrazione dell'antica Cina tratteggia da Gozzi era entrata nella cultura tedesca attraverso la traduzione di Schiller e la mediazione di Hoffmann.

Trattando un argomento così astratto e rarefatto Puccini intende allinearsi con le correnti più avanzate della musica europea. Ma le infelici scelte poetiche dei librettisti Adami e Simoni, e la difficoltà per il lucchese di manipolare un soggetto che non ha nulla di realistico, rendono il lavoro di stesura musicale molto difficoltoso e frammentario. Il colore orchestrale "barbarico", i cori alla Musorgski, le atmosfere notturne schoenberghiane (Puccini ascolta nell'aprile del 1924 a Firenze il *Pierrot Lunaire*), la contiguità con la *Salome* straussiana rendono *Turandot* un "caso aperto".

Puccini muore nel novembre del 1924 senza terminare la sua partitura che viene completata da Franco Alfano e rappresentata nel 1926 al teatro alla Scala. La fuga verso l'Oriente, meta ideale delle utopie europee, si arresta sulla soglia della consumazione di un rito crudele ancorato alle più remote soglie dell'umanità. Puccini depone la penna poco prima del Duetto che dovrebbe aprire il finale: non sapremo mai che musica avrebbero cantato Turandot e il principe Calaf. Un colore "livido e funereo, colore di morte", come scrive Eugenio Montale chiude la grande parabola artistica pucciniana.

3. *Il Verismo*.

Il Verismo italiano deriva dal Naturalismo francese e dal Positivismo. Gli italiani li scoprono a Unità realizzata, quando, svaniti i fumi degli entusiasmi annessionistici, emergono le reali condizioni di vita dei contadini e della classe operaia. L'Italia si trova a dover confrontare tra loro regioni che hanno tradizioni storiche e culturali completamente diverse: si fa strada il desiderio di capire e di interpretare la situazione economica e sociale.

L'artista "verista", come sostiene Capuana, è allora uno "scienziato dimezzato", è un indagatore che deve rappresentare dal vivo, deve saper cogliere la realtà in tutti i suoi aspetti, anche i più sgradevoli.

In letteratura gli scrittori veristi descrivono le singole situazioni periferiche della penisola, evidenziando le incredibili distanze che separano tra loro gli italiani: in Sicilia operano Verga, Capuana e De Roberto, a Napoli Di Giacomo e Matilde Serao, dall'Abruzzo si alza la voce di D'Annunzio, della Toscana scrivono Pratesi e Fucini, Grazia Deledda descrive la sua Sardegna.

In musica l'esperienza verista inizia nel 1890 con *Cavalleria rusticana* di Mascagni. Gli esponenti della prima fase sono Puccini, Pietro Mascagni, Ruggero Leoncavallo, Umberto Giordano e Francesco Cilea. La comune appartenenza alla casa editrice Sonzogno, ad esclusione di Puccini che scrive per Ricordi, raccoglie questi musicisti sotto l'etichetta di **Giovane scuola**. La definizione è del tutto arbitraria e non ha alcun fondamento reale, poiché i musicisti, in particolare Puccini, agiscono in totale autonomia e in assenza di qualunque programma culturale definito. I caratteri individuali dei compositori prevalgono presto sull'effimera coesione di Scuola e ogni autore emerge in seguito con la sua personalità.

Il tratto peculiare dell'opera verista consiste nella scelta dell'argomento che deve essere attuale, tratto addirittura dalla cronaca quotidiana. Storie di tutti i giorni che vanno spiegate a un pubblico che non ha i mezzi per appropriarsi di livelli di cultura superiore. Per un'Italia funestata da un altissimo tasso di analfabetismo e priva di un progetto scolastico-educativo l'opera in musica è l'unico veicolo di informazione che non necessita di particolari cognizioni per essere capito. Il melodramma viene così ad essere una forma di trasmissione di maturità laica e l'unico linguaggio comune tra le genti della Nuova Italia.

Alla ricerca di sensazioni forti i compositori veristi abbassano il livello intellettuale delle proprie opere. Il tema d'amore, prediletto tra gli operisti di ogni epoca, si trasferisce tra persone umili, di bassa condizione sociale e acquista sembianze primordiali e brutali. Il canto stesso si trasforma. Si cerca un "recitativo melodico" molto vicino al parlare quotidiano. E' un vocabolario sonoro che tende al declamato, prossimo spesso all'urlo. Le forme chiuse divengono sempre più rare e sono riservate a scene di evasione: serenate, brindisi, preghiere.

Anche nella sua seconda fase, quando il verismo si trasforma in opera di carattere storico e borghese (*Andrea Chénier*) le vicende non acquistano un significato simbolico. Prevalgono, invece l'aspetto violento, la sopraffazione, e l'ingiustizia come eterno corollario dell'esistenza umana.

In tal modo il Verismo musicale si propone come categoria storica.

4. *I musicisti della Giovane Scuola.*
4.1. Pietro Mascagni, l'urlatore.

Compagno di studi di Puccini, allievo di Ponchielli a Milano, Mascagni, che nasce a Livorno nel 1863, inizia la sua attività come collaboratore di compagnie di operetta.

Trasferitosi nel 1885 a Cerignola, in Puglia, maestro della banda del paese, partecipa nel 1889 al concorso di composizione indetto dalla casa editrice Sonzogno. Lo vince con *Cavalleria rusticana*. L'opera, rappresentata al teatro Costanzi di Roma nel maggio del 1890 assicura al suo autore un trionfale ingresso nel mondo della musica. E' nato il melodramma verista.

Tratta dalla omonima novella di Giovanni Verga, *Cavalleria rusticana* è trasformata in libretto da Targioni Tozzetti e Menasci. La sinteticità dell'atto unico, tutto raccolto intorno a tre personaggi, la violenza della storia che si consuma in un'assolata Sicilia ancora dominata da assurde leggi dell'onore ha la forza coinvolgente della realtà. I pezzi di colore locale, la finta "sicilianità" musicale sono dipinti con spregiudicato intellettualismo. Il "vero" di Mascagni è quello che ogni buon musicista deve saper costruire con la propria fantasia: non desta meraviglia quindi udire dalla bocca di Lola uno stornello toscano in piena regola, come immancabile è la scena di ambientazione religiosa (Santa e Lucia nella scena quarta, sul sagrato della Chiesa).

Per Mascagni sarà difficile ripetere un successo come quello di *Cavalleria*. Dopo l'opera-idillio *Amico Fritz* (1891) il livornese tenta la carta del romanticismo europeo con *Guglielmo Ratcliff*, un dramma del destino tratto dalla tragedia di Heine (1822). La rappresentazione del 1895 al teatro alla Scala riporta alla ribalta una Scozia fantastica, pervasa da atmosfere di incubo e da visioni d'orrore.

Sulla scia della moda d'Oriente nasce, nel 1898, *Iris*. Il librettista Illica trae la storia dal "Libro di giada", antologia di antichi poeti giapponesi, diffusa nel 1882 nella traduzione di Tullio Massarani.

La storia della giovane Iris, rapita al padre e costretta alla prostituzione è di quelle che piacciono ai veristi. Nella truculenza del soggetto, Muscagni sa tuttavia ricavare momenti musicali in cui al simbolismo onirico si accompagna un colore orchestrale di tinta espressionista.

Inizia il periodo delle opere storiche. Dapprima con *Parisina*, su libretto di D'Annunzio, un felice tentativo di innestare la matrice verista nella cultura ufficiale nazionale (1913). Dopo la parentesi di *Lodoletta*, altra storia di "bambina sciupata", scritta nel 1917 con "mite senso di conforto" di fronte agli orrori della Grande Guerra, è la volta de *Il piccolo Marat* (1921). E' l'opera che ci vuole per l'Italia che ha visto da poco la fondazione dei Fasci di Combattimento di Mussolini e che, nel 1920 assiste all'occupazione delle fabbriche.

"*Il piccolo Marat* - dichiara Mascagni - è l'inno della mia coscienza ... ha muscoli d'acciaio, la sua forza è nella sua voce, non parla, non canta, urla, urla, urla". Ambientata nella Francia della Rivoluzione l'opera, scritta su libretto di Forzano, presenta un larvato impegno sociale e civile, ma ha un finale reazionario. Emergono l'indistinto senso sovversivo e l'ambigua ideologia che contraddistinguono la riflessione politica di Mascagni. *Il piccolo Marat* è considerata opera proto-fascista, ma "il popolo d'Italia", giornale del Partito Fascista definiva i cori dell'opera "suggestivi di bolscevismo".

Nominato Accademico d'Italia sin dal 1929, iscritto al Partito Fascista dal 1932 Mascagni è il musicista del regime: dal 1935 al '42 è l'autore più rappresentato nei teatri italiani e gode di una sovvenzione mensile (segreta).

Come per Boito l'opera del disinganno e della rassegnazione è *Nerone*. Mascagni la scrive nel 1935, riversandovi tutta la sua delusione per la mancata fusione tra melodramma e cultura. Il continuo inseguimento con la musa pucciniana, ben più alata e universale, il tentativo di dotare il costume italiano di una musica con cui identificarsi, si arrestano di fronte all'incombente crisi del linguaggio tonale. Stanno scrivendo musicisti come Malipiero e Casella, il melodramma nazionale non interessa nessuno. Mascagni si spegne nel 1945, progressivamente abbandonato dagli amici e dalla cultura ufficiale.

4.2. Ruggero Leoncavallo, l'intellettuale.

Rampollo della buona borghesia (il padre era giudice) nato a Napoli nel 1857, Leoncavallo studia a Bologna laureandosi in letteratura (1877) sotto la guida di Carducci.

Personalità inquieta il giovane Ruggero inizia un'attività errante di pianista di caffè-concerto che lo porta dall'Inghilterra all'Egitto. Ritornato a Milano, stimolato dal successo di *Cavalleria rusticana*, Leoncavallo studia attentamente la partitura di Mascagni, progetta la stesura di un'analoga opera e scrive *I pagliacci* (Milano, 1892, teatro Dal Verme, direttore Toscanini).

L'opera, pensata interamente "a tavolino" è la più scientifica tra quelle maturate all'interno del Verismo. Nel Prologo, affidato alla voce del pagliaccio Tonio, sono elencati i caratteri del verismo musicale:

"L'autore ha cercato
invece pingervi
uno squarcio di vita.
Egli ha per massima sol
che l'artista è un uom
e che per gli uomini
scrivere ei deve"

Altri elementi concorrono a fare di *Pagliacci* un'opera dai provocanti e contraddittori contenuti intellettuali. Il personaggio Canio, ad esempio, dichiara che "Teatro e vita non sono la stessa cosa". Ma l'autore ha già avvertito i suoi spettatori, nel frontespizio del libretto, che la storia narrata è il racconto di un vero caso giudiziario trattato da suo padre in Calabria. Il finale, poi, con il suo impianto di "teatro nel teatro" (viene descritto lo svolgimento di una commedia) mostra il livello di pretese spettacolari nutrite da Leoncavallo.

Se con *I pagliacci* il musicista napoletano scrive il capolavoro del Verismo, le altre opere non sono altrettanto fortunate.

Infelice è infatti la competizione con Puccini cercata tramite una fallimentare *Bohème* (1897).

Zazà (1900) rappresenta l'ambiente del teatro visto dall'interno: è un lavoro di amara riflessione sulla vita di quanti si dedicano a "fingere il vero". Nonostante il buon libretto scritto dallo stesso autore, *Zazà* non ha alcuna fortuna. Invitato nel 1904 a Berlino, Leoncavallo fa rappresentare, su invito di Guglielmo III *Der Roland von Berlin*. In Italia, nel 1912, termina la prima delle sue operette *La reginetta delle rose*.

Fervente "interventista" il musicista compone nel 1916 *Goffredo Mameli*, un'esteriore opera di contenuti patriottici. La ispirazione discontinua condanna Leoncavallo all'impotenza creativa: muore nel 1919 mentre, dopo aver terminato un *Edipo re* e un *Prometeo* attende alla stesura di un libretto, *Tormenta*, desunto da un fatto di cronaca nera sarda.

4.3. Francesco Cilea, il delicato.

Educato nel Conservatorio napoletano di san Pietro a Majella (era nato nel 1866 in Calabria) Cilea vi assimila lo spirito della vocalità belliniana, considerata tuttora la matrice fondamentale della sua ispirazione. L'arcana e ancestrale malinconia di uomo del Sud si fonde con i suggerimenti musicali della scuola francese (Gounod e Massenet). Scaturisce, nel 1897 *Arlesiana* (da Daudet).

Nel 1902 è la volta di *Adriana Lecouvrer*, opera di "cappa e spada", romanzo d'amore e d'intrigo. Il librettista Colautti ricava la vicenda da un dramma di Scribe e Legouvé scritto per la Rachel (1849) ed entrato nel repertorio di artiste quali la Duse e la Bernhardt. Le storie dell'attrice Adriana Lecouvrer (1692- 1730), definita da Voltaire "figlia dell'amore" vengono narrate da Cilea con vaghezze melodiche degne del settecento musicale di Paisiello e Cimarosa. Eleganza di stile, nitida melodiosità, finezza ed equilibrio rendono *Adriana* lontanissima dalla poetica del Verismo.

Dopo *Gloria* (1907, teatro alla Scala) Cilea depone la penna ed esercita attività didattica, spegnendosi, ottantaquattrenne, nel 1950.

4.4. Umberto Giordano, l'enfatico.

Discepolo di Bossi e Martucci nel Conservatorio napoletano di san Pietro a Majella, Giordano, nato nel 1868 a Foggia, partecipa nel 1890 al concorso indetto dalla casa milanese Sonzogno. Vince Mascagni, ma il pugliese viene notato con favore e ingaggiato con assegno mensile.

Per la casa Sonzogno Giordano scrive la più scabrosa opera verista, l'unica forse veramente degna di tale definizione, *Mala vita* (Roma, 1892), tratta dal dramma di Salvatore Di Giacomo "'O voto". La cruda storia, che si svolge intorno a un bordello incontra l'ostilità del pubblico, scandalizzato, ma riceve attente recensioni dalla critica che scorge in Giordano un musicista di rango. Le forti tinte della narrazione sono alleggerite da scene di sfondo napoletano, come tarantelle, brindisi e canzoni di "guappi". E' tuttavia necessario procedere a un rifacimento dell'opera che viene rappresentata a Milano con il titolo di *Il voto*.

Da un personaggio storico, il poeta Andrea Chénier, decapitato a Parigi nel 1794, nel corso delle "purghe" ordinate da Robespierre, scaturisce il melodramma storico-avventuroso *Andrea Chénier* (libretto di Illica, tratto da un romanzo di J. Méry). Rappresentato al teatro alla Scala nel marzo del 1896 *Chénier* costituisce il ripiegamento storicistico dell'opera verista. La rivisitazione del passato, tuttavia, non intacca la sostanziale violenza espositiva che si manifesta nella enfasi del canto e nella dilatazione dell'orchestra, chiamata a sostenere un ruolo di commento talvolta prevaricante.

Nel 1898 Colautti trae da Sardou il soggetto di *Fedora* (Milano, teatro Lirico). Opera-giallo, con risvolti di spy-story, *Fedora* si svolge nella Russia zarista percorsa dai fremiti nichilistici. La continua tensione melodica a cui è sottoposto il tessuto musicale piace a Mahler, che ne propone un'esecuzione a Vienna.

Ancora in Russia si svolge *Siberia* (teatro alla Scala, 1903). I protagonisti, travolti da una storia di passione sono condannati all'esilio. Con *Madame Sans-Gêne* (New York, teatro Metropolitan, direttore Toscanini) Giordano tenta la carta della leggerezza e fa cantare anche Napoleone. Toni da romanzo d'appendice di edizione popolare in *Cena delle beffe*, tratta dal poema drammatico di Sem Benelli (1924, teatro alla Scala). Il decadentismo dannunziano volgarizzato acquista caratteri grossolani, ma l'opera diventa famosa e ispira, nel 1941, un film di Alessandro Blasetti (interpreti Amedeo Nazzari e Clara Calamai).

Accademico d'Italia dal 1929, Giordano muore nel 1948. Tra i musicisti della Giovane Scuola è quello che ha avuto forse la più solida preparazione tecnica, evidente nella padronanza con cui tratta l'orchestra.

4.5. Il post-verista, Zandonai.

Nato nel Trentino austriaco nel 1883, Riccardo Zandonai studia a Pesaro (1898-1901) sotto la guida di Mascagni. Nel 1907, a Milano, conosce Boito che lo presenta a Tito Ricordi.

Scrive, nel 1908, *Il grillo del focolare* da Dickens. La rappresentazione torinese è un successo.

Replica con *Conchita* (1911, Milano).

Nel 1915 Zandonai, esule dal Trentino, viene condannato a morte dalle autorità austriache. Ma nel frattempo il musicista ha trionfato al teatro Regio di Torino con *Francesca da Rimini*, il cui libretto è tratto da Tito Ricordi dall'omonima tragedia di D'Annunzio (1901).

Altra opera fortunata è *I cavalieri di Ekebù* (teatro alla Scala, 1925) ispirato alla "Saga di Gösta Berling" della poetessa svedese Selma Lagerlöf. Direttore del Conservatorio di Pesaro, Zandonai muore nel 1944. La sua conoscenza del linguaggio wagneriano mitiga l'impeto vocale appreso dal maestro Mascagni. Le opere di Zandonai sono soffuse di lirismo e avvolte da un coerente sviluppo sinfonico.

5. *Un singolare esperto di musica: Gabriele D'Annunzio.*

Critico musicale a Roma (1881) sia del quotidiano "La tribuna" che della rivista "Cronaca bizantina" il giovane D'Annunzio dà inizio a un rapporto con la musica che dura per tutta la vita. Il conterraneo **Francesco Paolo Tosti**, autore di romanze alla moda, maestro di canto di Margherita di Savoia, gli apre le porte del suo salotto musicale. Già nel romanzo "Il piacere" (1889) le atmosfere romane sono le medesime che appariranno nei poemi sinfonici di Respighi. Nel successivo libro "Il trionfo della morte" (1894) aumentano le citazioni musicali: vi appare la *Messa in si minore* di Bach, vi si descrivono pagine cameristiche e vocali di Schumann, Mendelssohn, Grieg e Chopin. I due protagonisti, Giorgio e Ippolita muoiono al suono del *Tristano e Isotta* wagneriano. L'opera aveva conosciuto la sua prima rappresentazione italiana soltanto nel 1888, a Bologna. Con il "Fuoco" (1900) D'Annunzio vagheggia una sua identificazione intellettuale con Wagner. Impressionante la scena del funerale del grande tedesco sui canali veneziani. Il libro, che racconta le fasi del distacco da Eleonora Duse contiene anche molte pagine dedicate all'arte musicale italiana del passato: Palestrina, la Camerata dei Bardi, Monteverdi, Marcello vengono trattati con disinvolta competenza.

In *Leda senza cigno* (1913) appare una delle più incredibili trasposizioni letterarie di una sonata clavicembalistica di Domenico Scarlatti: il virtuosismo verbale tocca i vertici della pura musicalità.

Sulle colonne de "La tribuna" D'Annunzio esprime le sue riserve verso gli autori del Verismo, in particolare su Mascagni, definito "il capobanda". Disatteso l'incontro con Puccini, musicista troppo sagace per cadere nella trappola letteraria dannunziana, il vate abruzzese incastra Franchetti con *La figlia di Jorio* (1906). Cade nella cerchia poetica anche il giovane Ildebrando Pizzetti, il più fedele commentatore musicale. A lui si devono *La pisanella* (1913), *Fedra* (1915) e il commento sonoro per *La nave* (1908).

Nella felice parentesi francese Claude Debussy scrive le musiche di scena per *Le martyre de Saint Sébastien* (1911).

Grazie a un'iniziativa della casa editrice Sonzogno, D'Annunzio assegna al tanto discusso Mascagni il libretto di *Parisina* (1913). Per il giovane Zandonai, protetto da Ricordi, è disponibile *Francesca da Rimini*, un polpettone dantesco nella moda "dugentesca" (1914).

La sirena dannunziana attrae anche musicisti agguerriti come Casella e Malipiero. In collaborazione con quest'ultimo nasce la "Raccolta Nazionale della musica italiana" (1915), una collana editoriale destinata a pubblicare i monumenti italiani del Barocco e del Rinascimento.

Trasferitosi nella quiete della villa di Gardone, D'Annunzio, che vive in compagnia della pianista Luisa Baccara, accetta l'invito di Casella e di Malipiero e diviene presidente della "Corporazione delle Nuove Musiche" (1923), un organismo preposto alla tutela e alla diffusione del repertorio moderno. Si deve proprio a questo ente la conoscenza, in Italia, della musica di Schoenberg e di Stravinski.

Per gli alti livelli di collaborazione e di identificazione con la poetica della scrittura abruzzese i musicisti che intercettano la parabola dannunziana possono essere raccolti in una triade in alto profilo, comprendente Pizzetti, Debussy e Malipiero, e una di più basso e occasionale livello, con Mascagni, Zandonai e Montemezzi.

Come autori di romanze cameristiche attingono alla poesia dell'Immaginifico anche Tosti, Casella, Respighi e Dallapiccola.

6. *Una salutare reazione: la Generazione dell'80.*

Ai musicisti nati nelle immediate adiacenze del 1880, Pizzetti, Respighi, Casella e Malipiero, si è assegnata la definizione di **Generazione dell'80**. A loro si deve la vera rivoluzione culturale che punta da una parte verso il recupero del patrimonio italiano preclassico e dall'altro vuole diffondere i modelli musicali europei dell'Impressionismo, dell'Espressionismo, della Dodecafonia, in una felice sintesi di modernità e di tradizione. Presupposto di ogni passo in avanti da compiere su questa coraggiosa strada di radicale riforma è il superamento del melodramma tradizionale e lo spiazzamento di tutti gli autori postverdiani e veristi, Puccini e Mascagni in testa.

Si assegna un posto fondamentale alla musica strumentale, sia nella accezione orchestrale che nella più raccolta dimensione cameristica.

La diffusione delle idee dei musicisti dell'80 è propiziata da una nascente schiera di musicologi, con in testa **Fausto Torrefranca** (1883-1955) e **Giannotto Bastianelli** (1883- 1927).

6.1. La curiosità di Alfredo Casella.

Torinese, figlio di un violoncellista, nato nel 1883, Casella è un pianista prodigio che si esibisce nel suo primo concerto nel 1894. Nel 1896 entra nel Conservatorio di Parigi e dal 1900 studia con Gabriel Fauré. Dal 1909 è segretario della Société Musicale Indépendente; in tal veste conosce anche Mahler, che lo presenta alla casa editrice Universal di Vienna.

Dal 1915 è insegnante di pianoforte presso il Liceo di santa Cecilia a Roma. Fonda nel 1917 la Società Italiana di musica moderna, la cui presidenza onoraria viene affidata a Toscanini e a Busoni.

Grazie alla protezione accordatagli da D'Annunzio fa nascere la "Corporazione delle Nuove Musiche" (1923). Nel 1924 promuove la tournée italiana in cui Schoenberg dirige il suo *Pierrot lunaire*. Casella stesso concerta l'Ottetto e *Histoire du soldat* di Stravinski. Per il pubblico italiano è una conoscenza traumatica, una vera frattura con il concetto tradizionale di ascolto.

Dal 1932 Casella è docente di pianoforte alla Accademia di santa Cecilia: è uno dei più infaticabili organizzatori di manifestazioni musicali. Nel 1930 progetta e realizza la prima edizione del Festival di Venezia. Nel 1933 coordina i corsi estivi dell'Accademia Chigiana di Siena e nel 1939 dà inizio alle Settimane senesi con la fortunata riscoperta della musica di Vivaldi.

Muore nel 1947 dopo aver portato il livello della scuola compositiva italiana a un degno posto nel contesto europeo.

Difficile quantificare l'importanza di Casella come caposcuola, animatore, compositore, scrittore, saggista, pianista, revisore e trascrittore di musica del passato. Fondamentale l'azione di catalizzatore di nuove energie musicali, ben rappresentate, tra i tanti discepoli, da Virgilio Mortari e Roman Vlad.

Tra le composizioni di Casella vanno ricordate le opere teatrali *La donna serpente* (1932, da Carlo Gozzi) e *Orfeo* (libretto di Pavolini, da Poliziano, 1932). Nel 1924 viene scritto il balletto *La giara*, commedia coreografica dalla omonima novella di Pirandello. Rappresentato a Parigi, teatro degli Champs Elisées, il balletto, con il suo dichiarato intento di ricognizione etnica rappresenta il contributo di un italiano al nuovo concetto di Europa musicale emerso dopo la Grande Guerra.

Un cospicuo apporto al **Neoclassicismo** è offerto da Casella con *Paganiniana*, divertimento su temi di Paganini (1942) e con *Scarlattiana* (1926). Concepita come pezzo concertante per pianoforte e trentadue strumenti, *Scarlattiana*, elaborazione di circa ottanta temi di sonate di Domenico Scarlatti, rappresenta il più efficace supporto divulgativo sotteso alla edizione integrale della musica clavicembalistica edita tra il 1906 e il '10 da Alessandro Longo. La partitura viene eseguita a New York, solista Casella, direttore Otto Klemperer.

Il maestro torinese conclude la sua operosa, poliedrica e infaticabile attività nel 1944, con la *Missa Solennis Pro Pace*.

Tra i suoi scritti risultano ancor oggi attuali *Il pianoforte* (1937), l'autobiografia *I segreti della giara* (1941) e "*Tecnica dell'orchestra moderna*" (1950), un trattato di orchestrazione aggiornato sulle novità linguistiche della musica contemporanea.

Il debito che la musica italiana ha contratto con Casella viene così sintetizzato già nel 1938 da Gianandrea Gavazzeni:

"In una storia del costume musicale contemporaneo Casella, per ciò che riguarda la musica italiana di questo secolo, rientra ad ogni svolta con significato riassuntivo di chiarificazione: lo trovi quando accade di dover tirare una somma, quando si chiude la partita di un periodo, quando il limite di una tendenza si infrange in un diverso rapporto di valori morali ed artistici".

6.2. Gianfrancesco Malipiero e le nostalgie veneziane.

Accanto a Casella, Malipiero, veneziano (1882) rappresenta l'ala più progressista della Generazione dell'80. Diplomatosi al Conservatorio di Bologna, sotto la guida di Bossi, nel 1913 è a Parigi dove conosce Casella, Ravel e D'Annunzio e ascolta *Le sacre du printemps* di Stravinski. Carattere antiromantico per eccellenza, guarito dalla breve infatuazione dannunziana, Malipiero mostra di essere in possesso di un lucido spirito critico. Personalità complessa all'interno del gruppo dell'80, Malipiero ne incarna coerentemente il duplice aspetto di rinnovamento linguistico, - allacciato alle nuove tendenze europee - e di attaccamento alla inesausta tradizione italiana sei-settecentesca.

La fase compositiva iniziale, legata all'Impressionismo, culmina nella stesura di due raccolte sinfoniche, *Impressioni dal vero* (1910 e 1915). Ma già nelle successive *Pause del silenzio* (1917) la sovrapposizione dell'Espressionismo tedesco è mitigata da una matura consapevolezza stilistica. Un fuggevole passaggio nell'orbita del **Futurismo** con il balletto *I selvaggi* (1918, per uno spettacolo di Fortunato Depero) è seguito dal dramma sinfonico *Pantea*, scritto per una danzatrice, un baritono, coro e orchestra.

Malipiero è ormai libero di intraprendere una sua autonoma poetica teatrale che lo conduce alla *Orfeide* (Dusseldorf, 1923) e al capolavoro di *Torneo notturno* (1929). Nel 1933 la coraggiosa partitura *La favola del figlio cambiato* (1933) desta le ire della censura fascista. Dopo una trilogia dichiaratamente encomiastica (*Giulio Cesare*, 1936, *Antonio e Cleopatra*, 1938 ed *Ecuba*, 1940) Malipiero torna al prediletto Seicento con *I capricci di Callot* (1942). Il mondo delle maschere, così caro alla tradizione veneziana, si fonde con la fantasia di Hoffmann in un gioco di scambi e di intrecci onirici di cui Malipiero è maestro. La longeva parabola artistica del musicista, che si conclude solo con la morte, avvenuta nel 1973, comprende altre due notevoli partiture teatrali, quali *Le metamorfosi di Bonaventura* (1966) e l'opera riassuntiva *Gli eroi di Bonaventura* (1969).

La amorosa ricognizione sul patrimonio strumentale italiano, porta Malipiero a stendere molte partiture sinfoniche e cameristiche, come gli otto *Dialoghi* (1956-57), una delle maggiori del Novecento italiano, in cui timbri e colori sono affidati a organici variabili, da due pianoforti all'orchestra con baritono solista.

L'attività di revisore di Malipiero si concretizza nella pubblicazione dell'opera completa della produzione di Monteverdi (16 volumi, 1926-42) e di oltre trecento concerti di Vivaldi.

6.3. Ildebrando Da Parma.

Ildebrando Pizzetti rappresenta forse l'esponente più regressivo della Generazione dell'80.

Nato a Parma nel 1880, studia con Tebaldini, uno dei primi cultori del canto gregoriano. I successi conseguiti da Pizzetti come musicista di D'Annunzio assicurano a Ildebrando da Parma (questo il nome assegnatogli dal Vate) una splendida carriera didattica. Direttore del Conservatorio di Firenze (1917-26) e di Milano (1926-36) succede a Respighi come docente di composizione a Roma, nel Conservatorio di santa Cecilia (1936-58).

Nel periodo di soggiorno a Firenze Pizzetti frequenta gli ambienti letterari de "La Voce", rivista culturale che diffonde le idee dell'idealismo italiano e del modernismo. Tra i collaboratori figurano Bastianelli, Papini, Soffici, Salvemini e Prezzolini.

L'adozione del canto gregoriano come modello vocale, la riscoperta del "recitar cantando" fiorentino, sono alla base della concezione vocale pizzettiana. Tutto il suo teatro viene pensato come una lunga salmodia nella quale i valori plastici della parola sono raccolti entro un declamato che ne vorrebbe potenziare tutte le sfumature. Alla base di questa rigida posizione vi è forse una concezione etica e religiosa dell'attività compositiva che è del tutto estranea ai musicisti della sua epoca. Indicativa è, a questo proposito, l'opera *Assassinio nella cattedrale*, da Eliot (1958).

6.4. Tutti i colori dell'orchestra: Ottorino Respighi.

Tra i componenti il nucleo della Generazione dell'80 Respighi è sicuramente il musicista più fortunato: la sua produzione sinfonica, infatti, ha incontrato subito il favore del pubblico ed è tuttora appannaggio delle orchestre di tutto il mondo.

Nato a Bologna nel 1879, dopo gli studi con Torchi e Martucci si diploma, nel 1899, in violino. Dai suoi insegnanti ha appreso le lezioni che resteranno fondamentali nella sua vita: Torchi lo inizia allo studio dell'antica musica strumentale italiana, Martucci gli fa conoscere Wagner e Brahms. Nel 1900 Respighi si trasferisce in Russia come suonatore di viola: a San Pietroburgo entra in contatto con Rimsky-Korsakov e prende da lui lezioni di orchestrazione.

Nel 1901 si diploma a Bologna in composizione: l'anno seguente è a Berlino, nella scuola di Max Bruch. Dal 1911 inizia la sua attività di docente, dapprima a Bologna, poi a santa Cecilia, in Roma (1913). In questo istituto ottiene, dal 1915, un corso speciale di insegnamento: nel 1924 ne diviene direttore, dal 1932 è Accademico d'italia. Muore nel 1936.

"Artista di transizione, in attesa" come lo ha definito Massimo Mila, Respighi è ancora un caso aperto della critica musicale italiana. Il suo permanente valore di scaltrito orchestratore lo condanna a un ruolo di autore decorativo, capace di dipingere sontuosi sfondi sonori, ma privo di una profonda consistenza drammatica. In tal modo la poetica del bolognese viene privata di ogni presupposto "doloroso" e spirituale, e dotata di un valore puramente figurativo. Nelle opere di Respighi i frutti più maturi del sinfonismo russo-tedesco si fondono con la rievocazione dei fasti musicali del Barocco romano, con il sapore della liturgia gregoriana, e con le pungenti astrazioni timbriche del Quattrocento fiorentino. E' questo il Respighi-respighiano, il musicista "marinista", un raffinato esteta con i piedi saldamente puntati in terra.

Per il critico Fedele D'Amico, invece, è importante sottolineare la continuità con la tradizione romantica tedesca. Ma sostanziale rimane l'assenza della problematica storicistica e l'ignoranza totale del senso della "crisi". Respighi ha un'etica del fatto compiuto, vitalizzata continuamente dal rapporto fisico con il suono: la sua musica canta un anteguerra beato e felice.

Sergio Martinotti, infine, vede Respighi inserito nell'area di restaurazione proclamata dagli scrittori che si raccolgono intorno alla rivista letteraria "La ronda": Bacchelli, Cardarelli, Cecchi e Barilli predicano l'attenzione ai valori tecnici e formali del fare artistico, e manifestano ostilità verso il dannunzianesimo, il carduccianesimo e tutti i movimenti di avanguardia.

6.5. Poemi sinfonici con sfondo italiano.

Tutto il percorso artistico respighiano sembra tendere a un'ideale costruzione sonora che raccoglie al suo interno la cultura italiana rimasta estranea all'evoluzione del melodramma.

In tal senso va già vista la *Sinfonia drammatica* in tre tempi, eseguita nel 1915 all'Augusteo di Roma: la fusione dei modelli desunti da Strauss, Franck, Scriabin e Rimsky-Korsakov avviene con una capacità di sintesi che mostra una personalità artistica già solida.

Il 1917-18 è il momento del primo dei poemi sinfonici romani. Questi ampi lavori non vanno considerati nella linea Liszt-Strauss, ovvero descrizioni di dati naturalistici, narrativi o storici. Respighi, ponendo mano a un'orchestra di dimensioni inusuali per i teatri italiani, intende manifestare la sua partecipazione alla rievocazione dei caratteri più esteriori della storia di Roma antica, esaltata nel suo valore di Bellezza Eterna.

Eseguito per la prima volta nel marzo del 1917 all'Augusteo, sotto la direzione di Guarnieri, il poema *Le fontane di Roma* descrive quattro momenti della giornata trascorsi nella contemplazione di altrettante fontane della Città Eterna: "La fontana di Valle Giulia all'alba", "La fontana del Tritone al mattino", "La fontana di Trevi al meriggio", "La fontana di Villa Medici al tramonto". E' la Roma papale e barocca di Andrea Sperelli dannunziano, è la città di Tosca, e del *Capriccio italiano* di Ciaikovski: decorazioni e fastosità rutilanti si fondono in una polifonia attraversata da fanfare, ma pronta anche a racchiudersi entro vaporisità crepuscolari e notturne. La muscolatura sonora di densità carraccesca piace alla società borghese del tempo che si specchia nella vanagloriosa potenza del corteo di Nettuno e dei Tritoni, ma il successo non è immediato. Le *Fontane* alla prima esecuzione romana hanno soltanto una tiepida accoglienza: l'anno dopo, nel febbraio del '18, la ripresa milanese diretta da Toscanini avvia finalmente il poema sulla strada di una popolarità che ancor oggi non conosce cedimenti.

Il passaggio attraverso una fase di rimeditazione del canto dell'antica chiesa di Roma porta Respighi alla composizione del *Concerto gregoriano* per violino e orchestra (1922), ma già nel 1924 viene rinnovato l'appuntamento con il mondo dei Cesari. Ora è la volta de *I pini di Roma*, poema sinfonico articolato in quattro quadri: "I pini di Villa Borghese", "Pini presso una catacomba", "I pini del Gianicolo", "I pini della Via Appia". Nel 1927 con un tocco di grazia il maestro bolognese rivive il miracolo della pittura rinascimentale con il *Trittito botticelliano*, ispirato a tre pitture di Sandro Botticelli: "Primavera", "Adorazione dei Magi" e "Nascita di Venere". Il libero calco di materiale sonoro antico, rappresentato dalla citazione esplicita di una ballata trovadorica e da richiami vivaldiani, viene resto essenziale dall'utilizzazione di una piccola orchestra dal suono spoglio.

L'ultimo ritorno alla dimensione descrittiva è siglato dal poema *Feste romane* (1929) che ricrea, in sembianze sonore, tele e dipinti di De Chirico ("Ottobrata"), Michetti ("Giubileo") e Scipione ("La Befana").

7. *Le personalità di transizione e la svolta della guerra: Dallapiccola e Petrassi.*

I musicisti del dopo-Casella svolgono la propria attività a cavallo degli anni traumatici della guerra e della Ricostruzione. Nascono e si sviluppano problematiche sino a quel momento estranee alla cultura italiana: l'allineamento linguistico che ha conosciuto la parificazione europea viene imbrigliato dalle direttive del regime e sconvolto dal dramma della Resistenza.

I musicisti di maggior rilievo, tutti scaturiti dal Neoclassicismo caselliano, trovano strade differenziate a seconda del personale coinvolgimento nelle vicende umane della società italiana.

Comune per tutti è la constatazione che, dopo l'Olocausto, la musica non sarà più la stessa.

Risponde a questi requisiti un maestro tardivo della Generazione dell'80, **Giorgio Federico Ghedini**. L'intensa attività teatrale e sinfonica dell'anteguerra muta radicalmente di rotta negli anni della ricostruzione con un *Concerto dell'albatro* (1945, da *Moby Dick* di Melville) per toccare uno dei primi, profondi esiti di celebrazione delle vittime della Resistenza con il *Concerto funebre per Duccio Galimberti* (1948).

7.1. Luigi Dallapiccola, il dodecafonico italiano.

Nato in Istria nel 1904, trasferitosi a Firenze nel 1922 per seguire i corsi di composizione di Vito Frazzi, Dallapiccola è una delle personalità artistiche italiane maggiormente dotato di caratteri di profonda moralità.

Dopo un debutto improntato a una lineare purificazione del materiale sonoro (*Inni* per tre pianoforti, 1936), è la volta de "l'humanisme de l'action" con *Volo di notte* (1940) opera in un atto da Saint-Exupéry. Il pilota che sfida l'immensità della notte oceanica è il moderno Eroe dell'era fascista, già descritto, nelle arti figurative, dall'Aereopittura di Balla, Depero e Dottori, e, in musica, da *L'aviatore Drol* (1920), di Balilla Pratella. In *Volo di notte* Dallapiccola adotta tecniche dodecafoniche desunte da Berg.

La sorvegliata coscienza di Dallapiccola, in quest'opera che rimane tra le più significative del progresso della musica italiana degli ultimi quarant'anni, si interroga sul valore della libertà del singolo individuo di fronte alla immensa potenza dell'industria meccanica.

D'altra parte, già nel 1938, il musicista istriano, con i *Canti di prigionia*, aveva dato inizio alla incoercibile opposizione al fascismo attraverso una partitura che adotta come testi una lettera di Maria Stuart, l'infelice regina di Scozia e una preghiera di Severino Boezio, il filosofo ucciso da Teodorico.

Negli anni della non larvata censura fascista Dallapiccola si rifugia nella lirica greca. L'incontro con la poesia ermetica di Salvatore Quasimodo e la lettura delle riviste fiorentine "Solaria" e "Letteratura" consentono al musicista il contatto con la "poesia pura". La lirica greca, tradotta da Quasimodo sin dal 1940 costituisce, per Dallapiccola, una sorta di "emigrazione interna": nascono *Cinque frammenti di Saffo* (1942) e *Sex carmina Alcaei* (1943).

A guerra finita si accentua la meditazione sul culto della libertà: nel 1949 viene eseguito alla radio *Il prigioniero*, su testo di Villiers de L'Isle-Adam; nel 1955 il libro biblico dell'Esodo e sant'Agostino fanno da sfondo letterario ai *Canti di liberazione*.

Tra dodecafonia e cauto uso del diatonismo il linguaggio sonoro di Dallapiccola, senza alcuna concessione al gusto della sonorità, procede verso un vasto orizzonte umano culminante nella ricerca di Dio. La sacra rappresentazione *Job* (1950) è seguita dal *Concerto per la notte di Natale* (1956) con due testi di Jacopone da Todi, dalla *Preghiera* per baritono e orchestra (1962) e da *Parole di san Paolo* per voce e strumenti (1964). La pace è ottenuta solo nel compimento dell'avvicinamento alla divinità: con *Ulisse* (1968) Dallapiccola scrive la sua ultima opera teatrale sotto l'ombra poetica di Dante e Kavafis, seguendo le suggestioni intellettuali di Pascoli, Mann, Hölderlin.

Il percorso di un artista che, per i frequenti soggiorni nelle Università americane, e per i contatti con il mondo editoriale tedesco è stato uno dei più attivi diffusori della cultura italiana all'estero, si conclude nel 1972 con *Commiato* per soprano e strumenti, su testo attribuito al poeta medievale Brunetto Latini. Dallapiccola muore nel 1975.

Dal medesimo mondo delle riviste letterarie fiorentine scaturisce **Valentino Bucchi** (1916-1976). Dopo un esordio improntato ai drammatici temi della Resistenza con *I cori della pietà morta* (1950, su poesie tratte da "Foglio di via" di Franco Fortini) è la volta del lavoro teatrale *Il contrabbasso* (1954), amara parabola sulla solitudine del musicista. Nel 1952 avviene il contatto con il mondo spirituale del Medio Evo centro-italiano: il musicista fiorentino scrive *Laudes Evangelii*, mistero coreografico desunto da testi laudistici di ispirazione francescana.

Dopo una feconda collaborazione con Italo Calvino (*Una notte in Paradiso*, cantafavola, 1960) l'esperienza teatrale si conclude con *Il coccodrillo* (1970, da Dostoevskij).

Nella musica da camera Bucchi adotta, nei suoi ultimi anni, una scrittura aperta ai microintervalli: *Ison* (1971) e *Concerto di concerti* (1974). Partitura di congedo è *Colloquio corale* (1972), su poesie e frammenti filosofici di Aldo Capitini, l'apostolo italiano della Non-Violenza.

Alla medesima generazione di Bucchi appartengono anche altri musicisti il cui linguaggio è incline a moderate aperture verso le innovazioni: tra questi **Vieri Tosatti** (1929) autore di *Partita a pugni*

(1953) e **Luciano Chailly** (1920), collaboratore di Dino Buzzati (*Ferrovia sopraelevata*, 1955) che compone, tra l'altro, *Una domanda di matrimonio* (1957).

Roman Vlad (1919) ha portato avanti le lezioni di poliedricità e di vivace presenza culturale che era propria del suo maestro, Casella. Accanto a musica teatrale, sinfonica e cameristica, lascia la preziosa testimonianza critica della *Storia della Dodecafonia* (1958).

In serena longevità **Gian Luca Tocchi** (1901-1991) allievo di Respighi, ha onorato il lascito timbrico-coloristico del bolognese con i fortunati *Canti di Strapaese* (1934).

7.2. Goffredo Petrassi: la fedeltà alle note.

Fanciullo cantore nelle chiese romane, Petrassi (che è nato nel 1904 nei pressi della capitale) esordisce in maniera affermativa con la *Partita* per orchestra eseguita a Roma nel 1932 e portata al successo europeo da Casella. Filtrando proprio attraverso il magistero compositivo di Casella le esperienze europee di Hindemith e Stravinski, Petrassi si riallaccia alla tradizione strumentale del sei-settecento italiano. In tale direzione porta a compimento il processo di rivisitazione dell'antica cultura sonora italiana già seguito dai musicisti della Generazione dell'80.

In composizioni per voci e orchestra come il *Salmo IX* (1934-36) e il *Magnificat* (1939-40), si caratterizza quello stile petrassiano che la critica ha definito il "barocco romano", ultima eredità del "cattolicesimo controriformista". Ma già con *Coro di morti* (1940-41) l'ingresso dell'Italia nella seconda guerra mondiale viene commentato con un'asciutta, laica amarezza. Il testo leopardiano (tratto dalle *Operette morali*) viene enunciato con timbri corali e strumentali secchi, lontani dal minimo compiacimento sonoro. Si apre la fase più bella della creatività petrassiana che inizia con i due balletti *La follia d'Orlando* (1942-43) e *Ritratto di don Chisciotte* (1945), prosegue con i due atti teatrali *Il Cordovano* (1945-48, da Cervantes) e *Morte dell'aria* (1950) e culmina nella cantata *Noche oscura* (testo di san Juan de la Cruz, 1950). Vivacemente presente nel campo sinfonico con sette *Concerti* (scritti tra il 1934 e il '72), il maestro romano firma anche una cospicua e variegata produzione cameristica: in questo ambito spicca il *Gran Septuor avec clarinette concertante* (1978).

Ancora nel contesto della più stimolante caratterizzazione vocale e timbrica vanno raccolte due delle più belle pagine dell'impegno petrassiano: *Beatitudines, Testimonianza per Martin Luther King* (1968) e *Laudes Creaturarum, Obolo francescano* (1982).

La predilezione per l'insegnamento ha visto Petrassi presente ininterrottamente nel campo della didattica, dapprima (fino al 1960) nel Conservatorio di Roma e in seguito (fino al 1978) alla Accademia romana di Santa Cecilia.

Il costante senso dell'aggiornamento, l'accettazione di una poliedrica eclettticità di linguaggio, il coraggio di aprire il proprio bagaglio culturale a sempre nuove forme di scrittura, fanno di Petrassi una delle più vigili e onnivore figure della musica dei nostri giorni.

8. *La Nuova Musica*.

La fase di assimilazione del linguaggio post-weberniano (dodecafonia e serialità) viene accelerata sino allo sconvolgimento da una esperienza maturata nella cittadina tedesca di **Darmstadt.** In questo centro dell'Assia, sempre presente nell'evoluzione del linguaggio europeo sin dal 1600, il musicologo Wolfgang Steinecke fonda, nel 1946, i "Corsi estivi di musica moderna". Vi accedono giovani musicisti come **Karlheinz Stockhausen** e **Pierre Boulez**. Gli italiani portano il proprio contributo con **Nono, Moderna** e **Berio**. Le acquisizioni, radicalmente nuove, si fondono con quanto di musicale proviene da oltre-Oceano. Irrompe sulla scena l'americano **John Cage** (1912-1992). E' il radicale ribaltamento di tutte le regole: arte gestuale, happening, aleatorietà, musica concreta, musica elettronica sono le nuove componenti del messaggio sonoro.

In Italia la **Nuova Musica** ha una presumibile data di nascita (1954) nella fondazione del Centro di Fonologia della Rai (Radio Televisione Italiana) di Milano sollecitato da Berio e Maderna.

Le esperienze singole e collettive di tutta la generazione dei cultori della **Nuova Musica** sono commentate criticamente da un testo fondamentale come *Fase Seconda* (1968) del musicologo Mario Bortolotto.

8.1. Bruno Maderna, "musicista europeo".

Con questa espressione Massimo Mila definisce la enorme portata della figura di un musicista che, nato nel 1920 a Venezia muore prematuramente, ed emblematicamente a Darmstadt, nel 1973.

Tra i primi cultori della musica elettronica (*Notturno*, 1955; *Musica su due dimensioni*, 1957), Maderna adotta il linguaggio seriale piegandolo tuttavia a una personale libertà di sintassi. La predilezione, tutta veneziana, per la ricchezza sonora viene spesso ottenuta grazie all'aleatorietà. Attivo come direttore d'orchestra Maderna, ha profuso la sua professionalità al servizio della musica della sua generazione. Come autore lascia azioni teatrali (*Hyperion*, 1964, e *Satyricon*, 1973). Una composizione sinfonica molto organica, anche se percorsa da episodi di improvvisazione è *Quadrivium* (1969).

8.2. Luciano Berio, il piacere del pentagramma.

Allievo a Milano di Ghedini e negli Stati Uniti di Dallapiccola, Luciano Berio (1925) incarna nella sua fluviale produzione l'assoluto ottimismo sulle funzioni della musica e sulla sua indispensabile presenza nella società. Fiducioso nelle possibilità artigianali del comporre in musica Berio non conosce crisi di valori: la sua assoluta neutralità di fronte ai materiali scelti di volta in volta per produrre il messaggio artistico si vale di tutti i mezzi sonori disponibili, dalla citazione "storica" di opere altrui, all'elettronica, all'aleatorietà, agli stilemi popolari, al jazz, al pop. Con curiosità, sorretta da un incredibile mestiere compositivo, Berio esplora, volta per volta, tutti gli angoli del suono, raccogliendone gli stimoli e racchiudendoli sotto un personalissimo segno di autore.

La collaborazione con scrittori quali Calvino, Sanguineti e Eco situa Berio all'interno dell'avanguardia letteraria italiana: dal 1975 il musicista ligure, già ampiamente presente nella vita accademica americana (Juilliard School di New York) è direttore di una sezione dell'IRCAM di Parigi.

Gli esordi sono legati sia all'elettronica che alla scoperta di innovazioni vocali esperimentate grazie alla disponibilità di una cantante come Cathy Berberian. Nascono partiture elettroniche: *Thema-Omaggio a Joyce* (1959), *Circles* (da E.E. Cummings, 1960), *Epiphanie* (1961), *O King* (1967).

Ancora alla voce della Berberian sono legati i famosi *Folksongs* (1964) e la *Sequenza III* (1966).

L'approfondito rapporto con il teatro, iniziato con *Allez-hop*! (racconto mimico di Calvino, 1959-1968) prosegue con *Passaggio* (testi di Sanguineti, 1963), *Laborintus II* (Sanguineti, 1965), *La vera storia* (Calvino, 1982), *Un re in ascolto* (Calvino, 1982-83).

La ricca produzione per orchestra va dalle partiture degli anni '50 (*Alleluja 1* e *II*, 1955-56) a *Sinfonia* (1968), *Bewegung* (1971), *Concerto* per due pianoforti (1973), *Chemins* (da *I* a *VII*, 1965-75), *Coro* (1975-76), *Encore* (1978), *Corale* (1982), *Requies-Frammento* (1984), *Formazioni* (1985-87), *Ofanim III* (1988), *Continuo* (1991).

La musica da camera è tutta raccolta entro le proiezioni sonore delle *Sequenze*, pezzi solistici per vari strumenti che si aprono con il flauto (1958) e giungono, attualmentre alla X (1985, per tromba). Di garbatissima ed elegante stesura i *Duetti* per violini (1982).

8.3. Luigi Nono: il rigore dell'impegno politico e la "tragedia dell'ascolto".

Su posizioni antitetiche rispetto a Berio è Luigi Nono, (nato nel (1924) la cui recente scomparsa (1990) lascia aperto un interrogativo sul futuro di certe intuizioni poetico-sonore.

Allievo di Gian Francesco Malipiero, Nono è presente dal 1950 al '59 ai Corsi estivi di Darmstadt. Nascono in questo periodo composizioni quali *Polifonica-Monodia-Ritmica* (1951) e l'*Epitaffio a Garcia Lorca* (1951-54). Dopo una partitura di rovente impegno politico come *Victoire de Guernica* (testo poetico di P. Elouard, 1954) è la volta della militanza civile con *Canto sospeso* (1955, su testi di condannati a morte della Resistenza Europea).

L'impegno ideologico ormai assunto da Nono ricorre al mezzo elettronico: nel 1961 un'opera teatrale, *Intolleranza 1960*, rappresentata a Venezia, miscela testi di Elouard, Sartre, Majakovskij, Brecht e Ripellino in sintesi elettroacustica. E' uno dei più lancinanti documenti di riflessione sulla tragedia politica moderna, colta nei suoi momenti più violenti.

Seguono altre partiture che si valgono dell'elettronica come rappresentazione sonora di una lacerante violenza: *La fabbrica illuminata* (1964, testi di Scabia e Pavese), *Ricorda cosa di hanno fatto in Auschwitz* (1966), *A floresta è jovem e chejda de vida* (1967), *Per Bastiana Tai-Yunhg-Cheng* (*L'Oriente è rosso*) (1967).

Senza smussare il personale impegno il musicista veneziano scrive nel 1971 *Como una ola de fuerza y luz*. Il commosso omaggio alla memoria di un sindacalista cileno, filtrato attraverso il suono della voce, dell'orchestra e del pianoforte miscelati dai dispositivi elettronici, piega già verso quel lirismo che è l'aspetto più significativo della maturazione dell'artista.

Nel 1978 al teatro alla Scala di Milano Nono propone la prima grande sintesi della sua riflessione musicale e umana: *Al gran sole carico d'amore* è un'azione teatrale per voci soliste, cori, nastro magnetico e orchestra. I testi sono tratti da Marx, Lenin, Gramsci, Fidel Castro, "Che" Guevara, Pavese, Rimbaud, Brecht.

Nel 1979-80, in un singolare momento di riflessione stilistica, Nono scrive il quartetto per archi *Fragmente-Stille, An Diotima.* Nella partitura l'aggancio a Hölderlin si coniuga con artifici contrappuntistici di sapore fiammingo elaborati sulla cosiddetta "scala enigmatica" dell'*Ave Maria* di Verdi e su una *chanson* del 1501 di J. Ockeghem.

All'inizio degli anni '80 matura l'ultima fase dello sviluppo compositivo di Nono. La conoscenza del filosofo Massimo Cacciari porta a una collaborazione di ampia apertura come *Das atmende Klarsein*

(1981, su testi di poeti orfici e frammenti delle *Elegie Duinesi* di R.M. Rilke).

La fibrillazione del suono tradizionale, elaborato e reso "più puro" dal mezzo elettroacustico, conduce il pensiero musicale del maestro veneziano verso nuovi, sconfinati orizzonti. Non scema la meditazione sugli orrori civili dei nostri giorni: nel 1982 nascono *?Donde estas hermano?, per los Desaparecidos en Argentina* e *Quando stanno morendo. Diario polacco numero 2*, ispirato alle lotte del sindacato polacco Solidarnosc.

Nel 1983 Cacciari sintetizza, in un testo emblematico, frammenti di Lucrezio, Ovidio, Pound, Nietzsche, Rosenzweig, Benn. E' la base letteraria di *Guai ai gelidi mostri*, pannello sonoro contro lo Stato autoritario, padrone onnipresente che compie i suoi misfatti secondo un ineluttabile principio di morte.

Nel 1984 è la volta della riflessione finale con *Promoteo, Tragedia dell'ascolto* per voci, cori, solisti strumentali, orchestre e trattamento del suono *live electronic*. Nella chiesa veneziana di san Lorenzo, in settembre, l'architetto Renzo Piano costruisce un incredibile guscio entro cui raccogliere la musica.

La rievocazione della tragedia di Eschilo è uno degli ultimi capitoli della storia musicale del nostro secolo. Ne è consapevole lo stesso autore che, dopo il titanico sforzo, si concentra entro dimensioni acustiche sempre più filigranate con *A Pierre, dell'azzurro silenzio, inquietum*, per flauto, clarinetto e trattamento *live electronic* (1985).

Dal 1980 Luigi Nono aveva intrapreso le sue ricerche sonore nello Experimentalstudio der Heinrich Strobel Stiftung des Sudwestfunk e. V. di Friburgo (Breisgau). Qui, guidando un manipolo di esecutori come R. Fabbriciani (flauto), C. Scarponi (clarinetto), G. Schiaffini (trombone), S. Scodanibbio (contrabbasso), l'artista veneziano muove le sue ultime, profetiche giornate, verso il mondo sonoro del nuovo millennio.

8.4. Altri esponenti della Nuova Musica.

Nel citato volume di Bortolotto, *Fase seconda*, vengono elencati altri musicisti vivacemente impegnati sul fronte del post-webernismo e dell'avanguardia. Tra questi **Franco Evangelisti** (1926-1980), **Niccolò Castiglioni** (1932), **Aldo Clementi** (1925) e **Silvano Bussotti** (1931).

Posizione personalissima quella di **Franco Donatoni** (1927). Allievo di Pizzetti, studente a Darmstadt, il musicista veronese attraversa dapprima una fase strutturalista culminante in lavori quali *For Grilly* (1960) e *Puppenspiel I* (1961). Successivamente si fa strada nella sua produzione un atteggiamento di "demistificazione" dell'atto compositivo. Subentra un quasi totale abbandono al materiale sonoro affidato, in massima parte, alla libera inventiva degli esecutori: *Per orchestra* (1962) e *Quartetto IV, Zrcadlo* (1963).

In seguito, nella fase di ricostruzione della scrittura, il compositore si riappropria del materiale sonoro adottato, organizzandolo fin nelle più riposte componenti strutturali.

Partendo da piccolissime cellule melodiche, Donatoni struttura la composizione secondo procedimenti rigorosamente deduttivi. Appartengono all'attualità pagine per solisti quali *Nidi* (1979) per ottavino, *Clair* (1979) per clarinetto e *Lem* (1984) per contrabbasso.

L'intensa attività didattica porta Donatoni sul seggio delle più importanti scuole di composizione italiane: Accademia di santa Cecilia, in Roma e Accademia Chigiana di Siena.

Oggi l'autore prosegue sulla via della pungente e cristallina distillazione timbrica con *Hot* (1989) per saxofono e sestetto jazz, *Cloches* (1989) per due pianoforti, fiati e percussioni e *Chantal* (1990) per arpa.

Punte di impegno ideologico e politico riemergono nella produzione di **Giacomo Manzoni** (1932). Si hanno riscontri nel catalogo teatrale che comprende titoli come *La sentenza* (1960), *Atomtod* (1965), *Per Massimiliano Robespierre* (1975). Dopo un *Doctor Faustus*, scene dal romanzo di Thomas Mann (teatro alla Scala, 1989), l'impegno con la cultura tedesca si è rinnovato grazie a *Il deserto cresce*, tre metafore di Nietzche, per orchestra (1993).

Notevoli contributi alla Nuova Musica, tutti regolati sul metro delle rispettive autonomie individuali, provengono anche da autori quali **Mario Peragallo** (1913), **Camillo Togni** (1922-1994), **Vittorio Fellegara** (1927), **Boris Porena** (1927).

Scomparsi prematuramente **Paolo Renosto** (1935-1988) e **Armando Gentilucci** (1939-89).

La generazione dei quasi-sessantenni è oggi ben rappresentata da **Azio Corghi** (1937), che ha dato al teatro un *Gargantua* (1984), e un *Blimunda* (1990), quest'ultimo tratto dal *Memoriale del convento* dello scrittore portoghese Saramago.

Una posizione del tutto particolare nel quadro della musica italiana riveste l'associazione **Nuova Consonanza**, nata a Roma nel 1959: tra i suoi fondatori si ricordano, oltre il citato Evangelisti, **Domenico Guaccero** (1927-84), **Mauro Bortolotti** (1926) e **Marcello Panni** (1940). Tra i più recenti presidenti dell'Associazione sono **Alessandro Sbordoni** (1948).

Dai rami di **Nuova Consonanza** scaturisce la figura di **Francesco Pennisi** (1934). In posizione solitaria e silenziosa il musicista siciliano cesella nascoste geometrie sonore dedicando la produzione più bella alla sua terra. Da una parte l'antico mito, con *Aci, il fiume* (1986), dall'altra la cronaca storica con l'opera da camera *Descrizione dell'Isola Ferdinandea* (1982), racconto-allegoria dell'apparizione e del successivo inabissamento di un isolotto emerso al largo del Canale di Sicilia nel 1831.

8.5. Salvatore Sciarrino: il suono degli incantesimi.

"Costruire con nuovi suoni un nuovo universo sonoro". Questo l'obiettivo di un compositore che è forse il più rappresentativo della generazione dei quasi-cinquantenni.

Dopo un esordio legato ad esperienze aleatorie ed informali, Sciarrino, palermitano (1947) ha adottato una particolare poetica basata sull'utilizzazione di nuove sonorità prodotte, in modo non convenzionale, da strumenti tradizionali. A seguito dei *Sei capricci* per violino (1976) è sbocciata una pagina per flauto solo, *All'aure in una lontananza* (1977) divenuta in breve uno dei pezzi più imitati. Soffi, rumori di chiavi, armonici, colpi di lingua, schioccare di labbra per una musica che, evocando l'alitare del vento tra le colonne di un tempio dorico della Magna Grecia, ha aperto la strada a prospettive acustiche del tutto inusuali: il timbro dello strumento non è soltanto colore, ma diventa elemento strutturale, articolazione della fantasia, oggetto dell'atto stesso del comporre. "Questa musica - dichiara l'autore - rappresenta un più esplicito affiorare del lirismo malinconico, dell'elegia, e insieme di un'arcaica ansietà quasi ferina, di ambigua origine mitica".

Sulla scia di questo fortunato brano, valendosi della collaborazione dell'eccezionale flautista Fabbriciani, Sciarrino ha scritto un polittico che è ancora un'opera aperta: *Hermes* (1984), *Come vengono prodotti gli incantesimi*? (1985), *Canzona di ringraziamento* (1985), *Venere che le grazie fioriscono* (1989), e *L'orizzonte luminoso di Aton* (1989).

Autore di musiche di commento per la lettura televisiva della *Divina Commedia* dantesca (1988), il musicista siciliano ha composto un testo teatrale in due atti, *Lohengrin* (1982, da Laforgue). Nel 1991 a Stoccarda è stata rappresentata *Perseo e Andromeda*, opera con supporti vocali elettroacustici.

9. *Verso la fine del Millennio.*

Estintasi la fase più radicale della **Nuova Musica**, oggi l'Avanguardia brancola nel buio. Alla sorprendente vitalità di produzioni, al fiorire di scuole compositive, allo sbocciare di molti e pregevoli talenti individuali non corrisponde l'esatta definizione di articolate, coerenti poetiche.

Un momento organizzativo, rappresentato dalla riesumazione di vecchi stilemi linguistici del melodramma ottocentesco e verista, individuato dalla critica come **Neoromanticismo** ha mostrato rapidamente l'usura dell'ispirazione.

La sempre crescente padronanza con cui i compositori si sono misurati con le tecniche elettroacustiche, l'adozione del computer come strumento di produzione musicale lascia presagire un possibile ambito operativo in cui, forse, c'è ancora molto da dire, da scrivere, da cantare e da suonare.

Si ripresenta il problema di coordinare la propria individualità con il veloce scorrere del tempo, di ritagliare il proprio spazio di contemporaneità in una società che sembra non aver bisogno della musica.

Nascono sorprendenti iniziative collettive. Come quella di sette giovani autori che, nella primavera del 1993, hanno scritto un *Requiem per le vittime della mafia* eseguito nella Cattedrale di Palermo. I compositori si sono suddivisi le pagine dell'Ufficio dei defunti tradotte dal poeta Vincenzo Consolo: **Carlo Galante, Paolo Arcà, Giovanni Sollima, Lorenzo Ferrero, Marco Tutino, Matteo D'Amico, Marco Betta.**

Forniamo un elenco, certamente parziale, dei trenta-cinquantenni operanti nel mondo compositivo italiano: ci scusiamo per le inevitabili omissioni.

I nomi sono riportati per ordine alfabetico: **Claudio Ambrosini, Guido Baggiani, Marino Baratello, Giorgio Battistelli, Marco Di Bari, Mauro Cardi, Antonio D'Antò, Ludovico Einaudi, Ivan Fedele, Carlo Galante, Ada Gentile, Federico Incardona, Ruggero Laganà, Alessandro Lucchetti, Dario Maggi, Fernando Mencherini, Pippo Molino, Luca Mosca, Franco Oppo, Riccardo Piacentini, Corrado Pasquotti, Carlo Pedini, Gianfranco Pernaiachi, Sergio Prodigo, Teresa Procaccini, Fausto Razzi, Aurelio Samorì, Flavio E. Scogna, Alessandro Solbiati, Marco Stroppa, Fernando Sulpizi, Gianpaolo Testoni, Paolo Ugoletti, Fabio Vacchi.**

Quadro riassuntivo.

In bilico tra il mondo culturale germanico e la tradizione italiana **Busoni** segna il passaggio tra i due secoli con una lucida visione del progresso del linguaggio musicale.

In Italia, sul filone del melodramma postverdiano opera la **Giovane Scuola**: ne fanno parte il cantore del realismo piccolo-borghese, **Puccini** e i veristi **Leoncavallo** e **Mascagni**.

Mentre il **Verismo** prosegue il suo cammino con **Cilea, Giordano** e **Zandonai** proposte di rinnovamento provengono dalla **Generazione dell'Ottanta**, un manipolo di musicisti anti-melodrammatici, attenti ai suggerimenti del mondo artistico francese. Al caposcuola **Casella** si affianca **Malipiero**, mentre **Respighi** realizza la sua vocazione al sinfonismo europeo.

Per questi musicisti la reazione anti-pucciniana si concretizza nella rievocazione dell'antico mondo sonoro italiano, Gregoriano, Rinascimentale e Barocco. Nasce il **Neoclassicismo** italiano.

Lo spartiacque della Seconda Guerra Mondiale segna la vita di altri autori attratti dai due linguaggi europei più rappresentativi, l'eclettismo di Stravinski e la dodecafonia di Schoenberg. Assumono un indiscutibile rilievo storico **Dallapiccola** e **Petrassi**.

Ma già preme la generazione più giovane che succede a quella precedente in una lacerante, bruciante contemporaneità. Dalle esperienze maturate a Darmstadt si apre la via italiana alla **Nuova Musica**: i suoi protagonisti, **Maderna**, **Nono** e **Berio** si immergono nello **Sperimentalismo**.

In una fase successiva la stabilizzazione delle esperienze porta a una frantumazione dell'**Avanguardia (Donatoni, Clementi, Castiglioni, Bussotti, Manzoni).**

Oggi, dopo la delibazione delle geniali intuizioni timbriche di **Sciarrino**, l'**Avanguardia** cerca nel supporto del suono elettronico nuove, inedite forme di produzione sonora.

BIBLIOGRAFIA

G. AGNESE, *Marinetti, una vita esplosiva*, Milano, 1990.
Aspetti della musica d'oggi, (a cura di G. Pestelli), Torino, 1972.
Autoanalisi dei compositori contemporanei, Napoli, 1992.
Autobiografia della musica contemporanea (a cura di M. Mollia), Cosenza, 1979.
Afredo Casella (a cura di F. D'Amico e G.M. Gatti), Milano, 1958.
B. BARILLI, *Il paese del melodramma e altri scritti*, Firenze, 1963.
B. BARILLI, *Il sorcio nel violino*, Torino, 1982.
B. BARILLI, *Capricci di vegliardo e taccuini inediti*, 1989.
A. BASSI, *Don Lorenzo Perosi,* Fasano, 1994.
G. BASTIANELLI, *La crisi musicale europea*, Firenze, 1976.
G. BASTIANELLI, *Il nuovo dio della musica*, Torino, 1978.
G. BASTIANELLI, *La musica pura. Commentari musicali e altri scritti*, Firenze, 1974.
G. BASTIANELLI, *Gli scherzi di Saturno. Carteggi 1907- 1927*, Firenze, 1989.
L. BERIO, *Intervista sulla musica*, Roma-Bari, 1981.
A. BONACCORSI, *Giacomo Puccini e i suoi antenati musicali*, Milano, 1950.
V. BONAJUTI TARQUINI, *Riccardo Zandonai*,, Milano, 1951.
M. BORTOLOTTO, *Fase seconda. Studi sulla Nuova Musica*, Torino, 1969.

L. BRAGAGLIA, *Personaggi e interpreti del teatro di Puccini*, Roma, 1977.
L. BRAGAGLIA - E. RESPIGHI, *Il teatro di Respighi*, Roma, 1978.
Bruno Maderna. Documenti, (a cura di M. Baroni e R. Dalmonte), Milano, 1985.
F. BUSONI, *Lettere alla moglie*, Milano, 1965.
F. BUSONI, *Lo sguardo lieto. Tutti gli scritti sulla musica e sull'arte*, Milano, 1977.
F. BUSONI, *Lettere*, Milano, 1988.
I. CALIARO, *D'Annunzio lettore-scrittore*, Firenze, 1991.
A. CASELLA, *Il pianoforte*, Roma-Milano, 1937.
A. CASELLA, *I segreti della giara*, Firenze, 1941.
A. CASELLA, *La tecnica dell'orchestra moderna*, Milano, 1950.
A. CANTÙ, *Respighi compositore*, Torino, 1985.
M. CARNER, *Giacomo Puccini*, Milano, 1961.
C. CASINI, *Puccini*, Torino, 1978.
Catalogo delle opere di Goffredo Petrassi, (a cura di C. Annibaldi), Milano, 1971.
L. CHAILLY, *Buzzati in musica*, Torino, 1987.
Con Luigi Nono, Milano, 1993.
R. CHIESA, *Riccardo Zandonai*, Milano, 1984.
R. CRESTI, *Franco Donatoni*, Milano, 1982.
R. CRESTI, *Il linguaggio musicale di Niccolò Castiglioni*, Milano, 1991.
L. DALLAPICCOLA, *Appunti, incontri, meditazioni*, Milano, 1970.
L. DALLAPICCOLA, *Parole e musica*, Milano, 1980.
F. D'AMICO, *Un ragazzino all'Augusteo*, Torino, 1991.
F. D'AMICO, *I casi della musica*, Milano, 1962.
T. D'AMICO, *Francesco Cilea*, Milano, 1960.
A. DI BENEDETTO - S. RAGNI, *La ferita e l'accoglienza. Poesia e musica nell'opera di Gianfranco Pernaiachi*, Ravenna, 1992.
Di Goffredo Petrassi, un'antologia, Roma, 1983.
M. DONADONI OMODEO, *Giannotto Bastianelli*, Firenze, 1989.
Donatoni, (a c. di E. Restagno), Torino, 1990.
F. DONATONI, *Questo*, Milano, 1970.
F. DONATONI, *Antecedente X. Sulla difficoltà del comporre*, Milano, 1980.
F. DORSI, *Giacomo Manzoni*, Milano, 1989.
U. DUSE, *Per una storia della musica del Novecento*, Torino, 1981.
Europa 50/80, generazioni a confronto, Venezia, 1985.
Esotismo e colore locale nell'opera di Puccini, Pesaro, 1983.
F. EVANGELISTI, *Dal silenzio a un nuovo mondo sonoro*, Roma, 1991.
Federico Garcia Lorca nella musica contemporanea, Milano, 1986.
Futurismo, cultura e politica (a c. di R. De Felice), Torino, 1988.
G.M. GATTI, *Ildebrando Pizzetti*, Milano, 1954.
G. GAVAZZENI, *Musicisti d'Europa*, 1954.
G. GAVAZZENI, *Trenta anni di musica*, Milano, 1958.
G. GAVAZZENI, *Quaderno del musicista*, Pordenone, 1988.
G. GAVAZZENI, *Il sipario rosso. Diario 1950-1976*, Torino, 1922.
G. GELATI, *Il vate e il capobanda. D'Annunzio e Mascagni*, Livorno, 1992.
A. GENTILUCCI, *Oltre l'Avanguardia. Invito al molteplice*. Fiesole, 1980.
G. GHIRARDINI, *Invito all'ascolto di Mascagni*, Milano, 1988.
R. GIAZOTTO, *Busoni*, Milano, 1947.
Gian Francesco Malipiero e le nuove forme della musica europea, Milano, 1982.
A. GUARNIERI CORAZZOL, *Sensualità senza carne. La musica nella vita e nell'opera di D'Annunzio*, Bologna, 1990.
Ildebrando Pizzetti. Cronologia e bibliografia (a cura di B. Pizzetti), Parma, 1986.
Il flusso del tempo. Scritti su Ferruccio Busoni, Milano, 1985.
Il Novecento italiano tra Neoclassicismo e Goticismo (a c. di D. Bryant), Firenze, 1988.

Il piccolo Marat, storia e rivoluzione nel melodramma verista, Milano, 1990.
R. IOVINO, *Mascagni*, Milano, 1987.
ITACO, Compositori italiani e prime esecuzioni 1985-87, Cidim, 1989.
D. KAEMPER, *Luigi Dallapiccola*, Firenze, 1985.
La nuova Musica-Eco e Narciso, Milano, 1988.
La Rassegna Musicale, Antologia a cura di L. Pestalozza, Milano, 1966.
L. LOMBARDI, *Conversazioni con Petrassi*, Milano, 1980.
L'opera di Gian Francesco Malipiero, Treviso, 1952.
L'opera di Goffredo Petrassi, in "Quaderni della rassegna Musicale", 1, Torino, 1964.
L'opera di Luigi Dallapiccola, in "Quaderni della rassegna Musicale", 2, Torino, 1965.
A. LUCIOLI, *Sylvano Bussotti*, Milano, 1988.
G.F. MALIPIERO, *L'armonioso labirinto. Teatro da musica 1913-1970*, Venezia, 1992.
G.F. MALIPIERO, *La pietra del bando*, Padova, 1990.
Malipiero, scrittura e critica (a c. di M.T. Muraro), Firenze, 1984.
G. MANZONI-V. PUECHER - L. PESTALOZZA, *Per Massimiliano Robespierre*, Bari, 1975.
G. MANZONI, *Scritti*, Firenze, 1991.
G. MANZONI, *Tradizione e utopia,* Milano, 1994.
A. MARCHETTI, *Puccini, com'era*, Milano, 1973.
R. MARIANI, *Verismo in musica*, Firenze, 1976.
D. MARTINO, *Metamorfosi del femminismo nei libretti di Puccini*, Torino, 1985.
D. MARTINO, *Puccini e la sindrome pucciniana*, Torino, 1993.
G. MAZZOLA NANGERONI, *Franco Donatoni*, Milano, 1989.
M. MILA, *Cronache musicali 1955-1959*, Torino, 1959.
M. MILA, *Maderna, musicista europeo*, Torino, 1976.
M. MILA, *Cent'anni di musica moderna*, Torino, 1981.
Molteplicità di poetiche e linguaggi nella musica d'oggi, Milano, 1988.
Musica italiana del primo Novecento: la Generazione dell'Ottanta (a c. di F. Nicolodi), Firenze, 1981.
Musica e elaboratore: orientamenti e prospettive (a c. di A. Vidolin), Venezia, 1980.
F. NICOLODI, *Gusti e tendenze del Novecento musicale in Italia*, Firenze, 1982.
F. NICOLODI, *Musica e musicisti nel ventennio fascista*, Fiesole, 1984.
L. NONO, *Verso Prometeo* (a cura di M. Cacciari), Milano, 1984.
Nono (a c. di E. Restagno), Torino, 1987.
Omaggio Respighi, (a c. di M. Messinis), Firenze, 1977.
Ottorino Respighi, (a c. di D. Spini), Torino, 1985.
Ottorino Respighi. Dati biografici ordinati da Elsa Respighi, Milano, 1954.
C. ORSELLI, *Le occasioni di Mascagni*, Siena, 1990.
L. PANNELLA, *Valentino Bucchi. Anticonformismo e politica musicale italiana*, Firenze, 1976.
E. PARATORE, *Moderni e contemporanei,* Firenze, 1975.
S. PEROTTI, *Analisi della musica strumentale di Dallapiccola*, Milano, 1988.
L. PESTALOZZA, *L'opposizione musicale*, Milano, 1991.
Petrassi (a c. di E. Restagno), Torino, 1986.
Petrassi. Autoritratto, Roma-Bari, 1991.
G. PETROCCHI, *Letteratura e musica,* Firenze, 1991.
L. PINZAUTI, *Puccini, una vita*, Firenze, 1974.
L. PINZAUTI, *Musicisti d'oggi*, Torino, 1978.
B. PORENA, *Musica / Società*, Torino, 1975.
M. PORZIO, *Savinio musicista. Il suono metafisico*, Venezia, 1988.
G. PUCCINI, *Epistolario* (a c. di G. Adami), Milano, 1928.

G. PUCCINI, *Lettere a Riccardo Schnabl* (a c. di S. Puccini), Milano, 1981.
S. RAGNI, *Descrizione dell'Isola Ferdinandea di Francesco Pennisi. Un frammento musicale di storia siciliana*, Perugia, 1990.
L. RICCI, *Puccini interprete di se stesso*, Milano, 1954.
L. RICCI, *Trentaquattro anni con Mascagni*, Milano, 1976.
Ruggero Leoncavallo nel suo tempo, Milano, 1993.
S. SABLICH, *Busoni*, Torino, 1982.
C. SARTORI, *Giacomo Puccini*, Milano, 1978.
A. SAVINO, *Scatola sonora*, Torino, 1977.
S. SCARDOVI, *L'opera dei bassifondi, il melodramma plebeo nel verismo,* Lucca, 1994.
G. SELDEN - GOTH, *Ferruccio Busoni*, Firenze, 1964.
S. SEVERGNINI, *Invito all'ascolto di Puccini*, Milano, 1984.
E. SICILIANO, *Puccini*, Milano, 1976.
Studi su Luigi Dallapiccola (a c. di A. Quattrocchi), Lucca, 1993.
R. TEDESCHI, *Addio fiorito asil. Il melodramma italiano da Boito al Verismo*, Milano, 1978.
R. TEDESCHI, *D'Annunzio e la musica*, Firenze, 1988.
D. TORTORA, *Nuova Consonanza. Trent'anni di musica contemporanea italiana*, Lucca, 1990.
A. TRUDU, *La Scuola di Darmstadt*, Milano, 1992.
Viaggio intorno al convento di Mafra. Dal Memoriale del convento di José Saramago alla Blimunda di Azio Corghi, (a c. di P. Ceccucci), Milano, 1991.
J. WATERHOUSE, *Malipiero*, Torino, 1990.
R. ZANETTI, *La musica italiana nel Novecento*, Busto Arsizio, 1985.
B. ZANOLINI, *Luigi Dallapiccola*, Padova, 1974.

Lemmario

Aleatorietà (**alea**). Tecnica di improvvisazione utilizzata in molte opere della produzione contemporanea.

Ambrosiano. Canto religioso in uso nella diocesi di Milano. Tradizionalmente attribuito a s. Ambrogio. E' per sole voci ed è ricco di ornamentazioni.

Antifona. Canto religioso dei Salmi, alternato tra due cori, uomini e donne, o uomini e bambini.

Arcadia. Accademia letteraria e poetica fondata a Roma nel 1690. In opposizione allo stile barocco i suoi esponenti vogliono restaurare un equilibrio classico delle forme artistiche. L'Arcadia influenza in varia misura anche alcuni musicisti: tra questi Corelli e A. Scarlatti.

Aria. Composizione vocale per solista e accompagnamento (orchestra o strumenti). Componente essenziale del teatro in musica. Di forma "chiusa" assume nel corso della storia del melodramma varie strutture.

Ballata. Composizione vocale e strumentale medievale che si basa su un testo poetico metricamente ben determinato.

Barocco. Periodo storico a cavallo tra la fine del Cinquecento e il Seicento. E' contraddistinto, in tutte le sue manifestazioni d'arte, dall'affermazione di caratteri molto esteriori ed appariscenti. Come aggettivo è sinonimo di eccessivo, di inutilmente artificioso.

Basso continuo. E' il sostegno strumentale che sorregge le arie e i recitativi dell'opera in musica e le parti solistiche dei concerti strumentali. La sua realizzazione è affidata a strumenti in grado di produrre accordi: clavicembalo, organo, tiorba, liuto, chitarrone. Storicamente viene adottato sino alla fine del Settecento.

Cabaletta. Aria d'opera, di andamento brillante e virtuosistico.

Caccia. Composizione vocale e strumentale del primo Trecento. E' di carattere contrappuntistico. Le voci che cantano lo stesso motivo, sono disposte in modo tale che una precede e l'altra segue secondo un movimento figurato di inseguimento.

Canone. Letteralmente "regola". E' un procedimento musicale in cui il discorso di una voce viene esattamente imitato da un'altra a un breve intervallo di distanza. Il canone è il procedimento base della tecnica contrappuntistica.

Cantata. Composizione vocale per poche voci (di solito da una a tre) e strumenti. E' di carattere sia sacro che profano. Si sviluppa a partire dai primi decenni del Seicento.

Cantus firmus. Nella pratica polifonica è la voce che canta una melodia che funge da base a tutta la composizione. Tale voce è detta tenor.

Cappella. L'insieme di musicisti, cantori e strumentisti, che svolgono stabile attività in una chiesa.

Capriccio. Composizione strumentale di carattere brillante.

Cavatina. Aria di "uscita", cioè di ingresso sul palcoscenico, di un personaggio operistico. E' di solito di andamento tranquillo e lirico.

Chanson. **Canzone**. Composizione vocale di origine trovadorica. Passa nella cultura italiana nel Trecento ed assume vesti polifoniche.

Clavicembalo. Strumento a tastiera, con corde pizzicate. La sua fioritura, come strumento solistico, cameristico o di orchestra, attraversa il Seicento e il Settecento. Viene spodestato dal pianoforte.

Concertato. Finale di atto d'opera. Tutti i personaggi tornano sul palcoscenico e cantano insieme.

Concerto grosso. Forma strumentale nata alla fine del Seicento. E' suonato da un complesso di strumenti ad arco.

Concertante, stile. Dialogo tra strumentisti all'interno di una composizione. E' il principio caratterizzante del Concerto Grosso. Lo **Stile concertante** si estende anche alla musica vocale, sia sacra che profana: le voci si alternano agli strumenti, imitandone il modo di suonare.

Concreta (musica). Inserimento di rumori utilizzati come elementi di espressione musicale.

Contrappunto. Letteralmente "punto contro punto", cioè "nota contro nota". E' una tecnica compositiva basata sulla sovrapposizione verticale di più voci, ordinate secondo principi di successione temporale. E' la base della Polifonia.

Dodecafonia. Metodo di composizione con i dodici suoni, utilizzati senza strutture gerarchiche. I dodici semitoni della scala vengono utilizzati con funzioni equivalenti.

Elettronica (musica). Uso di supporti elettronici per l'elaborazione e la riproduzione di suoni.

Frottola. Composizione vocale a quattro voci di andamento omoritmico (= con lo stesso ritmo). Nata in Italia all'inizio del Quattrocento è l'esatto opposto della polifonia contrappuntistica.

Gregoriano. Canto a una sola voce (= monodico), non accompagnato da strumenti. E' la musica vocale della chiesa per tutto il Medio Evo. E' di esclusivo uso dei preti e dei monaci.

Gallicano. Canto ecclesiastico francese, nato, già nel VII secolo, dalla diffusione del canto romano.

Inno. Canto cristiano di libera invenzione e di andamento strofico. Viene diffuso dall'Oriente sin dal III secolo.

Intermezzo. Intermedio. Breve struttura teatrale posto all'interno degli atti di commedie e di tragedie. Utilizzato inizialmente negli spettacoli fiorentini di fine Cinquecento assume caratteri comici quando, nel secolo successivo, passa a Napoli.

Lauda. Composizione vocale di lode. Nasce in ambiente francescano e, nei suoi caratteri originari, è a una sola voce e in lingua italiana.

Libretto. testo letterario prevalentemente in versi, predisposto per essere musicato.

Liuto. Strumento a corde di origine araba (da *ud* = legno). Diffuso dai Trovatori è il pincipale strumento di tutto il Rinascimento.

Madrigale. Composizione vocale di struttura polifonico-contrappuntistica. Nato nel Trecento, assume nel Rinascimento i caratteri di fantasiosa libertà che gli conferisce l'utilizzazione di testi poetici petrarcheschi.

Melisma. Suoni di passaggio che collegano due note di una melodia. Ha un carattere ornamentale.

Melopea. Melodia lenta: si applica a un canto di natura contemplativa.

Messale. Libro liturgico che contiene tutte le parti della Messa cattolica.

Monodia. Canto a una sola voce. Si afferma all'inizio del Seicento e crea le condizioni per lo sviluppo dell'opera in musica.

Mottetto. Composizione polifonico-contrappuntistica. E' su testo latino ed è di argomento sacro o celebrativo. In Italia viene introdotto alla fine del Trecento dai musicisti franco-fiamminghi.

Oratorio. Composizione vocale e strumentale di argomento sacro, in latino o in italiano. La sua forma narrativo-drammatica utilizza le stesse componenti dell'opera in musica: arie, recitativi, parti orchestrali, coro. A differenza dell'opera, l'oratorio non viene rappresentato scenicamente, ma viene eseguito in chiesa. Nasce nel Seicento. Mentre l'oratorio in italiano si sviluppa dalla lauda, quello in latino prende origine dal mottetto.

Partitura. Libro musicale sul quale sono scritte le parti di una composizione orchestrale o teatrale.

Polifonia. Composizione a più voci che cantano simultaneamente.

Recitativo. Frase vocale simile al linguaggio parlato. Serve a narrare lo svolgimento di un'azione e a collegare tra loro momenti liricamente più significativi, come le arie. E' parte integrante dell'opera e della cantata. Si distingue in **recitativo secco** (quando la voce è sostenuta dal solo clavicembalo-organo-basso continuo) o **recitativo accompagnato** (quando la voce si appoggia sull'intera orchestra).

Ricercare. Composizione strumentale nel quale l'esecutore finge una "ricerca" di motivi musicali. Alterna momenti improvvisativi a sezioni di carattere contrappuntistico.

Ritornello. Ripetizione integrale o variata di un'intera sezione musicale.

Rondò. **Rondeau**. Composizione vocale o strumentale caratterizzata dalla frequente riapparizione di un ritornello. Assume pertanto un andamento cronologicamente ciclico-ripetitivo.

Schola cantorum. Organismo didattico per l'educazione di cantanti religiosi. Può equivalere alla Cappella.

Sequenza. Dal latino *sequor* = seguire. Composizione vocale nata agli albori del Medio Evo dall'adattamento di melodie gregoriane a cui veniva cambiato il testo letterario.

Serialità. Applicazione della tecnica dodecafonica. Elemento base del sistema dodecafonico è la **serie**, formata dai dodici suoni della scala disposti in un determinato ordine selezionato dall'autore.

Sinfonia. Composizione strumentale nella quale più esecutori suonano insieme. Attraverso un lungo processo storico la Sinfonia diventa la composizione orchestrale per eccellenza. la sua codificazione avviene nella Vienna di Haydn e di Mozart, grazie all'apporto di molte fonti austrotedesche, francesi, boeme ed italiane.

Sirventese. **Serventese**. Composizione vocale dei Trovatori provenzali ed italiani. E' di carattere politico e di argomento civile.

Spartito. Libro musicale che contiene musica vocale con accompagnamento pianistico. E' sinonimo di qualunque libro non orchestrale.

Stanza poetica. Strofa, insieme di versi.

Temperamento. Accordatura degli strumenti a suono determinato (organo, clavicembalo) allo scopo di eliminare le oscillazioni di intonazioni presenti nella natura sonora degli strumenti a corda e a fiato.

Toccata. Composizione strumentale, prevalentemente per tastiera (clavicembalo, pianoforte, organo).

Tonalità. Sistema sonoro dell'Europa occidentale affermatosi a partire dalla fine del XVI secolo. È il complesso delle relazioni che legano tra loro i dodici suoni del sistema temperato in riferimento a un suono base, detto tonica.

Tropo. Modificazione di un testo liturgico gregoriano.

Trovatori. Cantori e musicisti della Provenza del X e XI secolo.

Viella. Strumento a corde di origine araba. E' suonata già dai Trovatori.

Vocalizzo. Canto di più note sulla stessa vocale.

INDICE DEI NOMI

Avvertenza. Dato il particolare taglio del manuale, principalmente destinato a lettori non italiani, l'elenco dei nomi citati nel testo è stato redatto con il criterio di rendere più semplice possibile la consultazione. A tale scopo non sono stati elencati i nomi che compaiono nei *Quadri Riassuntivi* e nella *Bibliografia* dei singoli capitoli.

INDICE

Appunti

Appunti

Appunti

Appunti

Appunti

Appunti

Appunti

Appunti

Appunti

Appunti

Finito di stampare
nel mese di marzo 1995
da Guerra guru - Perugia